工业和信息化蓝皮书
BLUE BOOK OF INDUSTRY AND INFORMATIZATION

2020—2021
"一带一路"产业合作发展报告

ANNUAL REPORT ON THE DEVELOPMENT OF
"BELT AND ROAD" INDUSTRY CO-OPERATION

赵 岩 主编

国家工业信息安全发展研究中心

电子工业出版社
Publishing House of Electronics Industry
北京·BEIJING

内 容 简 介

《"一带一路"产业合作发展报告（2020—2021）》是国家工业信息安全发展研究中心在对我国与"一带一路"沿线国家（地区）开展技术和产业合作全面跟踪研究基础上形成的研究报告。该报告重点从综述篇、六条经济走廊篇、专题篇、政策篇、大事记篇等角度进行展望，系统总结了中国同六大经济走廊相关国家的友好交往与合作经验，重点阐述了沿线国家（地区）在工业信息安全、工业互联网等领域的发展特点与合作亮点；并精选2020年产业合作大事件、产业合作政策以飨读者。

该报告内容翔实、视角独特，具有较强的产业发展前瞻性和预测性，可为相关主管部门、行业协会、研究机构等全面了解"一带一路"中外产业合作发展形势及科学决策，为企业、金融机构进行海外投资、项目融资提供借鉴与参考。

未经许可，不得以任何方式复制或抄袭本书之部分或全部内容。
版权所有，侵权必究。

图书在版编目（CIP）数据

"一带一路"产业合作发展报告.2020—2021 / 赵岩主编. —北京：电子工业出版社，2021.8
（工业和信息化蓝皮书）
ISBN 978-7-121-41978-2

Ⅰ.①一… Ⅱ.①赵… Ⅲ.①"一带一路"－产业合作－国际合作－研究报告－2020—2021 Ⅳ.①F269

中国版本图书馆 CIP 数据核字（2021）第 186411 号

责任编辑：刘小琳　　特约编辑：韩国兴
印　　刷：北京盛通印刷股份有限公司
装　　订：北京盛通印刷股份有限公司
出版发行：电子工业出版社
　　　　　北京市海淀区万寿路 173 信箱　邮编：100036
开　　本：720×1 000　1/16　印张：18.25　字数：290 千字
版　　次：2021 年 8 月第 1 版
印　　次：2021 年 8 月第 1 次印刷
定　　价：128.00 元

凡所购买电子工业出版社图书有缺损问题，请向购买书店调换。若书店售缺，请与本社发行部联系，联系及邮购电话：(010) 88254888，88258888。
质量投诉请发邮件至 zlts@phei.com.cn，盗版侵权举报请发邮件至 dbqq@phei.com.cn。
本书咨询联系方式：liuxl@phei.com.cn，(010) 88254538。

工业和信息化蓝皮书编委会

主　　编：赵　岩

副主编：蒋　艳　　何小龙　　谢雨琦　　郝志强

　　　　　　董大健　　吕　坚　　李　丽

编　　委：黄　鹏　　宋艳飞　　夏万利　　刘永东

　　　　　　雷晓斌　　陈正坤　　李　君　　高　焕

　　　　　　拓冬梅

《"一带一路"产业合作发展报告（2020—2021）》课题组

课题编写　　国家工业信息安全发展研究中心交流合作处

组　　长　　何小龙

副 组 长　　田仲辉　王宇弘　彭静怡

成　　员　　刘丽珊　徐然冉　陈星霓　韩帅晨

　　　　　　　梁　屾　田　丰　杜秀峰　董剑飞

　　　　　　　张宝胜　张嘉越　卞　婷　邹本硕

　　　　　　　王　帆　赵子军　王　鹏　王湘玥

主编简介

赵岩，国家工业信息安全发展研究中心主任、党委副书记，高级工程师；全国信息化和工业化融合管理标准化技术委员会副主任委员；长期致力于科技、数字经济、产业经济、两化融合、工业信息安全、新一代信息技术等领域的政策研究、产业咨询、技术创新和行业管理工作；主持和参与多项国家和省级规划政策制定；主持多项国家科技安全专项、重大工程专项和国家重点研发计划项目；公开发表多篇文章，编著多部报告和书籍。

国家工业信息安全发展研究中心简介

国家工业信息安全发展研究中心（工业和信息化部电子第一研究所，以下简称"中心"），是工业和信息化部直属事业单位。经过 60 多年的发展与积淀，中心以"支撑政府、服务行业"为宗旨，构建了以工业信息安全、产业数字化、软件和知识产权、智库支撑四大板块为核心的业务体系，发展成为工业和信息化领域有重要影响力的研究咨询与决策支撑机构，以及国防科技、装备发展工业的电子领域技术基础核心情报研究机构。

中心业务范围涵盖工业信息安全、两化融合、工业互联网、软件和信创产业、工业经济、数字经济、国防电子等领域，提供智库咨询、技术研发、检验检测、试验验证、评估评价、知识产权、数据资源等公共服务，并长期承担声像采集制作、档案文献、科技期刊、工程建设、年鉴出版等管理支撑工作。中心服务对象包括工业和信息化部、中共中央网络安全和信息化委员会办公室、科学技术部、国家发展和改革委员会等政府机构，以及科研院所、企事业单位和高等院校等各类主体。

"十四五"时期，中心将深入贯彻总体国家安全观，统筹发展和安全，聚焦主责主业，突出特色、整合资源，勇担工业信息安全保障主要责任，强化产业链供应链安全研究支撑，推进制造业数字化转型，支撑服务国防军工科技创新，着力建设一流工业信息安全综合保障体系、一流特色高端智库，构建产业数字化数据赋能、关键软件应用推广、知识产权全生命周期三大服务体系，打造具有核心竞争力的智库支撑、公共服务、市场化发展3种能力，发展成为保障工业信息安全的国家队、服务数字化发展的思想库、培育软件产业生态的推进器、促进军民科技协同创新的生力军，更好地服务我国工业和信息化事业高质量发展。

序

当前世界正在经历百年未有之大变局，新一轮科技革命和产业变革深入发展，国际力量对比深刻调整。新冠肺炎疫情给世界经济带来的冲击正在进一步显现，全球经济一体化萎缩，贸易保护主义兴起。科技脱钩、网络攻击、规则博弈等冲突进一步加剧，使不同发展理念、体系、路径、能力分化加快。我们必须深刻认识错综复杂的国际环境带来的新矛盾和新挑战，增强风险意识和机遇意识，保持战略定力，趋利避害。习近平总书记强调，"要主动应变、化危为机，以科技创新和数字化变革催生新的发展动能"。

以网络和信息技术为代表的新一轮科技革命不断推动传统经济发展和产业模式的变革，数字经济成为新格局的重要标志。各国家和地区纷纷发布高科技战略，抢占未来技术竞争制高点。例如，美国的《关键和新兴技术国家战略》、欧盟的《2030数字指南针：欧盟数字十年战略》、韩国的《2021—2035核心技术计划》等，均大力布局人工智能、半导体、生物技术、量子计算、先进通信等前沿技术。2020年以来，我国也出台了《新时期促进集成电路产业和软件产业高质量发展的若干政策》和《工业互联网创新发展行动计划（2021—2023年）》等引导政策，鼓励5G、集成电路、工业互联网等重点IT产业发展。《中华人民共和国国民经济和社会发展第十四个五年规划和2035年远景目标纲要》（以下简称《纲要》）将加强关键数字技术创新应用，特别是高端芯片、操作系统、人工智能、传感器等关键领域的技术产品应用列为当前政策鼓励重点。

新冠肺炎疫情导致全球消费模式发生变化，根据麦肯锡2021年1月发布的报告，新冠肺炎疫情使超过60%的消费者改变了购物习惯，37%的消费者更多地选择在网上购物；企业开始使用在线客户服务、远程办公，并使用 AI 和机器学习来改进运营；数字化创业企业大量涌现，企业间并购重组行为增多。同时，新冠肺炎疫情揭示了许多企业供应链的脆弱性，全球供应链面临重构，未来的供应链链条将趋于区域化、本地化、分散化。从全球来看，发达国家尤其是美国一直高度重视供应链安全，美国近几年发布了《全球供应链安全国家战略》《建立可信 ICT 供应链白皮书》等多个文件，拜登政府在短短几个月内发布了 3 个相关行政令——《可持续公共卫生供应链行政命令》《确保未来由美工人在美制造行政令》《美国供应链行政令》，不断强化自主供应链建设，并联合盟友共同维护供应链安全。面对部分发达国家从供需两侧对我国供应链的限制，中央经济工作会议强调要增强产业链供应链自主可控能力，并做出一系列部署，强化高端通用芯片、机器人、高精度减速器、工业软件、光刻机等高端产品的自主性。《纲要》进一步提出实施"上云用数赋智"行动，推动数据赋能全产业链协同转型。

数字化的快速推进导致网络风险呈指数级增长。美国欧亚集团认为，未来 5 到 10 年内，网络安全将成为全球第三大风险。一方面，很多国家和地区纷纷通过加强数据保护等举措努力在维护公共利益和保护个人隐私之间寻求平衡。另一方面，网络漏洞、数据泄露等问题日益凸显，有组织、有目的的网络攻击不断增多，网络安全防护工作面临更多挑战。国家工业信息安全发展研究中心监测数据显示，2020 年全球工业信息安全事件涉及 8 大领域、16 个细分领域，其中，装备制造、能源等行业遭受的网络攻击最严重，交通运输、电子信息制造、消费品制造、水利等行业网络攻击呈现高发态势。2020 年以来，我国发布了《数据安全法》《电信和互联网行业数据安全标准体系建设指南》《工业互联网数据安全防护指南》《关于开展工业互联网企业网络安全分类分级管理试点工作的通知》等法律法规和规范文件，形成我国在数据安全、工业网络安全防护等方面的基本制度安排。

我们要围绕产业链部署创新链、围绕创新链布局产业链，推动经济高质量发展迈出更大步伐。进一步强调创新在现代化建设全局中的核心地位，把科技自立自强作为国家发展的战略支撑，以创新驱动引领高质量供给和创新需求，畅通国内大循环，促进国内国际双循环，全面促进消费，拓展投资空间，深入推动数字经济与实体经济融合，强化产业链安全，打造良好的产业生态，实现产业链各方"共创、共享、共赢"。

新时期，工业和信息化发展的着力点包括以下几个方面。

一是加强国家创新体系建设。打造国家战略科技力量，推动产学研用合作，强化科技创新与产业政策之间的协同效应。围绕创新链布局产业链，依托科技创新成果开辟新的产业和业态。创新链引发的创新行为既提升了产业各环节的价值，也拓展和延伸了产业链条。围绕产业链部署创新链，产业链的每个环节或节点都可能成为创新的爆发点，从而带动整个产业链中各环节的协同创新。这种闭环关系体现了创新链与产业链的深度融合、科技与经济的深度融合。

二是加快产业数字化转型。目前，我国消费端的数字化转型进程较快，但产业端数字化转型相对滞后，影响了数字经济的整体发展。通过深化数字技术在实体经济中的应用，实现传统产业的数字化、网络化、智能化转型，不断释放数字技术对经济发展的放大、叠加、倍增作用，是传统产业实现质量变革、效率变革、动力变革的重要途径。"十四五"时期要围绕加快发展现代产业体系，推动互联网、大数据、人工智能等同各产业深度融合，实施"上云用数赋智"，大力推进产业数字化转型，提高全要素生产率，提高经济质量效益和核心竞争力。

三是加快数字化人才培养。数字化转型不仅涉及数字技术的运用，而且涉及组织结构和业务流程再造。在这个过程中，数字化人才建设至关重要。数字化人才既包括首席数据官等数字化领导者，也包括软件工程师、硬件工程师、大数据专家等数字化专业人才，还包括将数字化专业技术与企业转型实践结合起来的数字化应用人才。这需要高校、企业、研究机构和社会各界力量积极参与，通过校企合作、产教融合、就业培训等多种形式，开设适应不同人群、不同层次的教育培训课程，提高全民的数字素养和数字技能。《纲要》要求，"加强全民数字技能教育和培训，普及提升公民数字素养"。针对劳动者的数字职业技能，人力资源和社会保障部研究制定了《提升全民数字技能工作方案》对数字技能培养提出了具体举措。

四是充分发挥市场与政府的作用。将有效市场与有为政府结合，企业是市场经济主体，但政府的作用也必不可少。工业互联网作为产业数字化的重要载体已进入发展快车道，在航空、石油化工、钢铁、家电、服装、机械等多个行业得到应用。基于工业互联网平台开展面向不同场景的应用创新，不断拓展行业价值空间，赋能中小企业数字化转型。为确保该产业健康发展，工业和信息化部等十部门已印发《加强工业互联网安全工作的指导意见》，明确建立监督检查、信息共享和通报、应急处置等工业互联网安全管理制度，建设国家工业互联网安全技术保障平台、基础资源库和安全测试验证环境，构建工业互联网安全评估体系，为培育具有核心竞争力的工业互联网企业提供良好环境。

五是大力支持中小微企业发展。中小微企业是数字化转型和数字经济发展的关键。中央政府层面已经推出多项减税降费举措，并鼓励金融资本服务实体经济，积极利用金融资本赋能产业技术创新和应用发展，打造多元化资金支持体系，努力形成产业与金融良性互动、共生共荣的生态环境。工业和信息化部通过制造业单项冠军企业培育提升专项行动、支持"专精特新"中小企业高质量发展等举措，大大提升了中小企业创新能力和专业化水平，有助于提升产业链供应链稳定性和竞争力。国家发展和改革委员会联合相关部门、地方、企业近150家单位启动数字化转型伙伴行动，推出500余项帮扶举措，为中小微企业数字化转型纾困。

2021年，面对日趋复杂、严峻的国际竞争格局，我们需要坚持以习近平新时代中国特色社会主义思想为指导，准确识变、科学应变、主动求变，积极塑造新时代我国工业和信息化建设新优势、新格局。值此之际，国家工业信息安全发展研究中心推出2020—2021年度"工业和信息化蓝皮书"，深入分析数字经济、数字化转型、工业信息安全、人工智能、新兴产业、中小企业和"一带一路"产业合作等重点领域的发展态势。相信这套蓝皮书有助于读者全面理解和把握我国工业和信息化领域的发展形势、机遇和挑战,共同为网络强国和制造强国建设贡献力量。

是以为序。

中国工程院院士

摘 要

2020年,是"一带一路"倡议提出的第七年。全球多数国家都在控制新冠肺炎疫情与复苏经济的艰难抉择中努力寻求平衡点。在此态势下,中国作为2020年全球主要经济体中唯一实现经济正增长的国家,不仅交出了2.3%的经济增长率的满分答卷,还在"一带一路"机制的有序保障下,稳中有序地恢复了与"一带一路"沿线国家的经贸往来,围绕基础设施建设、能源、智能制造等领域进行深度合作,努力提高与相关国家的互联互通性,始终坚守"一带一路"倡议所秉持的初心。

2020年,道路险阻,志存且长。新冠肺炎疫情之下,中国积极参与全球公共卫生治理,在高效控制好本国新冠肺炎疫情的基础上助力"一带一路"沿线国家的疫情防控,同时为其在后疫情时代的经济复苏奠定了坚实的物质基础。总体来看,2020年"一带一路"建设在应对新冠肺炎疫情、着力凝聚合作共识、加强六廊六路建设、推进规则标准法律对接、提升贸易自由化便利化水平、加强产业投资合作、提升金融服务能力、促进民心相通等方面取得了令人瞩目的成就。"一带一路"沿线国家依托"共商共建"的理念,积极落实"一带一路"倡议,产业互通有无,注重发展质量,形成共赢局面,为各国经济的长足发展创造了极为有利的条件。截至2020年11月,中国已经与138个国家、31个国际组织签署共建"一带一路"合作文件201份,整个亚欧非大陆被孟中印缅经济走廊、中巴经济走廊、中国—中南半岛经济走廊、新亚欧大陆桥经济走廊、中蒙俄经济走廊、中国—中亚—西亚经济走廊紧密连接在一起,从而孕育出新丝绸之路经济带,达到了良好的经济辐射带动和积聚效应,为沿线各个等级规模和发展阶段的城市创造了社会经济的推动力,形成了流通一体化、产业集聚化的国际经济区域,并随着"一带一路"倡议的不断推进延伸,极大地促进了沿线国家的互信合作与共同繁荣。

《"一带一路"产业合作发展报告(2020—2021)》综合了全球科研机构、权威媒体的研究成果与主要观点,对 2020 年度中国与"一带一路"沿线国家在数字经济、教育、基础设施、医疗、通信、经济等方面的合作成果和表现进行了归纳和总结。全书分为总报告、分报告、专题篇、政策篇、大事记篇和前沿趋势篇六大部分。总报告概述了我国与"一带一路"相关国家的产业合作发展态势和产业合作形势展望。分报告共有六个篇目,以共建"一带一路"经济走廊为切入点,对六大经济走廊(中巴、孟中印缅、中国—中南半岛、新亚欧大陆桥、中国—中亚—西亚、中蒙俄)建设期间中国与沿线各国政治互信进一步升温,产业友好合作持续稳进的最新动态与发展特点进行了重点分析。专题篇重点围绕数字经济、工业互联网、工业信息安全等当下热点,研究和探讨中国与东盟产业发展现状、待解决的问题及巨大的合作空间。政策篇、大事记篇、前沿趋势篇依托于全球智库、主流权威媒体,对年度最新进展情况进行归纳总结、深入研究精选了 2020 年"一带一路"产业合作政策、大事件及前沿发展趋势。

本报告内容翔实、视角独特,具有较强的产业发展前瞻性和预测性,可为相关主管部门、行业协会、研究机构等全面了解"一带一路"中外产业合作发展形势及科学决策,为企业、金融机构进行海外投资、项目融资提供借鉴与参考。受限于时间与水平,报告难免存在错误与纰漏,由衷感谢读者的批评指正。

关键词:"一带一路"倡议;产业合作

Abstract

The year 2020 marks the seventh year of "The Belt and Road" Initiative. Most countries around the world have been struggling to strike a balance between controlling the COVID-19 pandemic and reviving the economy. In this situation, China, as the only major economy in the world to achieve positive economic growth in 2020, not only realized a growth rate of 2.3%, but also resumed economic and trade exchanges with countries along "The Belt and Road" in a stable and orderly manner under the guarantee of "The Belt and Road" mechanism. With deep cooperation in infrastructure, energy, intelligent manufacturing and other fields, China has strived to improve connectivity with relevant countries, and always adhered to the original aspiration of "The Belt and Road" Initiative.

In 2020, we are confronted with daunting tasks. Under the COVID-19 pandemic, China has actively participated in global public health governance, and helped countries along "The Belt and Road" to prevent and control the epidemic on the basis of effectively controlling the COVID-19 in China, laying a solid material foundation for their economic recovery in the post-epidemic era. In general, remarkable achievements have been made for the development of "The Belt and Road" in 2020 in terms of responding to the COVID-19 outbreak, building consensus on cooperation, stepping up the construction of six corridors and six roads, promoting the harmonization of rules, standards and laws, enhancing trade liberalization and facilitation, strengthening industrial investment cooperation, improving financial services capacity, and tightening people-to-people bond. Based on the concept of "extensive consultation and joint contribution", the countries along "The Belt and Road" have actively implemented "The Belt and Road" Initiative, exchanged needed goods among industries, and paid attention to the quality of development for a win-win situation, which has created extremely favorable conditions for the rapid economic development of all countries. By November 2020, China had signed 201 documents on "The Belt and Road" cooperation with 138 countries and 31 international organizations. The entire Eurasian and African continents had been closely linked by the Bangladesh-China-India-Myanmar Economic Corridor (BCIMEC), the China-Pakistan Economic Corridor (CPEC), the China-Indochina Peninsula Economic Corridor, the New Eurasian Land Bridge Economic Corridor, the China-Mongolia-Russia Economic Corridor, and the China-Central Asia-West Asia Economic Corridor (CCWAEC), which developed a new Silk Road Economic Belt, achieved good economic radiation drive and accumulation effect, created a social and economic driving force for cities at all levels and stages of development along the route, formed an international economic area featuring circulation integration and industrial agglomeration, and greatly promoted mutual trust, cooperation and common prosperity of countries along the route with the continuous progress and extension of "The Belt and Road" Initiative.

"The Belt and Road" Industrial Cooperation Development Report (2020-2021) summarizes the achievements and performance of the cooperation between China and countries along "The Belt and Road" in digital economy, education, infrastructure, medical care, communications and economy in 2020 based on the research findings and key points of view from global research institutions and authoritative media. The book is divided into six parts: General Report, Sub-report, Special Report, Policies, Events and Trends. The General Report outlines the development trend and prospects of industrial cooperation between China and countries related to "The Belt and Road" Initiative. The

Sub-report consists of six sections. Starting with the joint construction of "The Belt and Road" Economic Corridor, it focuses on the analysis of the latest trends and development characteristics of the political mutual trust between China and countries along the six major economic corridors (i.e. China-Pakistan, Bangladesh-China-India-Myanmar, China-Indochina Peninsula, New Eurasian Land Bridge, China-Central Asia-West Asia, and China-Mongolia-Russia) as well as the sustained and steady progress of friendly industrial cooperation. Centering on digital economy, industrial Internet, industrial information security and other current hot topics, the Special Report studies and discusses the status quo of industrial development between China and ASEAN, problems to be solved and the great room for cooperation. Based on the Global Think Tank and mainstream authoritative media, the sections of Policies, Events and Trends summarize the latest progress of the year and take an in-depth look at some selected "The Belt and Road" industrial cooperation policies, major events and cutting-edge development trends in 2020.

Informative from unique perspectives, this report is highly forward-looking and predictive for industrial development. It can help relevant authorities, industry associations and research institutions have a comprehensive understanding of the development situation and scientific decision-making of Sino-foreign industrial cooperation under "The Belt and Road" Initiative, and provide reference for enterprises and financial institutions to make overseas investment and project financing. Due to the limited time and level, there are inevitably mistakes and flaws in the report. We sincerely thank the readers for their criticism and correction.

Keywords: "The Belt and Road" Initiative; Industrial Cooperation

目 录

Ⅰ 总报告

B.1 "一带一路"产业合作发展态势 ………………………… 王宇弘 / 001

B.2 "一带一路"产业合作形势展望 ………………………… 彭静怡 / 020

Ⅱ 分报告

B.3 中蒙俄经济走廊产业合作发展现状 ………… 彭静怡 刘丽珊 / 033

B.4 中国—中亚—西亚经济走廊产业合作发展现状 ………… 王宇弘 / 054

B.5 新亚欧大陆桥经济走廊产业合作发展现状 ……………… 彭静怡 / 070

B.6 中国—中南半岛经济走廊产业合作发展现状 …………… 彭静怡 / 083

B.7 孟中印缅经济走廊产业合作发展现状 …………………… 彭静怡 / 099

B.8 中巴经济走廊产业合作发展现状 ………………………… 王宇弘 / 116

Ⅲ 专题篇

B.9 中国—东盟数字经济发展研究 ……… 刘丽珊 王宇弘 彭静怡 / 134

B.10 中国—东盟工业互联网产业发展研究‥王宇弘　徐然冉　陈星霓 / 159

B.11 中国—东盟工业信息安全发展研究……刘丽珊　彭静怡　王宇弘 / 175

Ⅳ 政策篇

B.12 2020年"一带一路"产业合作政策……………………王宇弘 / 194

Ⅴ 大事记篇

B.13 2020年"一带一路"产业合作大事件………………彭静怡 / 216

Ⅵ 前沿趋势篇

B.14 2020年"一带一路"产业合作前沿趋势………………刘丽珊 / 242

Ⅰ 总 报 告
General Report

B.1 "一带一路"产业合作发展态势

王宇弘[1]

摘 要： 当前，"一带一路"建设步入发展新阶段，2020年，中国与沿线各国在稳妥有序应对新冠肺炎疫情、着力凝聚合作共识、加强六廊六路建设、推进规则标准法律对接、提升贸易自由化便利化水平、加强产业投资合作、提升金融服务能力、促进民心相通、推动产业精细化运营和协同发展等方面取得了令人瞩目的成就。本着"共商共建共享"理念，"一带一路"沿线国家积极落实"一带一路"倡议，各国产业互通有无，经济优势互补，发展成果共享，不断形成新增长动能，为各国经济的长足发展创造了极为有利的条件和广阔空间。

关键词： "一带一路"倡议；产业合作；互利共赢

---

[1] 王宇弘，硕士，国家工业信息安全发展研究中心高级工程师，主要研究方向为国际合作、产业政策、区域经济。

Abstract: "The Belt and Road" Initiative has entered a new stage of development. In 2020, China and the countries along "The Belt and Road" have made remarkable achievements in terms of responding to the COVID-19 pandemic in a prudent and orderly manner, building consensus on cooperation, stepping up the construction of six corridors and six roads, promoting the harmonization of rules, standards and laws, enhancing trade liberalization and facilitation, strengthening industrial investment cooperation, improving financial services capacity, tightening people-to-people bond, and promoting refined operation and coordinated development of industries. Based on the concept of "extensive consultation, joint contribution and shared benefits", the countries along "The Belt and Road" have actively implemented the "Belt and Road" strategy, exchanged needed goods among industries, drawn on each other's economic strengths, shared the fruits of development, and formed new growth drivers continuously, which has created extremely favorable conditions and broad space for the rapid economic development of all countries.

Keywords: "The Belt and Road" Initiative; Industrial Cooperation; Mutual Benefit and Win-Win Results

自 2013 年习近平主席提出"一带一路"倡议并实施以来，在全球范围内得到了积极参与和广泛支持，并取得了丰硕的建设成果。"一带一路"倡议的"共商共建共享"理念得到当今国际社会的普遍认同，已成为建立新型国家关系和经贸关系的基本原则。把"一带一路"打造成为顺应经济全球化潮流的最广泛国际合作平台，让共建"一带一路"更好地造福各国人民已经成为沿线国家的共同目标。共建"一带一路"倡议及其核心理念已被纳入联合国、二十国集团、亚太经合组织、上合组织等重要国际机制成果文件。截至2020年11月，中国已经与138个国家、31个国际组织签署了共建"一带一路"合作文件201份，一批具有标志性的成果开始显现，参与各国得到了实实在在的好处，对共建"一带一路"的认同感和参与度不断增强。亚欧非大陆被孟中印缅经济走廊、中巴经济走廊、中国—中南半岛经济走廊、新亚欧大陆桥经济走廊、中蒙俄经济走廊、中国—中亚—西亚经济走廊紧密连接在一起，从而孕育出新丝绸之路经济带，达到了良好的经济辐射带动和积聚效应，为沿线各个等级规模和发展阶段的城市创造了社会经济的推动力，形成了流通一体化、产业集聚化的国际经济区域，并随着"一带一路"倡议的不断推进延伸，极大地促进了沿线国家互信合作与共同繁荣。

一、互联互通共识深化，经济走廊引领合作

互联互通是建设"一带一路"的优先领域，也是沿线国家产业合作的重要基础与主要支撑。其中，"互联"着重于沿线各国基础设施的联动，"互通"则立足于产品、技术、人员、资金的高效流动。2013年至今，"一带一路"互联互通建设经过多年发展，基本已形成以新亚欧大陆桥经济走廊为引领，以陆海新通道、中欧班列为骨架、以遍布各国港口、铁路及管道运输网等为依托的"六廊六路、多国多港"建设布局，成为互联互通建设的主线，为构建高效畅通的亚欧大市场发挥了重要作用。2020年，产业合作既依托互联互通主线加速开展，又以新技术、新模式提升互联互通水平。

（一）互联互通惠泽全球，共谋民生蕴福祉

2019年，中国国家主席习近平出席第二届"一带一路"国际合作高峰论坛指出，"一带一路"倡议关键是互联互通建设。随后的联合公报中强调互联互通是"一带一路"沿线国家经济社会长足发展的基础，也是为人

民谋福祉的必由之路。在开放、包容的对外交流前提下，让沿线各个国家掌握平等发展、自主合作的主动权，对于所有参与合作的主体国家皆是利大于弊。同时，"一带一路"倡议认同以世界贸易组织为核心、以自由贸易规则为基础的多边贸易体制。通过构建互联互通的经济基础保障"一带一路"倡议的有序推进，在区域和全球层面加强沿线国家多方面合作，保持长期、稳定的合作伙伴关系，促进经贸往来深化与可持续发展，实现彼此共同繁荣发展。

"互联互通"建设理念能够成为全球性共识，不仅顺应了世界经济全球化多元一体的趋势，同时也满足了世界不同国家、不同发展阶段想要实现长期稳定增长的共同利益诉求。"一带一路"倡议源于中国、惠泽全球。在互联互通建设的推动下，多层次政府间宏观政策沟通机制加快构建，发展规划与技术标准对接持续深入，沿线大通关合作机制逐步完善，基础设施互联互通合作更趋顺畅，同时弥补发展短板，打破贸易障碍，以更好的经济成果来促进各国发展，实现世界经济可持续发展，提升世界经济开放性。2019年4月，世界银行《公共交通基础设施——量化模型与"一带一路"倡议评估》报告中提出："一带一路"沿线国家的国民收入在基础设施项目带动下普遍增加了3.35%。不仅如此，未参与"一带一路"合作建设的国家也因"互联互通"建设的溢出效应实现了经济增长2.61%。综合下来，"一带一路"基础设施建设平均为全球贡献了2.87%的经济增长。

（二）交通运输释放动能，多式联运显成效

自"六廊六路多国多港"建设的新概念、新合作格局提出以来，我国秉持共商、共建、共享原则，持续推进以"六廊六路多国多港"合作为主线的"硬联通"。"六廊六路多国多港"以"软、硬件联通"作为建设核心内容，在公路、铁路、港口、城建、网络基站、数据中心部署等方面开展了大量合作，加强了政策、规划、技术、标准方面的交流对接，多个合作项目落地生根，进一步提升了各国之间建设基础设施互联互通的共识，

以公路、铁路、港口、航空运输、能源管道等为核心的硬基础设施，以政策、规则、标准三位一体的软基础设施联通水平不断提升，通过提升各国整治、规则、标准等软基础设施和基建、交通、工业等硬基础设施连通程度，降低了各国经贸往来的交易成本，促进了商品、货物、资金、信息、技术、人力等生产要素流通效率的提升，提升了"一带一路"沿线国家互联互通的整体水平，确保了经贸合作的顺利开展。随着"一带一路"倡议的持续推进，一系列重大基础设施工程在各国加速落地，为各国带来了积极影响，助力实现参与国家的"出海梦""联通梦"，重现"使者相望于道，商旅不绝于途"的盛况。"一带一路"倡议对沿线国家进行基础设施建设，让各国经贸运输成本不断降低，尤其是跨境贸易运输成本大幅降低，仅占物流成本比重的二分之一。

陆路运输方面，中欧班列在"一带一路"建设中起着优先示范作用。中欧班列自 2011 年首次开行以来，辐射范围不断扩大，逐渐成为我国对外国际物流陆路运输的骨干。2020 年，新冠肺炎疫情在全球暴发，在此严峻态势下，中欧班列更成为中国向外输送防疫物资，缓解医疗物资紧张的生命线。到 2020 年 7 月末，中欧班列持续高效运营，向全球发运防疫抗疫物资共计 3.9 万吨，累计 479 万件。截至 2020 年年底，中欧班列综合重箱率同比增长 4%，其中回程重箱率提升显著，同比增长 9%，中欧班列专用运行线增至 73 条，推出中欧班列定制产品，开行中俄精品快速班列 29 列，累计开行超过 32000 列。

专栏 1-1：陆路基础设施建设：夯实"一带一路"倡议的"榫头"

自"一带一路"倡议提出以来，互联互通作为该倡议实施的优先领域，展现出方兴未艾的局面。陆路基础设施互联互通对"一带一路"倡议实施、打造利益共同体和命运共同体具有重大的现实意义。

柬埔寨：2020 年 2 月 26 日，柬埔寨 58 号公路正式通车，连接了班迭棉吉、奥多棉吉两个省，全长 175.044 千米。2020 年 3 月 9 日，举行了柬埔寨 10 号公路动工暨 55 号公路通车仪式。

老挝：新冠肺炎疫情暴发后，中老铁路玉溪至磨憨段、大临铁路等在建项目中，有 144 个重点控制性工程施工点不停工，1.3 万名建设者坚守一线按计划建设。截至 2020 年 3 月 10 日，中老铁路中国段已全面复工复产，每天约有 1.8 万名建设者投入工程建设一线。

印度尼西亚：2020 年 2 月 11 日，中国国家主席习近平应约与印度尼西亚（以下简称"印尼"）总统佐科通电话时表示，持续深化发展战略对接，实施好雅万高铁等共建"一带一路"重点项目，为两国人民创造更多福祉。2020 年 3 月 12 日，在做好新冠肺炎疫情防控的前提下，施工单位优化资源配置和施工安排。全长 422 米的 5 号隧道全线贯通，对项目建设是一种鼓舞。

资料来源：国家工业信息安全发展研究中心分析整理。

随着中欧班列的规模化、常态化和信息化发展，其运营打破了以往欧亚地域经济分割的局面，带动了中欧经济产业布局和国际贸易体系的调整及优化，并以独特的物流优势、强大的运输体系大幅降低了运输成本和交易成本，对一些进出口产业如汽配、模具、新材料、小家电、服装等都极具吸引力，进而推动了沿线城市对欧洲贸易的便利化，扩大了贸易总量，支撑了沿线国家产业转型升级和实体经济发展，为稳定全球产业链供应链、促进世界经济复苏提供了动能。

海陆运输方面，西部与海上运输大通道释放了强大活力，海陆联运航空运输辐射范围不断扩大。2018 年，中国与新加坡签署了关于建设"陆海新通道"的备忘录，自此，我国西部地区对外运输主干线"国际陆海贸易新通道"正式形成。"陆海新通道"主要采取铁海联运的模式，带动西部地区扩大开放水平。2019 年，我国西部 9 个省份加入"陆海新通道"合作平台。自此，由我国西部九省组成的运输动脉为"一带一路"互联发展增添了新的运输路线。截至 2020 年，"我国海上丝绸之路贸易合作伙伴已涵盖 183 家，累计开设 62 条专属海上航线，执飞 1599 个航次。另外，海上丝绸之路的建设引入了数字技术，通过数字技术，我国海运的单一窗口与国内外码头等参与方的业务协同办理和数据共享服务更加准确便利,"智慧"丝路海运建设效果明显改善。在新冠肺炎疫情期间,为了加快货物运输效率以驰援各国,福建港口以"丝路海运"命名的航线在原有高标准服务的基础上发挥了重要作用。"丝路海运"快捷航线载运期间船舶作业效率、在港时间、货物查验效率分别提升了5%、10%、20%,"五优先、三提升"的试点举措得以顺利施行。

航空运输方面,新航线的开辟与设施升级加强了空运效率,空中丝绸之路规模不断扩大。2020年9月,北京宏远集团货运航班入驻比利时西佛兰德省的奥斯坦德—布鲁日机场,标志着连接该机场与中国多地的"空中丝绸之路"新航线正式开通;2020年10月,新疆地区再次迎来空域结构优化调整,乌鲁木齐通往南疆地区的单向平行"空中高速"主干道正式启用;郑州到卢森堡的空中丝绸之路不断推动成果落实,河南航投与中航通用飞机有限公司等签署了关于航空运输战略的合作协议,在货代物流、通关检验等项目上都签订了具体的合作战略。

(三)六大走廊成果显著,对外合作创新局

"六廊六路多国多港"作为共建"一带一路"的主体框架,为促进我国对外友好交流提供了有利方向。六大经济走廊超越规划阶段,以沿线各国实际需求为依据开展产业合作,突显具体、务实的特点,在互联增效、合作提质、环境优化等方面均得到了增量扩展与存量优化,既为沿线国家制造业、通信业、数字产业发展提供了更便利、更具体的平台,也反向提升了中国对外产业的合作水平。

> **专栏1-2:建设国际经济合作走廊对共建"一带一路"倡议的推进和实施意义深远**
>
> 国际经济合作走廊建设是"一带一路"倡议的重要切入点。"一带一路"横跨亚非欧三大洲,穿越太平洋、印度洋、大西洋、北冰洋四大

洋，在政治、经济、社会、人文等诸多领域开展广泛合作，以经济走廊建设为切入点，有助于系统地推进"一带一路"建设，发挥示范效应、增强各方信心。六大国际经济合作走廊是"一带一路"倡议的基石，贯穿众多区域，辐射面极广，对外通过"带"和"线"的方式支撑起整个"一带一路"，对内可服务于我国形成全面开放的新格局。

"一带一路"建设"分区施策"理念的落实也必须依靠国际经济合作走廊得以实现，"一带一路"沿线国家在发展水平、资源禀赋、国家制度方面存在显著的差异，使其与我国经济结构的互补性及合作程度各有不同。有效地提升发展战略的契合度，促进相关政策的针对性，需根据不同经济走廊的实际情况进行推进。

资料来源：国家工业信息安全发展研究中心分析整理自《经济日报》。

中国与巴基斯坦政治互信度极高，中巴经济走廊可为中国西部地区及巴基斯坦内陆地区开辟便捷的出海口，双方在港口、能源、交通、水电等基础设施建设方面展开多项合作。2020年，在保障70个项目26700多名中巴员工有效防疫和生命健康的前提下，所有项目实现建设运营基本正常。同时，瓜达尔深水港、交通基础设施、能源、产业等领域取得一系列重大进展。截至2020年12月，中巴经济走廊已有46个项目开工建设或已完工。白沙瓦—卡拉奇高速公路苏库尔至木尔坦段完成移交，这是中巴经贸走廊在建的重要基础设施项目。瓜达尔深水港开展阿富汗转口贸易、批复港口及自由区税收优惠政策，成功促成乌兹别克斯坦参与中巴哈吉四国运输协定，其作为合作枢纽，成功地促进了港口发展空间的持续拓展。

中蒙俄经济走廊的合作重点是能源和农业领域，三国地域临近、政治互信、优势互补，通过跨境产业园区建设、基础设施联通，促进相互合作与发展。蒙古国和俄罗斯的资源优势主要集中在煤矿、天然气及金属矿等能源产业上。2019年，中俄建交70周年，双方签署了《中华人民共和国和俄罗斯联邦关于发展新时代全面战略协作伙伴关系的联合声明》，为深化两国经贸合作奠定了坚实基础。2019年，中蒙建交70周年，我国积极

B.1 "一带一路"产业合作发展态势

实现"一带一路"倡议和蒙古国"发展之路"战略相互对接，并在产业合作、能源开采等方面签署了众多双边谅解备忘录。从当前中蒙俄经贸走廊的发展趋势上看，三国产业合作主要围绕"硬件联通"展开，致力于加强口岸建设以提升运输及防疫能力，加强三方在能源矿产资源、高技术、制造业和农林牧领域的合作，携手开创产能与投资合作聚集区，实现产业协同效应最大化，优化商品贸易结构，提升经贸合作水平。

孟中印缅经济走廊连通孟加拉国、中国、印度和缅甸，多年以来，我国一直致力于加强同该区域的贸易合作紧密程度。中国和印度人口基数最为庞大，经济结构具有极强的互补性，产业发展差异显著，具有广阔的发展前景与合作价值。2020年全年，我国在该区域内经贸投资增长显著，产能与高新技术合作稳步推进。中国是缅甸的最大贸易伙伴和最大投资国，2020年，双方除在基础设施、能源等领域保持合作水平外，在人民币结算、5G等高新技术领域也在拓展合作范围。

新亚欧大陆桥经济走廊致力于在交通运输方面与东亚、西欧展开合作，同时为内陆国矿业产业链延伸和贸易合作提供出海口，是我国同欧洲地区进行贸易交流的主要渠道，沿线涵盖了中欧和东欧大部分地区。我国与中欧和东欧国家的贸易密切程度较高，在该区域内，高附加值产业成为合作重点。合作内容上，新亚欧大陆桥主要国家以资本、技术密集型产业为主，清洁能源、高新装备制造、科学研究、通信与信息技术、航空航天、数字经济、金融等领域成为主要合作点，园区合作成为产业结构优化互补，推动区域经济发展的核心模式。

中国—中南半岛经济走廊具有广阔的市场前景，社会环境稳定、经济发展水平高，国际产能合作成为其经济合作的重心。中国与中南半岛国家产业对接"因地制宜"，随着澜湄合作、东盟合作深入频繁，基础设施、产业园区、能源合作持续推进。中国—新加坡"陆海新通道"持续扩大规模，成为中南半岛经济走廊的海上物流大通道，中老铁路、雅万高铁、卡利瓦大坝等一系列重大基础设施工程取得扎实进展，中老、中泰、中新产业园区为产业合作提供了坚实平台。此外，产业合作新热点延伸至数字经济领域，中国电信与互联网企业就人才培养、5G、数字化转型方面与东南亚等国家扩大合作规模。

中国—中亚—西亚经济走廊沿线主要涵盖阿拉伯半岛和地中海沿岸区域，绿色能源资源丰富，沿线国家围绕贸易通道建设、能源设施联通领域广泛合作。目前，重点合作领域集中在风能、太阳能等清洁且可再生能源。随着科技研发、物联网、电子商务的不断发展，数字化转型合作也为我国和中亚、西亚地区合作提供了可能性，并进一步推进金融投资、产业园建设等合作。与此同时，上海合作峰会、中阿合作论坛等地区合作机构积极展开交流，为多边贸易提供了良好的政策环境，有利于改善贸易沿线国家的营商环境，加强投资合作与经贸往来。

二、地方合作全面提速，产业发展步伐加快

（一）经济态势复杂严峻，多点对接促增长

2020年，世界格局发生不小的变化，全球经济因为新冠肺炎疫情的蔓延而处于凝滞和缓慢发展状态，"一带一路"倡议面临着前所未有的艰巨挑战。同时，随着中美之间贸易、技术领域的摩擦愈演愈烈，经济逆全球化趋势来势汹汹，贸易保护主义抬头，为全世界贸易开放平台项目建设的推进戴上枷锁。但是，在这样复杂严峻的态势下，"一带一路"建设仍克服了重重困难，努力肩负起了时代使命。新冠肺炎疫情的全球蔓延，使各国经济陷入严重衰退，我国成为唯一实现正增长的国家。

2020年，我国对"一带一路"沿线国家的进出口总额为93696亿元，比2019年增长1.0%。对外投资方面，2020年，我国企业对"一带一路"沿线58个国家直接投资金额（非金融类）177.9亿美元，同比增长18.3%，占同期总额的16.2%，较2019年提升2.6%。2021年第一季度，我国对"一带一路"沿线国家的进出口总额为2.5万亿元，同比增长21.4%。其中对越南、印尼、波兰等国的进出口均实现了较快增长。

B.1 "一带一路"产业合作发展态势

我国在全球经济增长低迷期间实现 GDP 正增长,得益于"一带一路"沿线国家在长期合作中形成的政治互信、经济互通,尤其是自由贸易试验区机制发挥了重要平台作用,为我国和沿线国家合作提供了坚实载体。自由贸易试验区是党中央为了深化对外开放程度采取的战略举措,最初由习近平主席在大阪 G20 峰会上提出,中国已建设 6 个自由贸易试验区。6 个新设自由贸易试验区分别与"一带一路"项目实现多点对接,开放合作,各自面向不同的开放合作高地,实现了对第三方市场的顺利开拓。此外,自由贸易试验区不仅在设立自主创新先导区、现代产业示范区方面提升产业集聚效应,还在推进现代海洋、国际贸易、航运物流、现代金融、先进制造等产业与航运体制协同发展等方面发挥着巨大作用(见表 1-1)。

表 1-1　6 个新设自由贸易试验区产业合作相关任务

自由贸易试验区	产业合作相关内容	省份	片区	功能划分
中国(山东)自由贸易试验区	支持外商投资企业参与氢能源汽车标准制定	山东	济南片区	重点发展人工智能、产业金融、医疗康养、文化产业、信息技术等产业,开展开放型经济新体制综合试点试验,建设全国重要的区域性经济中心、物流中心和科技创新中心
	对高附加值、环保的装备进出口给予便利			
	赋予自由贸易试验区内符合条件的企业原油进口资质,并支持相关企业开展保税油供应业务		青岛片区	重点发展现代海洋、国际贸易、航运物流、现代金融、先进制造等产业,打造东北亚国际航运枢纽、东部沿海重要的创新中心、海洋经济发展示范区,助力青岛打造我国沿海重要中心城市
	产学研联动推进海洋经济相关产业合作			
	从创新基础设施建设、知识产权保护、人才培养等方面提升创新能力		烟台片区	重点发展高端装备制造、新材料、新一代信息技术、节能环保、生物医药和生产性服务业,打造中韩贸易和投资合作先行区、海洋智能制造基地、国家科技成果和国际技术转移转化示范区
	与日、韩共同探索开拓第三方市场			

续表

自由贸易试验区	产业合作相关内容	省份	片区	功能划分
中国（江苏）自由贸易试验区	建设汽车整车进口口岸，接受软件报关	江苏	南京片区	建设具有国际影响力的自主创新先导区、现代产业示范区和对外开放合作重要平台
	建设下一代互联网国家工程中心、国家集成电路设计服务产业创新平台、国家级车联网先导区，推进5G试商用			
	探索开展高端装备绿色再制造试点，创新绿色金融产品和服务		苏州片区	建设世界一流高科技产业园区，打造全方位开放高地、国际化创新高地、高端化产业高地、现代化治理高地
	建设高水平、国际化产业创新合作平台，培育先进制造业与科创集群、现代化产业聚集区			
	打造以数字化贸易为标志的新型服务贸易中心，开展跨境电商进出口业务，完善相关政策		连云港片区	建设亚欧重要国际交通枢纽、集聚优质要素的开放门户、"一带一路"沿线国家（地区）交流合作平台
	鼓励保险公司创新产品和服务，为能源、化工等提供保障			
中国（广西）自由贸易试验区	开展平行进口汽车试点，探索进口研发样品、设备等进出的便利化监管措施	广西	南宁片区	重点发展现代金融、智慧物流、数字经济、文化传媒等现代服务业，大力发展新兴制造产业，打造面向东盟的金融开放门户核心区和国际陆海贸易新通道重要节点
	开展高技术、高附加值、符合环保要求的保税检测和全球维修业务，试点通信设备等进口再制造			
	支持与东盟国家共建联合实验室、创新平台、科技园区，建立面向东盟的国际科技合作组织，充分发挥中国—东盟技术转移中心作用		钦州港片区	重点发展港航物流、国际贸易、绿色化工、新能源汽车关键零部件、电子信息、生物医药等产业，打造国际陆海贸易新通道门户港和向海经济集聚区

续表

自由贸易试验区	产业合作相关内容	省份	片区	功能划分
中国（广西）自由贸易试验区	建立完善知识产权评估、交易、质押、维权等机制	广西	钦州港片区	重点发展港航物流、国际贸易、绿色化工、新能源汽车关键零部件、电子信息、生物医药等产业，打造国际陆海贸易新通道门户港和向海经济集聚区
	开展外国高端人才服务"一卡通"试点，建立科技创新引才引智计点积分制度		崇左片区	重点发展跨境贸易、跨境物流、跨境金融、跨境旅游和跨境劳务合作，打造跨境产业合作示范区，构建国际陆海贸易新通道陆路门户
	加强与东盟国家在产业链、电子商务、导航、人工智能、大数据、汽车等领域合作，建立先行先试示范区			
中国（河北）自由贸易试验区	支持曹妃甸开展平行进口汽车试点	河北	雄安片区	重点发展新一代信息技术、现代生命科学和生物技术、高端现代服务业等产业，建设高端高新产业开放发展引领区、数字商务发展示范区、金融创新先行区
	开展能源、矿产等大宗商品现货交易，完善相关配套措施			
	建设国家进口高端装备再制造产业示范园区，优化装备制造业进出口规定、流程		正定片区	重点发展临空产业、生物医药、国际物流、高端装备制造等产业，建设航空产业开放发展集聚区、生物医药产业开放创新引领区、综合物流枢纽
	简化对非民用进口机电设备免3C认证手续			
	探索符合国情的数字化贸易发展规则，发展大数据交易、数据中心和数字内容等高端数字化贸易业态，建立数字化贸易综合服务平台		曹妃甸片区	重点发展国际大宗商品贸易、港航服务、能源储配、高端装备制造等产业，建设东北亚经济合作引领区、临港经济创新示范区
	建设从雄安片区到国际通信业务出入口局的直达数据链路，发展数据服务外包业务		大兴机场片区	重点发展航空物流、航空科技、融资租赁等产业，建设国际交往中心功能承载区、国家航空科技创新引领区、京津冀协同发展示范区

续表

自由贸易试验区	产业合作相关内容	省份	片区	功能划分
中国（云南）自由贸易试验区	加快构建5G产业体系，推动互联网、大数据、人工智能与实体经济深度融合	云南	昆明片区	加强与空港经济区联动发展，重点发展高端制造、航空物流、数字经济、总部经济等产业，建设面向南亚、东南亚的互联互通枢纽、信息物流中心和文化教育中心
	设立汽车整车进口口岸，开展平行进口汽车试点。探索先进技术装备、关键零部件及其他机电产品等平行进口			
	引导各类创新主体在"一带一路"沿线国家（地区）共建创新平台，与周边国家共建科技成果孵化基地和科技企业孵化器，鼓励企业设立海外研发中心		红河片区	加强与红河综合保税区、蒙自经济技术开发区联动发展，重点发展加工及贸易、大健康服务、跨境旅游、跨境电商等产业，全力打造面向东盟的加工制造基地、商贸物流中心和中越经济走廊创新合作示范区
	建成面向南亚、东南亚的能源、矿产、原材料交易平台与储备基地		德宏片区	重点发展跨境电商、跨境产能合作、跨境金融等产业，打造沿边开放先行区、中缅经济走廊的门户枢纽
	开展跨境电商人民币结算，推动跨境电商线上融资及担保方式创新			
中国（黑龙江）自由贸易试验区	在汽车整车进口与平行进口、电商进出口方面进行试点，建设电子商务综合试验区	黑龙江	哈尔滨片区	重点发展新一代信息技术、新材料、高端装备、生物医药等战略性新兴产业，科技、金融、文化旅游等现代服务业和寒地冰雪经济，建设对俄罗斯及东北亚全面合作的承载高地和联通国内、辐射欧亚的国家物流枢纽，打造东北全面振兴全方位振兴的增长极和示范区
	扶持新兴产业发展，推动国防工业体系与地方工业体系深度融合，实行工业用地弹性出让和年租政策			
	建设深圳（哈尔滨）产业园区。支持哈尔滨片区设立国家级自主创新示范区。新建、扩建黑龙江石墨新材料实验室、哈尔滨网络安全实验室拓展知识产权融资渠道		黑河片区	重点发展跨境能源资源综合加工利用、绿色食品、商贸物流、旅游健康、沿边金融等产业，建设跨境产业集聚区和边境城市合作示范区，打造沿边口岸物流枢纽和中俄交流合作重要基地

续表

自由贸易试验区	产业合作相关内容	省份	片区	功能划分
中国（黑龙江）自由贸易试验区	扩大能源电力合作，建设进口能源资源国家储备基地，成立股份制电力现货交易机构与独立法人的对俄罗斯购电运营主体	黑龙江	绥芬河片区	重点发展木材、粮食、清洁能源等进口加工业和商贸金融、现代物流等服务业，建设商品进出口储运加工集散中心和面向国际陆海通道的陆上边境口岸型国家物流枢纽，打造中俄战略合作及东北亚开放合作的重要平台

资料来源：《国务院关于印发6个新设自由贸易试验区总体方案的通知》。

（二）地方政策激发活力，区域经济乘快车

2020年，"一带一路"持续推动国内地方产业政策的国际化水平。各地方政府积极响应，细致规划，发布相关政策刺激市场活力，助推区域经济搭乘"一带一路"建设快车，推动区域产业结构优化升级，开拓区域经济发展空间，破解区域经济发展障碍。各地区依照自身的经济发展活力与优势提出了各自参与"一带一路"的举措，如重庆将"一带一路"建设同长江经济带发展联合起来，打造深入内陆的高地开放计划；河南提出扩大开放环境，聚合开放平台建设，力求提升优势，补足短板；河北提出实现供需精准对接，打造河北品牌战略行动；宁夏提出建设"一带一路"服务型贸易示范平台，完善开放平台；江苏明确4方面30条年度重点工作，规划于2020年完成组建省级国际货运班列公司，致力于运输基地建设能力提升；广东明确建设粤港澳大湾区，立志打造面向全球性高度创新城市群；广西提出有效衔接重要门户建设，推进我国同东盟国家开放建设通道及金融开放平台；新疆提出要以"一港、两区、五大中心、口岸经济带"为工作主线，迅速推行国际陆港区平台建设。全国上下形成地方发展与"一带一路"相互促进的发展热潮，除中央对"一带一路"沿线建设有着明确

的指导方针之外，各省份也有自身对接"一带一路"倡议的明确合作规划。"一带一路"为各区域整体经济提升提供了发展契机，为拉动区域经济增长增添了新动力，在推进地方产业优化升级、完善经济发展配套机制方面发挥了重要作用。

三、产业合作模式多元，调动资源并行发力

（一）精准聚焦深入对接，细分领域谋合作

"一带一路"沿线部分国家存在着需求与供给不平衡、不充分的发展失衡，为改善这一现状，首先要推动先进生产要素自由流动，改善资源配置效率，进一步调整生产结构。不仅要协调好制度供给与技术创新之间的相关性，还要对投入各个生产要素产生的结果予以综合考虑，以此来提高社会生产力水平。"一带一路"倡议不断集合沿线国家的发展规划，促进共同迈向高质量发展之路。从战略规划到项目落地，中国与沿线各国的产业合作已经体现出聚焦具体需求、挖掘合作深度的特点，为沿线国家的经济贸易增长发展，推动对外经贸产业合作，助力实现产业结构优化及数字化升级转型做出了巨大贡献。

从战略层面来看，中国与沿线国家的战略对接不仅仅停留在整体规划层面，而是在各个具体领域进行深入对接；从合作过程来看，制度创新、环境优化、安全保障、绿色发展等配套措施越来越受重视；从具体项目来看，除重大项目外，服务于民生与各行业的保全性、提升性、服务性项目越来越多，从具体层面满足、刺激、扩大需求。随着产业合作逐渐精细化，"一带一路"产业合作领域有了更多、更详细的选择，需更加重视国际产能管理，除正常的产能合作外，应避免国际落后产能的扩大、降低合作水平，注重保障知识产权归属，维护市场参与秩序。参与共建"一带一路"的企业拥有自主知识产权，但由于沿线各国的管理制度、法律法规、发展水平与标准不统一，对知识产权的归属和维权也应相应地予以重视。

（二）汇聚三方市场合力，资源协同筑高地

第三方市场合作是"一带一路"倡议的重要内容，东南亚和非洲等相对落后的国家，可选择各方优势作为合作的前提条件，实现"1+1+1>3"的效应。发达国家可以向发展中国家提供技术、资金等要素以获取劳动力，不仅可以满足发展中国家对管理技术和资金的需求，还能唤起发达国家参与"一带一路"建设，实现各相关国家发展战略的对接。先进技术和产能会随着第三方市场合作关系的形成而实现互补，并助力发展中国家建设，实现多方共赢。第三方市场合作实现分类生产，增强了企业参与的积极性，有利于控制项目成本、提高质量，促使项目尽快落地。正因如此，"一带一路"沿线国家及其市场、企业、政府均对此种合作模式表示赞同。许多跨国公司与中国企业以联和融资、联和投资、联和投标、供应链合作的方式进行第三方市场合作，还有许多国家利用第三方市场合作参与到中国"一带一路"建设项目中，为国与国之间创造更多的合作交流平台，引导市场发挥叠加效应。

当前，第三方市场合作为我国形成开放包容的国际合作模式提供了更多的外交方式。截至2020年4月，我国已与欧盟多国及日本、韩国、新加坡签署了第三方市场合作的备忘录。2015年以来，我国陆续与他国签订第三方市场合作声明，自此，一系列合作项目接连启动，如非洲和亚洲就曾得到了法国储蓄银行与中投公司联和投资的20亿欧元投资款；中欧共同投资基金则连接丝路基金与欧洲投资基金；法国的欧瑞泽基金集团（私募基金性质）、巴黎银行与中投公司成立了"中法产业合作基金"，用以对欧洲大陆进行投资；中国国家开发银行与日本三菱日联银行通过签订《业务合作协议》，实现了在东盟地区开展第三方市场的合作；毛里求斯清洁能源项目获得了法国国家投资银行与中投公司的融资服务；中东、土耳其、中亚、北非等数个天然气和电站项目获得了欧洲复兴开发银行与中国工商银行，以及法国东方汇理银行与中国信保提供的融资服务等。

（三）多方携手资金融通，普惠金融新力量

资金融通是我国对外产业合作面临的最需重视的问题之一。随着国际金融规则从单边走向多边，金融合作成为解决沿线产业合作资金供给问题的有效路径。2020年以来，多边金融合作在产业投融资以及倡导绿色金融发展与治理等方面陆续获得佳绩。据统计，"一带一路"相关国际性基金共有将近30支，总体资金池规模约合1万亿元（见表1-2）。

表1-2 "一带一路"相关国际性基金一览

基金	规模	基金	规模
丝路基金	400亿美元+1000亿元	中非发展基金	100亿美元
中国迪拜基金	10亿美元	中国—东盟投资合作基金	100亿美元
中国—东盟上海基金	30亿元	中国—法国中小企业基金	1.5亿欧元
联合融资基金	70亿元	中拉产能合作投资基金	100亿美元
中国—欧亚经济合作基金	50亿元	中墨投资基金	24亿美元
"21世纪海上丝路"产业基金	1000亿元	保险投资基金	3000亿元
中非产能合作基金	100亿美元	中阿（联酋）共同投资基金	100亿美元
澜湄合作专项基金	3亿美元	"一带一路"活动专项基金	—
中国—中东欧基金	100亿欧元	亚联投海外基金	100亿~150亿美元
中哈产能合作基金	20亿美元	中俄地区合作发展投资基金	1000亿元
人民币海外基金	3000亿元	广西—东盟"一带一路"系列基金	500亿元
"一带一路"国际人才专项基金	5000万元	中俄人民币基金	10亿美元
中欧共同投资基金	5亿欧元	"一带一路"绿色投资基金	—

资料来源：国家工业信息安全发展研究中心分析整理。

投融资方面，众多基金中最引人注目的是2017年丝路基金新增1000亿元，并于2018年与欧洲投资基金一起组建中欧共同投资基金，使"一带一路"项目能够同欧洲"容克规划"彼此协调共进。2018年，中英共同发起了《"一带一路"绿色投资原则》。2020年，该原则第二次全体会议

在北京召开，40多个金融机构和国际组织参与会议，成员持有或管理的总资产已超过41万亿美元。绿色投融资涵盖领域较广，发展越发成熟，如在绿色金融资金方面，光大集团设立了"一带一路"绿色投资基金；在资产治理方面，中国发布《"一带一路"债务可持续性分析框架》，为参与各方提供自愿采用的债务分析工具，以此提升债务管理水平，实现长期投融资发展；在平台建设方面，"一带一路"绿色投资项目组计划设立区域可持续发展组织，动员私人资本入股绿色投资，以此来帮助新兴市场的金融机构参与到低碳环保产业的建设进程中。

参考资料

1. 艾渺. 一带一路基础设施建设步履不停. 中国对外贸易，2020（2）：54-55。

2. 商务部国际贸易经济合作研究院. 中国"一带一路"贸易投资发展报告2020，2020-09-07。

3. 熊彬臣. 新冠疫情下境外铁路项目安全风险和对策研究. 建筑经济，2020（S2）：155-158。

4. 薛涛. 我国已与138个国家、31个国际组织签署201份共建"一带一路"合作文件. 新华网，2020-11-17。

5. 姚尧. 一带一路交通基础设施联通的经济效应. 华侨大学，2020-06。

6. 中国一带一路网. 关注|逆势增长,2020年中欧班列共开行1.24万列，2021-1-12。

7. 潇湘晨报. "丝路海运"打造"海丝"共享合作平台，2020-9-9。

8. 新华社. "丝路海运"助力"海丝"合作走深走实，2020-9-10。

9. 新华社. 西部9省份合作共建"陆海新通道"，2019-5-23。

10. 新华网. 中巴经济走廊成为"一带一路"重大项目统筹防疫与生产标杆，2020-12-30。

B.2 "一带一路"产业合作形势展望

彭静怡[1]

摘　要： "一带一路"建设持续深化中国与沿线各国的产业合作交流、加速产业链融合，数字化、绿色化可持续发展成为产业合作共识。但在建设过程中面临着来自地缘政治冲突、信息网络安全等方面的挑战，项目建设、企业生产、商品流通、融资活动等均存在风险。未来，"一带一路"需要结合自身产业基础与经济发展规划，以创新发展理念为项目建设铺平道路，采取高质量、高水平、高标准、大规模合作发展策略以减低区域工业基础、经济水平发展不平衡的影响，提高产业合作效率和水平，为对接国际标准体系做足准备，推动沿线国家合作协同发展。

关键词： "一带一路"倡议；产业合作；高质量发展

Abstract: Under "The Belt and Road" Initiative, the industrial cooperation and exchanges between China and countries along "The Belt and Road" have been continuously deepened, and the integration of industrial chains has been accelerated. Digital, green and sustainable development has become the consensus of industrial cooperation. However, in the process of construction, there are also challenges

---

[1] 彭静怡，硕士，国家工业信息安全发展研究中心工程师，主要研究方向为战略规划、政策法规、信息技术。

from geopolitical conflicts, information network security and other aspects, as well as risks in project construction, enterprise production, commodity circulation and financing activities. In the future, we need to combine our own industrial base and economic development planning, pave the way for project construction with innovative development concept, implement high-quality, high-level, high-standard and large-scale cooperation development strategy to reduce the impact of unbalanced development of regional industrial base and economic level, and improve the efficiency and level of industrial cooperation, so as to make full preparations for aligning ourselves with the international standard system and promote cooperation and coordinated development among countries along the "Belt and Road".

Keywords: "The Belt and Road" Initiative; Industrial Cooperation; High-Quality Development

"一带一路"倡议自提出以来得到稳步推进，海外项目合作取得了巨大成果，迈向了高质量发展阶段。在新的发展阶段中，中国和沿线国家在产业开发、园区建设等方面的合作逐渐深化，为推进"一带一路"产能合作奠定了良好基础。"一带一路"产能合作取得了积极进展，在"互联互通、政策沟通、设施联通、贸易畅通、资金融通、民心相通"方面成果显著。在全球产业链加速调整、经济波动加聚的背景下，亟须中国和沿线国家密切合作、积极应对、把握机遇，以现实需求和共同利益为导向、以可持续发展和高质量建设为目标，为应对公共危机与生态环境改善贡献智慧，为加快中国与沿线国家协同发展、推动"一带一路"共赢发展贡献力量。

一、发展环境受挑战，需全方位安全合作

（一）地缘政治充满风险，疫情暴发加剧隐患

"一带一路"海外建设项目不断释放积极信号、接连传来利好消息，吸引了更多国内企业"走出去"开工建厂、拓展海外市场。"一带一路"贯穿中亚、中东、南海等地缘政治热点地区，以及朝鲜半岛、中亚阿富汗、西亚叙利亚等地缘政治环境复杂、隐藏着潜在冲突的地区，影响当地生存与发展，是"一带一路"合作的最大挑战和障碍。领土争端、军事摩擦、恐怖主义、经济安全、战略价值等多重因素叠加，在一定程度上使一些地区成为"必争之地"，而政治危机、战略冲突、战争暴乱等引发的政局动荡、经济损失、人员伤亡是不可逆的，如西亚北非、俄乌交界地区由于战争冲突，区域经济合作发展几乎陷入停滞。有部分"一带一路"铁路项目作为联通各国间的交通枢纽，位于经济相对落后、政治环境不稳定、治安环境复杂、恐怖主义滋生和蔓延的高风险地区。2020年，新冠肺炎疫情环境下安全形势更加严峻而复杂，经济低迷、失业频发而引发的盗窃抢劫、恐吓勒索、寻衅滋事等不法侵害社会事件增长，导致社会、治安形势严峻，隐患突出，致使"一带一路"沿线国家的公共安全和社会治安防控风险压力较大。从宏观层面看，"一带一路"沿线国家的文化和价值观各异，当今世界格局在发生深刻变革，在合作共建"一带一路"的同时，采取务实、灵活的外交政策，成为应对时局变化的新常态。

（二）建设周期引发顾虑，流通受阻削减意愿

新冠肺炎疫情的全球蔓延，对一些抵御风险能力薄弱的中小企业，无疑是场严峻的考验。目前，部分"一带一路"中小企业在资金、技术、品质和市场等方面多少存在缺陷，有少数企业由于融通资金等困难面临被供

应链剔除的局面，融资难问题将是供应链切入"一带一路"的最大瓶颈。对于海外建设项目，出于贷款安全收回方面的考虑，商业银行的贷款期限最长只有15年，政策性银行也仅能提供20年的金融贷款。多数"一带一路"基础设施建设项目周期长，存在持续建设20年时长的情况，而沿线大部分国家，经济基础比较薄弱，经济结构比较单一，产业体系和金融市场尚未健全，外债负担稍显严重，如遇到不可抗力因素或其他突发情况，往往匆忙应对、被动反应，给海外投资带来很多的风险和不确定性。在新冠肺炎疫情暴发初期，我国与"一带一路"国家人员往来与物资流通受阻，相互采取旅行限制等抗疫措施，有的建设人员无法及时返回项目国，或返回后需接受长时间隔离的现象，拖延和影响了项目进度。据外交部估计，新冠肺炎疫情以来，大约20%的"一带一路"在建项目受到严重影响，30%～40%的项目受到一定程度的影响，40%的项目几乎未受负面影响。但是，受新冠肺炎疫情影响，人员流动受阻，新建项目也有所推迟，企业进一步的投资态度会更加审慎。与此同时，海、空、陆运受阻，生产和项目所需原材料、机械设备、零部件等难以及时到位，供应链受到严重冲击和挑战。2020年年底，新冠肺炎疫情不仅加剧了中小企业在供应链中的生存风险，长远来看还将削弱大型企业原有的配套支持。

（三）新兴业态集中孕育，网络安全形势严峻

当今世界，全球各行各业都处在数字化转型的浪潮之中，基于以云计算、大数据、物联网、人工智能等为代表的新一代信息技术的创新发展、产业变革突破的加速、融合应用的空前活跃，越发成为产业合作的新动力，推动新旧发展动能接续转换的强劲引擎。网络空间已成为继陆地、海洋、天空、太空之外的"第五空间"，新冠肺炎疫情的全球性蔓延给世界经贸格局、产业发展带来了更多的不确定性。各国在协力抗击新冠肺炎疫情的过程中，集中孕育了大量新兴业态，持续加深了信息技术与实体经济融合发展的深度和广度。智慧医疗、远程办公、在线教育、无接触配送等新型

模式的兴起，也为产业创新发展带来了巨大的需求驱动力。但机遇与风险并存，网络安全的地位日益凸显，已成为关系到国家经济发展、社会乃至国家安全的重要战略任务。从国家角度来看，一国既会受到来自国外的网络攻击，也需要对国内的网络环境进行治理。从社会角度来看，个人信息被泄露与网络诈骗严重影响人们对信息技术的信任，也导致诸多社会问题与不良风气。从生产角度来看，设备安全、信息安全、商业秘密保护、知识产权保护等工作都离不开安全技术的运用。从流通角度来看，商品与服务的流通效率都受到网络安全环境的影响，同时金融安全也需要网络技术的保障。

二、区域发展不平衡，需高质量产业发展

（一）发展要素各具特色，价值分工极具差异

当前，我国对外开放已经进入到承上启下、继往开来的阶段，我国的产业链和需求市场已经深度融入全球经济体，目前是 120 多个国家和地区的最大贸易伙伴。新冠肺炎疫情对世界社会、经济造成严重冲击，立足新时期、面对新形势，在推动共建"一带一路"高质量发展的过程中，更需注重国别之间差异性的存在。在参与到"一带一路"倡议建设的沿线国家中，历史基础、制度环境及要素禀赋各有特点，在全球价值链分工上极具差异，经济发展活力与效益特征各具特色。从国际整体角度来看，存在着区域发展不平衡的状况。"一带一路"沿线国家中，多数为具备发展潜力但 GDP 低于全球人均水平的发展中国家，如中亚、东南亚各国，少数为经济发展水平较高的国家，如中欧、东欧、西亚各国大多为高出全球人均 GDP 的发达国家。其中，新加坡、以色列的经济高度发达，创新能力受到全球认可；中东欧国家工业基础深厚，金融市场长期稳定向好；西亚地区蕴含丰富的天然资源，出口导向利润水平较高。而非洲、中亚、南亚与东南亚部分国家的发展依靠传统劳动密集型产业，工业化水平不高，价值链

位于低端水平。短时间内,世界各国间的差异不可抹去,"一带一路"倡议为发展中国家在全球分工中搭建了施展自身优势的平台、提供了加速提升经济实力的机遇,以共建"一带一路"走深走实发展道路,协同推进高质量产业发展、拉动经济活力、释放内需潜力。

(二)区域发展相互依存,协同发展面临挑战

随着"一带一路"建设、经济全球化和区域一体化发展从理念到行动、从规划到实际,多层次的沟通机制、高层次的对话机制持续推进,各国间政治互信迅速提升、合作机制逐步成熟,进一步加深了政策、贸易、资金等领域的互相依存。截至2020年,丝路基金已累计签约项目47个,承诺投资金额达178亿美元,投资地域覆盖低收入国家、发展中国家、新兴市场经济体、发达经济体,包括俄罗斯、中亚、南亚东南亚、西亚、北非、中东欧、西欧、北美、南美等国家和地区。尽管在地区合作过程中已提前考虑到区域发展不平衡等因素,但面临高标准、全方位一体化的发展进程,在市场力量和社会力量的双重加持下,金融、贸易、国际资本的流入与经济一体化发展势必会给沿线中低收入国家、发展中国家带来巨大的压力,发展政策、经济安全、金融稳定都面临严峻挑战。中小企业是带动沿线国家就业、激发市场活力与拓展合作空间的主体之一,应加强对中小企业的培育扶持。但中小型企业往往核心竞争力不强,在业务水平、人才供给、危机管理、可持续发展等方面均有不足,因此政府加大对市场的管理尤显重要。

(三)数字经济加速到来,质量发展凸显价值

高质量发展是产业合作的根本要求。自提出共建"一带一路"、共同构建网络空间命运共同体等重要倡议以来,各国达成了诸多共识,取得了良好成效。在开放中发展、在合作中共赢,符合各国的根本利益。在政策、技术、产业发展等方面,充分考虑全球的发展态势、各国的自身情况、行

业的发展形势，及时做到"因地制宜"制定重点领域规划、引导奖励政策、标准对接宣贯及配套便利措施等，不断完善多层次、多角度、多类别的产业合作政策成为未来的发展趋势。数字经济时代正加速到来，随着沿线国家数字化水平的提升，数字赋能价值不断凸显。在数字经济时代，数字化和网络化、智能化发展不仅带动贸易方式的变化，而且反作用于生产，传统企业经营方式的数字化改变极大地提升了生产效率。当前，全球市场进入新的发展阶段，"新基建"推动更多行业数字化转型，企业更加重视数字化建设，以求实现精细化运营来降低企业成本、增加效益。《2019中国企业数字化转型及数据应用调研报告》显示，企业数字化转型已体现在经营管理各个层面，赋能企业数字化新基建。"一带一路"沿线国家应把握全球数字化发展浪潮，不断进行数字化转型尝试，加大资金、人才等要素的投入力度，力求数字化转型的整体成熟度和战略高度均稳步提升。2020年，突如其来的新冠肺炎疫情使全球数字化转型效率面临重要考验，"一带一路"沿线国家已经投入运营的数字化系统反应迅速，给当地企业在新冠肺炎疫情期间的生产管理带来了十足的保障，彰显了数字化改革的必要性。同时，在新冠肺炎疫情下企业的数字化管理策略也从侧面推动了企业弹性化管理能力，提升了企业的管理水平与生产效率。目前，产业高质量发展仍处于起步期，重构、升级产业链和生产体系，以互补合作为主要模式开展与现实发展需求水平相匹配的产业合作，在一定地区、一定时期内维持低端产业的转移规模，并把低端产业合作转型与对空白的填补提上日程，将进一步推进产业保持高水平、大规模的合作状态。

三、要素对接待增效，需高水平标准合作

（一）产能合作进展迅速，转型升级亟待统筹

中国与"一带一路"沿线国家的高层互访与地区交流联动频繁，在战略互信方面成绩喜人，与部分国家的产业合作成果更是取得突破性进展。随着机制不断完善、对话渠道不断增加，产业合作向多领域、深层次持续

升级发展，涉及领域和事项越发具体和深入，特别是新冠肺炎疫情催生了许多新产业、新业态、新模式，对人才、资本、技术、管理、自然资源等生产要素的标准化水平要求越来越高。中国供给侧结构性改革与"一带一路"互联互通建设相辅相成，推动了沿线国家共建"一带一路"。借助"一带一路"打造国际产业合作新平台、新渠道，促进产业转型升级是满足我国发展需求的必经之路。在产业升级的同时，应该注重金融供给层次及覆盖水平的提升。随着"一带一路"的项目产业链、供应链合作逐渐加深，对跨国金融模式提出了更多创新发展的要求。例如，古巴搭借"数字丝绸之路"之便，积极尝试物联网等新兴技术，以推进虚拟行业与实体产业的深度融合，提升了企业的生产效率。越南也不例外，2020年，越南政府将电信基础设施和信息技术的发展视为首要任务之一，提出数字化转型是帮助该国快速可持续发展的重要解决方案。在此战略的引领下，越南已成为世界上使用自制设备成功实现5G服务商业化的少数国家之一，数字化社交网络平台、医疗保健行业的远程诊疗技术、数字化教育教学等在越南已经初步呈现出一定的规模。印度提出"智慧百城"计划，预计在2021年完成20座城市的智慧化改造。中亚各国在国家战略中均提到以数字化提升治理水平的内容，土库曼斯坦启动"2019—2025年数字经济发展构想"实施工作，包括提升政府管理服务水平；哈萨克斯坦依靠数字化建设项目的持续推进，已经规划将区块链技术引入电子政府平台。"一带一路"沿线国家发展阶段、环境、条件面临着不平衡、不充分的情况，存在难以满足产业合作重点领域、关键环节新发展需求的现象，为协同推进产业转型升级、提质增效，产业链向中高端发展，不符合时代需求的产业结构带来的杠杆过高、产能与库存过剩等问题亟须增强预见性和主动性，积极统筹谋划应对，加强关键要素对接。

（二）标准衔接夯实基础，合力拓宽发展空间

产业标准统一是提升互联互通质量与效率的有效渠道。推动成熟先进的技术标准、产品设备"走出去"，扎根于沿线各国，不仅能提升中国企

业在沿线国家和地区的号召力，而且能通过提升中外标准体系的兼容程度、提升中国标准的品牌效益，使我国实现对外标准体系的有机衔接、协同发展。这既是对我国核心竞争力的提升，也是各国共享发展成果的技术保障，将极大改善技术输出困境，拓展产业发展空间，有利于缩小技术差异，简化操作流程，减低集成难度，提升施工质量、工作效率和管理水平，更将提高准确性、安全性和及时性。《关于工业通信业标准化工作服务于"一带一路"建设的实施意见》主要领域内容如表2-1所示。

表2-1 《关于工业通信业标准化工作服务于"一带一路"建设的实施意见》主要领域内容

行业	领域	内容
制造业	钢铁	合作研制、修订相关标准，推动中国钢铁相关标准的本土化、国际化应用
	有色金属	制定标准促进我国有色金属贸易畅通，合作研制新材料标准并推动我国国家标准的海外应用
	石油化工	推动石油化工与数字化交付等标准衔接，促进我国智能石化、石化工业互联网平台的海外推广
	农业机械	联合制定农机相关标准，促进我国农机对沿线国家出口
	工程机械	转化发达国家先进国际标准，推动我国工程机械数字化、网络化、智能化、成套化标准的海外应用
	船舶	重点围绕绿色船舶和智能船舶开展标准化合作
	航空	推动民机客机标准互换互认。与时俱进制定民用飞机、旋翼飞行器和无人驾驶航空器相关国际标准
	纺织	转化国际先进标准并促进我国标准国际化，在东盟、巴基斯坦、孟中印缅、中亚、非洲等国家和地区垂直延伸产业链
	家电	推动我国创新技术产品成为国际标准，推动相关标准对接
	太阳能光伏	以光伏项目与产品出口为依托，推动我国光伏设备标准的海外应用。联合制定公共屋顶的分布式光伏产品标准
信息通信	节能环保	依托海外工业园与工厂实施我国工业节能与绿色标准。与东盟、阿拉伯等重点地区国家开展标准化合作
	信息技术	就5G、物联网、云计算、大数据等新一代信息技术与各国际标准化组织合作。推动信息技术新产品设备的标准应用
	智慧城市	完善国内标准，推动国际标准互认。推动电子商务标准体系建设

续表

行业	领域	内容
信息通信	北斗卫星	推动应用终端标准国际化
	通信工程	推动通信工程建设标准体系与配套设施及产品标准体系国际化
	网络互联	通过对网络资源、新技术、新设备的标准制定，推动陆上信息大通道的建设
	电信业务	以共同开展电信业务能力开放技术标准研究，提升我国电信服务水平
互联网+先进制造业	两化融合	建立两化融合管理体系市场化贯标模式、机制和质保体系，形成标准市场化采信机制。依托海外工业园区与新工厂进行管理体系标准化试点
	智能制造	重点完善智能装备、"一带一路"沿线智能制造相关标准，构建智能制造生态圈
	工业互联网	工业互联网相关标准与"一带一路"国家对接
	车联网	建立智能联网汽车标准体系，开展技术、产品、应用服务的标准国际化合作

资料来源：国家工业信息安全发展研究中心分析整理。

（三）绿色环保已成共识，低碳模式创新发展

随着可持续发展理念深入人心，社会各界的责任意识和环保意识不断提高，绿色发展引领国际发展潮流。在联合国2030年可持续发展议程中，发展绿色生态系统、推崇清洁能源使用、紧急应对全球气候问题已经成为全球共同议题，环境目标更是直接或间接地体现在所有发展指标中。"一带一路"沿线部分国家正处于能源短缺及环境污染的困境中，各国都在努力摸索低碳发展模式。国际的基础设施建设项目融资对社会与环境标准、社会责任履行等方面提出了高标准要求。我国自上而下也将绿色发展理念贯彻到经济建设中，统筹资源开发和整治。绿色"一带一路"以低能耗、循环经济为主要支撑，提倡开发与生产科技含量高、环境污染少的工业产品。绿色发展理念是经济长期健康发展的必然抉择。一方面，在与"一带一路"沿线国家的技术合作与经验交流过程中，不断提出并运用先进的节能、减碳的绿色创新技术，极大地改善了资源的使用效率。另一方面，面

对全球气候变化带来的严峻挑战，绿色发展理念推动了能源资源一体化合作，使全球绿色供应链体系不断成型。我国持续提倡使用清洁能源、加大对清洁能源领域的投资，多项环保技术指标在世界上已取得显著效果，如风电机技术通过多年自主的研发创新，已完全具备成型的产业链与价值链，装备规模居世界首位，目前非洲、东南亚、南亚有三十多个国家从风力发电技术中受惠，年风力发电约66亿度，减排二氧化碳千万吨。

专栏2-1："一带一路"助力巴基斯坦绿色发展

《2020年中国"一带一路"投资报告》显示，2020年，中国对"一带一路"国家的投资重点首次转向了可再生能源，在投资金额和项目数量上均居各行业首位，包括太阳能、风能、水电在内的可再生能源的投资占比从2019年的39%上升至2020年的57%，已成为中国海外能源投资的主要部分。其中，水力发电的占比为35%，太阳能与风能则共占22%。该报告特别指出，在2020年的"一带一路"能源行业投资中，巴基斯坦获得的投资额最多，并且所获能源投资额中有超过50%投向可再生能源领域。

当前，发展可再生能源已成为巴基斯坦能源政策的重要一环。2020年8月，巴基斯坦公布了《可再生能源和替代能源政策（2020）》，此后政府又陆续出台多项配套措施，旨在利用可再生能源的发展来推动国家经济转型。根据巴基斯坦政府颁布的新能源政策，到2030年，巴基斯坦国家电力生产中的可再生能源占比将提高至60%，其中水力能源将占到一半。

随着中巴经济走廊建设步入高质量发展的第二阶段，绿色能源的项目比重将继续增加，这一趋势正好与巴基斯坦大力倡导清洁能源的国家政策相契合。在"一带一路"的框架下，两国在可再生能源领域的合作将持续深化，既促进巴基斯坦经济社会快速发展，也为其民生建设提供坚实保障。

资料来源：国家工业信息安全发展研究中心分析整理。

总体来说，2020年以来，"一带一路"项目建设中的投资行业遍布物流、机械、通信、化工、纺织等多个领域，全方位产业融合发展趋势明显。从我国自身来讲，六大经济走廊上的几十个产业园区以沿线国家重要城市群为据点，整合了政策与资源，将自身产业战略向高精尖、数字化经营转型，打响了中国品牌战略并且提高了园区核心竞争力。从全球发展角度来讲，为全球治理提供了新的路径与方向，满足了新兴市场国家对全球治理机制变革的需求，是夯实世界经济长期向好发展的重要枢纽。

参考资料

1. 郭鹏飞. 国有企业参与"一带一路"建设面临的机遇与挑战. 决策探索，2020（4）：53。
2. 刘金萍. "一带一路"背景下的区域经济发展机遇与挑战. 商场现代化，2020（9）：122-123。
3. 蓝庆新. 推进"一带一路"绿色能源国际合作. 中国国情国力. 2019（11）：60-64。
4. 蓝庆新. 绿色"一带一路"建设现状、问题及对策. 国际贸易，2020（3）：90-96。
5. 梁爽. 新冠疫情下"一带一路"面临的风险与对策研究. 山东农业工程学院学报，2020（12）：59-63。
6. 王宏新. 以融合、共治推进"一带一路"安全合作. 国家治理，2018（46）：14-17。
7. 杨兆华. 继续深化供给侧改革，促进产业高质量发展. 纺织服装周刊，2019（1）：20。
8. 支东生. 对防范化解"一带一路"重大安全风险的思考. 经济导刊，2018（5）：53-55。
9. 周国梅. 共建绿色"一带一路"，打造人类绿色命运共同体实践平台. 环境保护, 2019（17）: 23-26。

10. 中国网. 东盟数字经济占 GDP 比重仅 7%中国东盟共建"数字丝绸之路"空间大, 2019 年 4 月 9 日。

11. 郑雪平. "一带一路"建设进展、挑战与推进高质量发展对策. 东北亚论坛, 2020（6）: 94-106, 125。

12. 张颖. 中国的国际经济合作新模式：第三方市场合作. 现代国际关系, 2020（4）: 44-51。

13. 郭朝先. "一带一路"产能合作新进展与高质量发展研究. 经济与管理, 2020（3）: 27-34。

14. 黄黎洪. 中国建设数字丝绸之路与数字化时代全球治理的变革研究. 电子政务, 2019（10）: 56-67。

15. 云飞. 数字经济赋能"一带一路"高质量发展. 信息化建设, 2019（6）: 01。

16. 周立明. 区域经济发展可搭乘"一带一路"便车. 人民论坛, 2019（36）: 97-99。

Ⅱ 分 报 告
Subreports

B.3
中蒙俄经济走廊产业合作发展现状

彭静怡　刘丽珊[1]

摘　要： 在"一带一路"框架下，中蒙俄经济走廊国际产能合作潜力巨大，呈现出层面多、范围广的特点，中国、蒙古国、俄罗斯政治合作交往频繁，顶层设计趋于完善，贸易互通逐渐畅通，经贸发展稳步增长。2020年，新冠肺炎疫情的到来短暂冲击了三国之间的贸易往来，自持续畅通交流、推进疫情防控，多措并举联动推动经济常态化发展及重大项目复工复产以来，为中蒙俄经济走廊健康稳步发展提供了强有力的保障。截至2020年年底，贸易水平基本全部恢复，重要项目有序推进，三国经济体国际地位逐步提升，未来将具有更广阔的经济合作发展空间。

---

[1] 彭静怡，硕士，国家工业信息安全发展研究中心工程师，主要研究方向为战略规划、政策法规、信息技术；刘丽珊，硕士，国家工业信息安全发展研究中心工程师，主要研究方向为一带一路、数字经济、产业合作。

关键词： "一带一路"倡议；经济走廊；中蒙俄；产业合作；对接政策

Abstract: Under the framework of "The Belt and Road" Initiative, the China-Mongolia-Russia Economic Corridor has huge potential for international cooperation on production capacity, featuring multi-levels and wide range. With frequent political cooperation and exchanges, China, Mongolia and Russia have improved top-level design, and gradually realized smooth trade exchanges and steady growth in economic and trade development. In 2020, the outbreak of COVID-19 briefly hit the trade between the three countries. With continuous efforts in maintaining unimpeded exchanges and advancing epidemic prevention and control, the three countries have taken multiple coordinated measures to promote regular economic development and the resumption of work and production of major projects, which has provided a strong guarantee for the sound and steady development of the China-Mongolia-Russia Economic Corridor. By the end of 2020, the trade level of the three countries had basically recovered, major projects had been pushed forward in an orderly manner and the international standing of the three economies had gradually risen. In the future, there will be broader space for economic cooperation and development.

Keywords: "The Belt and Road" Initiative; Economic Corridor; China-Mongolia-Russia; Industrial Cooperation; Policy Harmonization

2014 年 9 月，中蒙俄三国总理会晤时正式提出中蒙俄经贸走廊建设方案，决定将"丝绸之路经济带"同"欧亚经济联盟"及蒙古国"草原之路"进行战略对接。自此，中蒙俄经济走廊初步建立，成为"一带一路"

六大走廊中具有代表性的贸易通道。中蒙俄经济走廊建设方案提出之后，为更好地完善"一带一路"贸易框架，中国同蒙古国、俄罗斯先后签署了《关于编制建设中蒙俄经济走廊规划纲要的谅解备忘录》《建设中蒙俄经济走廊规划纲要》等文件。2020年，在中蒙俄三方的大力支持、不懈努力下，《建设中蒙俄经济走廊规划纲要》已步入实施环节，重大项目有序推进，经贸往来取得丰硕成果。本文围绕中蒙俄三国在中蒙俄经济走廊中的具体合作领域展开，探讨2020年以来中国同蒙古国、俄罗斯的贸易收效和合作趋势。一方面，通过对中蒙俄三国在中蒙俄经济走廊基建领域、科技交流、产能投资等产业合作的突出表现进行分析，另一方面，结合当前新冠肺炎疫情局势，充分发挥中蒙俄三国在新时代战略协作的引领作用，归纳梳理在深化工业信息、能源基建、电力运输、科技发展等领域合作的典型案例，在维护中蒙俄经济走廊沿线国家的根本利益，推动区域经济一体化方面发挥作用，为各国今后促进伙伴关系维持和政治高度互信，继续保持贸易优势提供相应的参考意见。

一、经贸走廊积极布局，守望相助合力抗疫

（一）经贸走廊再添线路，区域合作大有潜力

中蒙俄经济走廊建设依靠内蒙古地理毗邻俄罗斯、蒙古国的区位优势，借助黑龙江对俄铁路通道和区域铁路网的便利条件，打开中国向北邻国的开放窗口；通过完善东三省与俄远东地区海陆联运，推进北京至欧亚高速运输走廊建设，打开我国内陆连接丝绸之路的通道，对接蒙古国"草原之路"、俄罗斯"跨欧亚发展带"发展战略，从而实现互利共赢。

最初，我国只规划了两条面向东北亚的经济合作路线，西线是从我国首都经济圈出发，西行途径呼和浩特中转，北上蒙古国和俄罗斯；东线是从我国东北城市群，到内蒙古满洲里，再到俄罗斯赤塔。随着"一带一路"建设的逐步完善，中蒙俄经贸合作持续深化，从国家战略层面出发，为更

好地促进三国间的友好交流往来，中蒙俄经济走廊由原来的两条通道增添至三条，第一条线路涵盖中国的华北地区、蒙古国的乌兰巴托和俄罗斯的乌兰乌德，实现了首都经济圈与蒙俄的联通；第二条线路连接俄罗斯赤塔、符拉迪沃斯托克和中国的满洲里、哈尔滨、绥芬河等地，确保了我国东北运输口岸的出海口畅通；第三条线路连接蒙古国乌兰巴托、乔巴山、霍特，中国内蒙古阿尔山、吉林长春和俄罗斯扎鲁比诺港，旨在拓展图们江大区域合作。在原有通道的基础上，新添的第三条通道由中蒙俄接壤城市向内陆延伸贯穿京津冀，并与东北振兴战略、环渤海经济合作和蒙古国矿业兴国战略相衔接，线路的成型对完善整体贸易格局具有十分重要的意义。第一，贸易线路的增加有助于缓解铁路运输的压力，基础设施互联互通有利于促进整个东北亚地区商业贸易的往来，有助于充分发挥市场规模优势、释放内需潜力，对构建国内外双循环相互促进发展格局具有不可替代的作用。第二条、第三条通道走廊的开通将便于国内产业结构的调整，有助于产业基础再造和产业链的提升，有利于巩固传统产业优势和强化领先地位，从而打通"一带一路"中蒙俄战略性新兴产业布局，提升产业基础高端化、产业链现代化水平。

（二）口岸建设日臻完善，提质升级奠定基础

历时数年的努力，中蒙俄经济走廊口岸建设日趋完善。中蒙方面，中国对蒙古国口岸基础建设越发健全，在现代化通关技术的助推下各口岸的通关水平显著提升。中国与蒙古国边界线长达 4710 千米，双方共有常年开放和季节性开放的边境口岸 13 对。由于蒙古国没有出海口，边境口岸的设置构成了蒙古国走向世界的重要陆路通道，通过口岸将本国的铁矿、煤炭、石油等能源类产品及畜牧产品出口，进口机电产品、农产品、纺织品等日常生活必需品。其中，内蒙古自治区的二连浩特口岸是我国对蒙古国的最大的陆路边境口岸，公路货运繁忙且贸易持续增长。2020 年，二连浩特公路货运口岸共检查验放出入境车辆 12.2 万辆次，同比增长 20%，

日均出货量 20 个集装箱。中俄方面，中国与俄罗斯边界线长达 4314 千米，共有 22 对边境口岸分布，还有 10 个边民互市贸易区。俄罗斯通过口岸出口能源、资源类产品——石油、天然气、木材、煤炭及各种矿产品和原材料，进口服装鞋帽、家电装饰、汽车零配件、蔬菜果品等产品。

中蒙俄经济走廊多条航空、水运、公路、铁路运输通道建设趋于成熟，作为沿线国家和地区对外开放、经贸的纽带和桥梁，持续推进优化口岸建设，提高通关效率，为今后工业信息化、基础建设、电力运输、能源合作及新技术、新业态对接交流奠定基础。

（三）疫情带来短暂冲击，携手并肩应对危机

2020 年，新冠肺炎疫情的出现给全球带来危机，导致的停工歇业使各国贸易水平大幅下跌，国际经济贸易原有的格局被打乱，全球的国际化合作热潮逐渐冷却，严重影响了中蒙俄经济走廊建设，贸易合作也面临着较大冲击。"一带一路"数据库数据显示，2020 年上半年，俄罗斯对中国进出口总额同比增速首次由正转负，下降 5.6%。

为改善当前困境，中蒙俄经济走廊紧急启动应急机制，运用数字技术联合抗疫，多次召开远程视频会议、展开联防联控工作，尽力确保贸易合作恢复平稳。2020 年 5 月，为走出新冠肺炎疫情对社会经济发展的消极影响，中蒙俄三方以远程视频的方式展开会议协商，以期从危机中挖掘机遇，在困境中看到希望，期望亚洲国家依靠积极谨慎的防控措施成为世界上率先走出新冠肺炎疫情阴霾的地区。中蒙俄三国有望借力贸易伙伴国的关系及经济互补的特点提升经济合作多元化发展。2020 年 7 月 3 日，中国又同蒙古国就新冠肺炎疫情联防联控工作再次展开为期 3 天的云端视频会议。关于新冠肺炎疫情期间维持两国贸易畅通、人员流动秩序，中蒙双方决定正式建立并启动边境口岸"绿色通道"，并持续优化口岸工作流程，提高货物通关效率，积极推动两国疫情防控举措及新冠肺炎疫情之后重大项目的复工复产，争取尽早摆脱新冠肺炎疫情带来的负面影响，推动

经济常态化发展。

（四）共识举措释放良效，经贸往来逐步恢复

2020年下半年，得益于良好的政策措施执行及中蒙俄经济走廊国际间守望相助，中蒙俄贸易指数缓步回温，虽然进出口贸易增速依旧为负，但是降幅大幅缩减，新冠肺炎疫情的冲击逐步减缓，总体呈现向好的趋势。中国海关发布的数据显示，2020年全年，中国对俄罗斯的国际收支总额将近千亿美元，其中不少出口产品如医疗器械、电子加工品、轻纺品、农产品对俄实现贸易正增长。此外，我国从俄罗斯进口的资源品类如天然气、铁矿石也实现快速增长，中欧班列的贸易优势在新冠肺炎疫情防控期间更加凸显。此次新冠肺炎疫情虽然短期内对中蒙俄经济合作产生冲击，但是危难与机遇并存。在推进企业复工复产、经济复苏的措施上，我国转换新救市思路，以开展新一轮基本建设投资和基础建设为重点，提倡"两新一重"发展策略，即加强新型基建，激发新消费需求，助力市场向重点领域深化改革。相信经过大灾大难的考验，中蒙俄携手抗疫、共克时艰的成功实践，必将转化为加强产业交流合作的强大动力，彼此间的关系定将变得更加牢固紧密。

二、顶层设计逐步推进，贸易方案逐渐完善

（一）高层对话交流频繁，积极搭建对接平台

为促进"一带一路"中蒙俄多边交流体系畅通，我国同蒙古国、俄罗斯均以高瞻远瞩的战略目光，建立了密切的友好联系，在政治、经济、安全、科技、教育、文化等领域展开对话交流，持续完善贸易体系，取得了丰硕成果。中蒙俄三方元首交流日益频繁，定期展开全面对话、建立会晤机制、开办经贸洽谈，政策引领和战略沟通作用持续加强，为深化三方共识，促进产能合作奠定了良好基础。在保持高层和各领域交往的同时，中

蒙俄三方尊重彼此核心利益，跟随合作共谋发展方针，携手推进完善"一带一路"建设体系。至今，面向东北亚的中蒙俄经济走廊建设日臻完善，商贸往来活力不减，参与国家营收逐年扩增，各国合作不断拓展和深化。

中蒙双方开展磋商交流研讨，努力优化贸易结构，深入挖掘合作潜力，积极推动共识达成。2019年4月25日，国家主席习近平同蒙古国总统巴特图勒嘎举行会谈，双方见证了中国的丝路倡议和蒙古国的"发展之路"倡议规划对接，共同完成双边合作文件的签署，并达成携手推进蒙古国经济发展和民生改善，推动中蒙俄经济走廊建设取得更多向好的成果，拓宽发展繁荣之路，积极搭建对话空间，举办展会互利共通的共识。2020年9月6日，中蒙俄及"一带一路"沿线国家第十六届经贸洽谈会上，海拉尔区与乌兰巴托市纳来哈区签署合作意向书，双方将在工业、基础建设、人工智能、通信等多领域开展交流合作，并设立关于"一带一路"方向的展会，搭建多个展厅，为创造更多合作提供广阔平台。2020年11月，中蒙俄经济走廊建设三方工作组再次围绕"丝路五通建设"召开会议，并就三方共同关心的设施联通、贸易畅通、生态环保等方面的工作进展情况展开交流。

（二）区位底蕴持续释放，地方政府加速对接

中蒙俄经济走廊建设不断传来利好消息，是各国团结一致、增强凝聚力而获得的，是依靠各方在产能合作、重大项目推进过程中长期保持良好协调与配合而取得的，是各环节积极响应和各个领域务实合作达成的。结合蒙俄两国经济形势及贸易特点，更能发现"一带一路"倡议契合中蒙俄经济走廊的需求，三方合作具有可观的潜力。蒙古国以矿业为支柱产业，地理环境较为劣势，经济实力比较薄弱，虽然资源富足，但是在外向经济条件下的贸易依存度高，同时受制于经济实力，国内航路设施建设、电力运输并不完善，能源开采技术效率较低，另外工业互联网尚处于起步阶段，需要外部支持建设的愿景明显。俄罗斯虽然整体国力强大，重工业实力发

达，自身能源储量丰富，但在经济全球化的趋势下，在新经济局势、重要技术领域，以往被忽视的政治因素必须被纳入框架重新思考。蒙俄两方都亟须同经济实力强大的合作伙伴，展开全方位、多层次的紧密交流，协同制定发展愿景。

随着"一带一路"中蒙俄经济走廊建设程度的不断加深，三国积极在电力、工业升级、基建等领域加强高层对话共商发展之路，促进多交流平台建成以挖掘合作潜力，畅通技术成果以改善经济技术发展局面，打破区位限制、突破技术难关。中蒙俄经济走廊地理位置毗邻我国东三省及内蒙古自治区，我国总体及各省市、地区自上而下积极参与到中蒙俄经济走廊的建设工作中。除签发产业合作备忘录之外，各地方政府纷纷出台了中蒙俄经济走廊建设规划，根据自身在基础建设、工业制造、物流输送等方面的优势，制定了各领域的发展规划（见表3-1）。

表 3-1 国家以及重要省市工业合作参照方针

类别	合作区域	产业合作纲要名录
国家	中、俄	中国国家原子能机构和俄罗斯国家原子能集团公司关于和平利用核能领域一揽子长期合作纲要
		中华人民共和国工业和信息化部与俄罗斯联邦数字发展、通信和大众传媒部关于数字技术开发领域合作谅解备忘录
		2021年至2025年中俄卫星导航领域合作线路图
省市	内蒙古	内蒙古自治区创新同俄罗斯、蒙古国合作机制实施方案
		内蒙古自治区与俄蒙基础设施互联互通总体规划（2016—2035年）
		内蒙古自治区与俄罗斯、蒙古国基础设施互联互通实施方案（2016—2020年）
	黑龙江	中蒙俄经济走廊黑龙江陆海丝绸之路经济带建设规划
	辽宁	辽宁"一带一路"综合试验区建设总体方案
	吉林	沿中蒙俄开发开放经济带发展规划（2018—2025年）

资料来源：国家工业信息安全发展研究中心分析整理。

（三）互联互通激发活力，贸易畅通稳步推进

中蒙俄经济走廊"海铁联运"激发了东北三省产业升级活力，也构筑

了畅通东北城市的中欧班列国际物流通道。在陆运方面，哈牡高铁为我国"八纵八横"高铁网添砖加瓦，不仅完善了我国铁路布局，提高了客运承载能力，缓解了交通运输压力，而且向全世界展示了"中国高铁"的风采。在海运方面，东北港口的重要程度不断攀升，大连有望成为东北亚国际航运中心和世界级港口集群。在空运方面，将进一步以哈尔滨、长春、大连、沈阳等主要东北城市的运输机场为节点，构建起国际航运网络，让各地近在咫尺，让世界近在咫尺。在智慧物流方面，吉林省极力打造现代物流体系，积极推动流通产业升级，货物运输上利用智能集装箱全程监管系统对货物进行全程定位跟踪，进一步推动智能物流应用示范，构建智能高效的物流货运监管体系，引领物流行业智慧升级，促使货运企业流通效率提升。

专栏 3-1：中欧班列国际物流通道

中欧班列（见图 3-1）主要在中国、"一带一路"沿线各国、欧洲各国之间往来，其开行有着固定的时间和班次，属于集装箱国际铁路联运班列。中欧班列铺划了贯穿西中东 3 条通道：由我国中西部经阿拉山口（霍尔果斯）出境为西部通道；由我国东南部沿海地区经满洲里（绥芬河）出境为东部通道；由我国华北地区经二连浩特出境为中部通道。

亚欧之间的陆运通道、空运通道、海运通道组成了整个物流通道，以其安全稳定、运距短、速度快的特征，以及绿色、环保、低碳的优势，在国际物流中扮演着极其重要的角色。

中欧班列物流组织日趋成熟，促进了沿途国家经贸往来，国家间海关、口岸、铁路等方面合作日趋深化，推动"商贸路"发展为产业和人口集聚的"经济带"起到重要作用。

2020 年第一季度，中欧班列共开行 2920 列、发送货物 26.2 万标箱，同比分别增长 24%、27%。2020 年 9 月 1 日，中欧班列（渝新欧）跨境电商 B2B 出口专列满载着 43 个集装箱成功开行。2020 年 11 月 18 日，载有 100 个标准箱的"跨境电商欧洲专列"在义乌西站发车，该班列由全国 11 个中欧班列运营平台共同组货，是全国首列多省跨区域合作的中欧班列。

图 3-1 中欧班列

资料来源：国家工业信息安全发展研究中心分析整理。

在过去几年中，"一带一路"倡议持续推进，受到广泛重视和支持，为新时期世界走向共赢提供了"中国方案"。"十四五"期间，内蒙古围绕中蒙俄经济走廊建设划重点，廊内各国经济合作模式也随着中国发展战略的变化不断演变。随着数字化变革愈演愈烈，数字技术发展与应用广泛普及，带来了新一代技术与全新商业的创造性组合。中蒙俄经济走廊互联互通建设日臻完善，是推动数字化发展、形成开放新格局的重要抓手。支付手段和安全认证体系趋于完备，海铁联运、航空物流等业务加速发展，使我国东北地区跨境电商行业迎来春天。2020年5月29日，中国（绥芬河）跨境电子商务综合试验区举行线上揭牌仪式。截至2020年7月，绥芬河海关验放跨境电子商务出口商品总额累计达到2200万美元。2020年7月底，哈尔滨对俄罗斯跨境电商物流通道不断增加，航空运输总计对俄包机执飞69架次，新添陆运邮车多达53班次，累计承运国际包裹约达473万件，在新冠肺炎疫情期间实现了罕见的逆势增长。2020年第一季度，吉林省珲春跨境电商业务也取得了较好的成绩，向俄罗斯出口超过200吨货物，进出口贸易总额实现1.5亿元，同比增长超过10倍。

> **专栏 3-2：全面建设中蒙俄经济走廊 内蒙古"十四五"
> 对外工作"划重点"**
>
> 内蒙古毗邻俄蒙，这里不仅有中俄最大的陆路口岸，同时也有中蒙最大的陆路口岸。2020 年 12 月 28 日，中国共产党内蒙古自治区第十届委员会第十三次全体会议通过《内蒙古自治区国民经济和社会发展第十四个五年规划和二〇三五年远景目标的建议》，其中对推动中蒙俄经济走廊建设作了以下规划：一是"十四五"期间，深化生态环保、国际产能、基础设施等领域务实合作，大力发展泛口岸经济，以高水平开放促进高质量发展。二是集中建设满洲里、二连浩特和呼和浩特等陆港空港口岸主阵地，贯通陆海空网联运主通道，谋划推进重要枢纽节点城市、货物集疏中心和资源转化园区建设，改变口岸同质化竞争、孤立式运行状况，形成口岸带动、腹地支撑、边腹互动格局。三是延伸、丰富中欧班列运行路线，推动始发中欧班列增量扩容，拓展双向货源组织形式。四是统筹推进跨境电子商务综合试验区、综合保税区、边民互市贸易区、外贸转型升级基地等建设，办好中蒙博览会、内蒙古国际能源大会。

资料来源：国家工业信息安全发展研究中心分析整理。

三、能源合作优势互补，供求市场紧密相连

（一）发展具备先天优势，互动交流增进共识

在"一带一路"中蒙俄经济走廊产业合作中，能源合作一直是重要发展议题、重点合作领域。中俄两国具有天然能源合作的先天互补优势，2020年以来，中国仍然是全球第一大油气双料进口国，油气能源的稳定供应依旧是我国当下面临的重要现实问题，中国的能源需求缺口不断扩大，油气对外依赖度持续攀升。俄罗斯能源丰富，一直是油气出口大国，其产出 3/4 的石油及 1/3 的天然气用于出口国外。近些年来，俄罗斯油气产量一直保

持稳定增长，2019年储量一度达到80亿桶，总价值4.68万亿美元，位居全球领先地位，成为全球油气资源的关键供给者。中国是俄罗斯首要油气进口贸易伙伴，在油气供应关系方面，中俄两国已为构建更加紧密的能源市场联系建立了良好基础。

2020年，中俄两国依旧处于良好的贸易合作关系，互动交流具有稳定性，主要体现在三个方面：一是中国与俄罗斯的能源合作协议大都以中长期协议为主，因而合作具有稳定性，抗短期干扰性能力较强。二是中国对油气的消费需求处于长期、稳定增长的状态，且我国一直保持着与俄罗斯政企之间的联系，不断签订能源合作协议，前景可观。三是随着油气管网基础设施的进一步扩增，俄罗斯与中国能源供求市场的紧密性将进一步增强，进而使能源合作系列成果辈出。

（二）中俄设施精准布局，能源协作未来可期

中国是俄罗斯最大的油气出口国家，出口增量连年上升。俄罗斯石油天然气公司预计，至21世纪中叶，中国将成为世界最大的天然气需求国家。为了保证油气供应稳定，我国同俄罗斯建设了很多油气运输管道，其中，中俄天然气管道工程是我国能源战略中重要的一项工程，是为引进境外油气资源建设的最大口径、最高钢级、最大输送压力的管道工程，项目分东西线。目前，中俄东线天然气运输管道是我国已建里程1740千米、超高压力、超大口径的天然气管道，是全球最大的天然气单根管道输送量跨境工程，据测算指出，全线投产通气后，每年该管道将从俄罗斯输送380亿立方米的天然气至中国，惠及沿线4亿人口，将进一步加速两国天然气等能源合作。中俄两国将在管道中凝聚创新共识、传递发展合力。中俄东线天然气管道已建管道在我国内陆途经9个省份，预计境内段新建管道3371千米，管道建设从初期到运营均采用数字化、智能化、网络化管理，是我国智能管道的试点工程。2020年12月，中俄东线天然气管道中段（吉林长岭—河北永清）正式投产运营，惠及我国京津冀地区，截至月底，

已安全平稳输送俄罗斯天然气近40亿立方米。2021年，中俄签署《关于沿西线管道从俄罗斯向中国供应天然气的框架协议》，规定了未来西线天然气管道项目的基本技术经济条款，确定了每年供气规模、期限及下一步工作计划。该框架协议是继2020年5月《中俄东线供气购销合同》签署之后，中俄天然气合作取得的又一新进展，对于优化我国能源消费结构、转变经济发展方式、促进中西部地区经济发展具有重要意义。中俄两地公路、铁路及相关能源运输方面的基础设施建设是促进两国进行天然气等能源合作的重要基石，结合中俄双方的供求趋势，双方无论是从长期战略高度着眼还是立足当下，能源协作都可实现战略规划的对接，提前谋划有待开展的合作未来可期。

（三）中蒙矿业合作频频，技术援建持续输出

蒙古国矿业资源丰富，煤炭、铜等大型矿藏储量居世界领先地位。在蒙古国的国民经济发展中，矿业作为最重要的支柱性产业，是经济增长的主要驱动力。自经济转型发展以来，为进一步推动产业提质升级、促进经济发展水平提高，蒙古国基于市场需求、发展阶段、环境保护等综合因素考虑，聚焦产业视角、转变发展思路，从具有优势资源的能源矿产业入手，提供更为友好的投资环境和条件，引进能源开发技术及设备，招揽海外投资及援建项目，推动矿业勘探开发环节从"起步"走向"跟跑"阶段，探索以"矿业兴国"的经济发展战略弥补工业基础设施水平落后，水电资源和专业人员匮乏的窘境。2020年2月，蒙古国总统哈勒特马·巴特图勒嘎专程访华，其间与中国就扩大蒙古国农牧产品及煤炭出口，加强口岸及跨境经济区合作等方面达成了广泛合作共识。

为深挖合作潜力、拓宽投资领域，蒙古国着力于重点领域、围绕重点行业，进一步举办有针对性的招商引资、对接宣贯、展览宣传等活动，紧密结合互联互通、产业合作、科技创新等内容，持续延伸完善经贸合作的产业链。目前，矿业市场已逐步成为蒙古国最受瞩目的投资热门领域，2020

年,"蒙古国际矿业展"更是吸引众多来自中国企业投资者的目光。在中蒙双方的共同努力下,来自中国的投资正涌入蒙古国,对矿业能源领域的开采投资不断加大,能源开发技术及设备持续提升,截至2020年9月,中国对蒙古国的煤炭进口量猛增至465万吨,蒙古国成为中国最大的煤炭供应国。中国的矿山设备和技术在蒙古国受到追捧,为蒙古国在地质勘探、煤炭开发采掘、安全环保、提炼冶金等技术上提供了可靠有力的支持,为其赢得了潜在发展动力。

四、重大项目有序推进,三方经济飞速发展

(一)经贸关系巩固深化,科技创新驱动发展

一直以来,作为全面战略协作伙伴,中国与俄罗斯的关系不断巩固深化,不仅在政治上高度互信,在经贸合作上更是取得了长足发展。据中方统计,2020年中俄双边货物贸易总额达到1.08千亿美元,已经连续三年突破千亿美元大关。其中,农产品进出口额创历史新高,中俄农产品贸易总额达到55.5亿美元,中方进口占贸易总额的74.3%,环比增长13.7%,中国成为俄罗斯农产品和肉类产品出口市场的最大客户。在贸易额总体提升背景下,中俄双方在高技术产业的互联互通也传来了好消息,重点合作领域工程持续推进。

在经济全球化的背景下,在全球新冠肺炎疫情肆虐之际,合作共赢、共克时艰是当下发展的最佳渠道。中俄两国皆具备雄厚的科技实力、完备的科创机制、强力的科研团队,并且双方有意拓宽伙伴关系发展内涵、加深科技领域的交流合作。2020年作为"中俄科技创新年",中俄两国围绕科技创新联合举办了科研、展览、学术交流等系列合作活动,并以此为契机强化两国联合研发,把握数字经济发展格局,为提高两国经贸合作活力,改善贸易结构注入了创新灵魂,特别是两国政府、医学和科研部门充分发挥数字技术及应用的先进性、创新性,围绕抗击新冠肺炎疫情展开了密切

合作，取得了一系列影响深远的成果。在数字经济领域，两国把握发展大势，携手共同推进，在数据安全保障、数字技术开放等领域达成共识，就《全球数据安全倡议》《数字技术开发领域合作谅解备忘录》的内容及签发达成共识，并就加快数字技术及应用发展、信息通信技术发展及无线电频率资源管理等领域开展密切合作，以期加强两国在数字发展、网络安全领域的互信。

（二）农业合作优势互补，双方助力智慧发展

在传统农业领域，中俄两国农作物产品不同，在农产品进出口贸易中优势互补特征明显。俄罗斯农产品常以"绿色农业"为食品安全的战略方向，以环保作物主打外部市场。近两年来，中国与俄罗斯两国农产品进出口贸易增速加快。2019年6月，为支持两国大豆等农作物的全产业链合作，双方签署了《关于深化中俄大豆合作的发展规划》，且中国海关宣布检疫合格后俄罗斯大豆将直接进入中国市场以减少贸易手续。2020年3月11日，中国首次以万吨级远洋轮装载进口俄罗斯大豆共计1.49万吨抵达江苏南通港。除传统农业的合作外，我国与俄罗斯还聚焦于农业基础设施科学化、农业技术现代化、农产品投资商业化等方面的交流协作，并通过政企合作协同发展，充分运用互联网技术和信息化手段，致力于农业领域的"智慧"升级。其中，2020年中俄企业联合搭建了"智慧农业云""俄罗斯智慧农业云"等平台，聚焦于农业生产的中间环节，主要通过工业互联网实现大数据分析，通过物联网技术实现设备接入，以此提高农业生产智能化管理和高产节能目标，共建良好智慧农业服务生态圈。

（三）基建设施稳定推进，外贸口岸逐步互通

随着中蒙合作不断深化，政治互信增强，中蒙在经贸领域的务实合作取得巨大进步之余，在基建领域也取得了长足发展，并就强化通道运输建设及合作、推进跨境供电、务实民生项目建设、持续深化口岸贸易合作等

方面达成系列共识。

在强化通道运输建设合作方面，蒙古国一直致力于建设和提升交通运输基础设施，以期拉动本国经济的可持续增长。2018年，由我国铁路局建立的蒙古国规模最大的市政工程、首座互通式立交桥——雅尔玛格立交桥建成完工，进一步便捷了蒙古国人民的交通出行，改善了交通运输拥堵的压力。2019年，《关于沿亚洲公路网国际道路运输政府间协定》联委会议的成功举行，进一步推动了中蒙俄国际道路运输走廊的建设，推进了基础设施建设的升级，加快了亚洲公路网3号和4号线境内段建设，为后续合作创造了更多机会。

在跨境供电、务实民生项目持续推进方面，中方持续向蒙古国推进务实民生的电力建设，以解决蒙古国边陲的供电难题。2019年10月，乌兰巴托至曼德勒戈壁输变电项目圆满建成，作为蒙古国第一条超高压输变电项目，成功解决了长期困扰当地的电力供应问题。2020年6月，全程约2600米，新供电面积约3700平方米的蒙古国"草原之路经济带"远程输电线路施工完毕正式投入运行，这条线路从哈密市巴里坤县至布尔嘎斯台口岸，供电总容量515千伏安，成功解决了蒙古国布尔嘎斯台口岸的供电困境，惠及口岸周边企业并且满足居民正常生产、生活用电需求。

在中蒙俄口岸贸易成果方面，中蒙之间商贸往来大多以基础产品为主，通过临近的边境地区进行交易，贸易合作呈现出发展势头好、市场潜力大等特点。作为蒙古国的贸易合作伙伴国与外商投资国，2020年以来，中蒙口岸贸易占蒙古国全年贸易总额的半数以上，其中，二连浩特作为主要商贸出口口岸贸易优势凸显，蒙古国所需的一些粮油、果蔬、日用品、机电产品进口皆从二连浩特发出。2020年，我国与俄罗斯的远东贸易也持续深化，俄罗斯加大政策支持力度，给予远东贸易极大关注，把远东贸易发展列入国家2035年规划中，提出围绕农林、路桥建设、能源、航道、工业等领域深入开展。2020年12月发布的《中俄总理第二十五次定期会晤联合公报》，明确了未来经贸、数字技术、交通、农业、外空探测等领域合作方向，相信将有效提升远东居民的生活水平（见表3-2）。

B.3 中蒙俄经济走廊产业合作发展现状

表 3-2 《中俄总理第二十五次定期会晤联合公报》内容摘要

序号	领域	合作方向
1	经贸	共享经济特区运行经验，安排投资者考察，充分调动中国企业在跨越式经济社会发展区、俄罗斯经济特区、弗拉迪奥斯托克自由港等区域内进行项目合作的积极性
		在经贸和投资方面深化合作，促进了《至 2024 年中俄货物贸易和服务贸易高质量发展的路线图》的签署，通过对结构进行优化，实现贸易量的增加，同时创造良好的投资营和贸易环境，不断壮大贸易规模
		在大图们倡议框架下树立务实合作精神，集中力量发展中蒙俄经济走廊和东北亚多式联运通道建设，使合作范围扩至东北亚经贸领域
2	数字技术	为两国通信运营商提供支持，使之积极合作，在改善网络互联互通水平的基础上逐步下调国际漫游通信资费，为两国开展跨境通信业务创造条件
		合作范围要进一步扩大到潜力较大的领域，如网络安全、5G 网络、人工智能、物联网、智慧城市，要围绕管理体系和技术实践展开沟通
		确保信息通信技术和数字发展的合作以《中华人民共和国工业和信息化部与俄罗斯联邦数字发展、通信和大众传媒部关于数字技术开发领域合作谅解备忘录》为指南，合作范围要延伸到无线电频率资源管理领域，而且要尽快在网络安全方面实现两国的互信
		以 2020—2021 年中俄科技创新活动的举办为跳板，继续本着务实的精神加强在科技创新领域的合作，携手攻克科研难关，设置双方共用的科研机构，交换人才
		合作范围扩至知识产权保护领域，要在经验和模式上围绕数字化问题进行沟通，推出双边规则，在国际上努力实现信息的互通，尤其是抗疫有关的信息和知识产权的信息
		尽快实现《中华人民共和国商务部和俄罗斯联邦经济发展部关于电子商务合作的谅解备忘录》的贯彻落实，要积极围绕消费者权益保护和电子商务法律进行沟通，对于从事仓储设施、物流、建设运输业务的企业提供支持
		各国经济发展、公共利益、国家安全、个人权利、社会经济发展及全球治理体系与数字经济和数据安全休戚相关，针对这一关系，应该倡议各国在积极参与的前提下，本着互相尊重、自觉自愿的原则设置世界通行的数据安全标准。中方所提出的《全球数据安全倡议》得到了俄方的高度认可，其表示会积极与中方共同保障全球数据的安全

续表

序号	领域	合作方向
3	交通	尽快实现黑河—布拉格为申斯克公路大桥项目的落地，并加大建设跨黑龙江索道项目的力度
		在促进两国航空领域合作深度方面，2019年7月24日签署的《中俄民航部门关于航空运输的谅解备忘录》意义非凡，2020年或新冠肺炎疫情限制解除之后，两国民航可就此展开深入讨论
4	农业	就大豆展开深度合作，并使合作朝着全产业链延伸，包括大豆投资、大豆贸易等
5	外空探测	围绕国际月球科研站的建立进行互利合作，以实现两国空间科技、空间装备发展经验的交流，推进《中华人民共和国政府与俄罗斯联邦政府关于建立国际月球科研站合作的谅解备忘录》的签署
		立足两国经济社会、科技、创新发展的目标，按照《2018—2022年中俄航天合作大纲》的内容，鼓励两国长期在"Millimetron（Spektr-M）天体物理空间天文台"、国际月球科研站、月球和深空探索、空间碎片检测、航天电子元器件、对地观测、运载火箭及发动机、低轨卫星通信技术应用、运载火箭及发动机等项目和领域进行合作

资料来源：国家工业信息安全发展研究中心分析整理。

五、合作迎来崭新机遇，多措并举促智慧发展

（一）促进设施互联互通，形成内陆开放联动新格局

为奠定经济走廊"硬件互联"的坚实基础，我国以规划引领持续推进基础设施联通，在国家层面加强顶层设计，在国际间深入协商和落实。国家在新建口岸的申报和建设上，给予优惠便利及相应的支持，简化相应审批程序，并增设中蒙俄产业对接绿色通道；在已建设成功的口岸上，进一步扩大口岸开放程度，对重点贸易产品试行关税配额制度，逐步推动中蒙俄经济走廊互联互通建设，实现布局科学、覆盖面广、功能完备、安全可靠的效果。

具体到地区层面，各地抓好中蒙俄邻近城市相关设施的互联互通，打

B.3 中蒙俄经济走廊产业合作发展现状

通缺失路段，进一步完善港口城市综合交通体系，如加快完成同江—下列宁斯阔耶铁路桥及相关口岸公路、铁路及航运建设，从而促进中蒙俄设施联通。各省份提前开展中蒙俄经济走廊交通干线规划编研的评估工作，积极做好前期调研摸查，以实打实的举措加速区域铁路网对接，推动相关陆运口岸"通关"。与此同时，积极推动黑河—布拉戈维申斯克公路大桥尽快通车，实施跨阿穆尔河索道建设项目，推动蒙东地区尽早实现铁海联运，形成内陆开放联动的新格局。

（二）扩大新基建内涵，拓宽多边务实合作新领域

结合当前中蒙俄货物进出口的发展趋势，不难发现，中蒙俄经济走廊在贸易对接方面还存在缺陷，尚需改进。目前，中蒙俄经济走廊在贸易畅通方面面临贸易结构不完整、贸易种类简单化、贸易产品单一化的困境，贸易产品主要以石油以及矿产资源为主，且产品价格并不稳定，易受汇率波动影响。对此，我国亟须采取措施应对，建议充分发挥中蒙俄经贸合作的互补优势，深挖产能合作潜力，在扎实推进重大项目建设实施进程、推动传统领域经贸投资合作的同时，开展广泛密切的双多边合作交流，加大双边投资条约谈判力度，传递加强多边合作积极信号，逐步构建中蒙俄经贸走廊国外直投的良好投资环境和营商服务环境，积极商建自由贸易区及产业园区、贸易保税区等交流平台，以便及时调整贸易合作内容、优化贸易结构。

另外，为对冲新冠肺炎疫情给经济带来的冲击和影响，着眼于就业民生，提高消费水平，重视供给侧结构性改革，我国需要在新基建领域加深中蒙俄贸易合作，积极拓展我国同蒙古国、俄罗斯产业合作交流的新领域，如推进信息通信、工业互联网、能源及生物材料等方面的科技革命，结合我国目前在5G建设领域的优势，同俄罗斯、蒙古国展开协作开发，促成我国领军企业、运营商与其签署战略协议、投资合作协议、签订合同，逐步突破多边务实合作的新领域，跨上贸易合作的新台阶。

参考资料

1. 人民日报. 习近平同蒙古国总统巴特图勒嘎会谈，2020-02-27。

2. 中国新闻网. 中俄蒙及"一带一路"沿线国家开启经贸洽谈云端"盛宴"，2020-09-04。

3. 中华人民共和国交通运输部. 黑龙江邮政对俄电商物流稳定运营前7个月包机69架次，2020-08-21。

4. 中国政府网. 吉林珲春跨境电商一季度外贸进出口额同比增长逾10倍，2020-04-03。

5. 聂新伟, 史丹. 中俄能源合作历史进程、时代背景与未来选择. 中国能源，2020-01-30。

6. 新华社. 中俄东线天然气管道中段正式投产运营，2020-12-03。

7. 央视新闻. 历时500余天 中俄东线天然气管道中段正式投产运营，2020-12-04。

8. 北京日报. 商务部：2020年中俄农产品贸易额创历史新高，2021-01-18。

9. 搜狐网. 中俄总理第二十五次定期会晤联合公报，2020-12-03。

10. 中国商务新闻网. 为中俄大豆产业合作注入新动能，2020-10-22。

11. 李超. 中蒙经济合作露出新潜力. 内蒙古社科院俄罗斯与蒙古国研究所，2020-02-19。

12. 中国一带一路网. 中国电能"点亮"蒙古国布尔嘎斯台口岸，2020-06-16。

13. 中国一带一路网. 聚焦时隔五年，中蒙跨境经济合作区协议终于签署，2019-06-05。

14. 中国新闻网. 疫情影响中俄蒙经济走廊建设，中俄专家共商"转危为机"之道，2020-05-22。

15. 搜狐网. 中俄跨境设施建设提速——经贸往来更加密切 务实合作潜力巨大，2021-01-08。

16. 内蒙古自治区发展研究中心课题组. 基础设施互联互通是"中蒙俄经济走廊". 建设的优先领域. 北方经济，2015（9）：34-38。

17. 中国经济导报. 构建西线中蒙俄经济走廊意义重大，2015-09-25。

18. 张伟友，李凌艳. 中俄边境高校合作发展的机遇与优势及建议. 海峡科技与产业，2019（9）。

19. 中国政府网. 综述：中蒙经贸合作蒸蒸日上，2014-08-20。

20. 搜狐网.【一带一路·观察】2020年上半年中国对外贸易分析，2020-07-25。

B.4 中国—中亚—西亚经济走廊产业合作发展现状

王宇弘[1]

摘　要： 中国—中亚—西亚经济走廊由东至西贯穿了中国、中亚、阿拉伯半岛，是中国"一带一路"倡议的重要内容。我国与中亚、西亚各国的经济合作逐年增强，到2020年已经逐渐取得规模效应。中国在基础设施建设、能源项目建设等领域投资不断增加，项目取得重大突破，并逐步投入应用。贸易往来频繁密切，贸易额逐年增长。特别是随着与西亚合作的增强，我国与中亚的合作也在日益紧密。2020年，新冠肺炎疫情曾短暂地冲击了中国—中亚—西亚经济走廊，但经贸往来以较快的速度恢复，显示出了强劲的经济弹性。

关键词： 中国—中亚—西亚经济走廊；能源项目；数字经济

Abstract: The China-Central Asia-West Asia Economic Corridor runs from east to west through China, Central Asia, and the Arabian Peninsula, and is an important component of Chinese Belt and Road initiative. The economic cooperation between China and Central and West Asian countries has been intensifying year by year, forming scale effect gradually by 2020. Chinese investment in fields like

---

[1] 王宇弘，硕士，国家工业信息安全发展研究中心高级工程师，主要研究方向为国际合作、产业政策、区域经济。

infrastructure construction and energy project construction continues to increase, and major breakthroughs have been made and gradually put into application in the construction of the projects. The trade volume keeps increasing year by year thanks to frequent and close trade exchanges. In particular, with the enhancement of cooperation with West Asia, Chinese cooperation with Central Asia is also on the rise. In 2020, the COVID-19 pandemic temporarily hit the CCWAEC; however, economic and trade exchanges have recovered at a fast pace, reflecting strong economic resilience.

Keywords: China-Central Asia-West Asia Economic Corridor; Energy Project; Digital Economy

在丝绸之路经济带当中，由东至西贯穿中国、中亚、阿拉伯半岛的中国—中亚—西亚经济走廊占据着举足轻重的地位，此经济走廊以新疆为起点，串联起土耳其、中亚五国（土库曼斯坦、乌兹别克斯坦、塔吉克斯坦、吉尔吉斯斯坦、哈萨克斯坦）、伊朗等国，到达波斯湾、地中海沿岸和阿拉伯半岛。中国—中亚—西亚经济走廊涉及国家多、地理空间大、工程项目复杂，任务艰巨。中国—中亚—西亚经济走廊以第一产业为基础，并对第二、第三产业带来间接影响，给参与经济走廊的各国带来经济发展的重要动能。能源是这一经济走廊产业的重要组成部分，中亚、西亚国家主要以输出能源为主，中国也与这些国家签订了诸如隧道、高铁、普通铁路等交通、电力项目，进一步提高了当地基础设施水平，为本国经济发展提供了必要的条件。

专栏 4-1：能源项目务实顺畅推进

埃及新首都 CBD-P3 项目幕墙安装工程正式启动

2020 年年中，中建一局三公司承建的埃及新首都 CBD-P3 项目两栋超高层玻璃幕墙安装正式启动。埃及新首都 CBD 项目地处开罗以东的沙漠地带，常年处于高温少雨状态。项目部秉承绿色、环保、节能理念，根据当地炎热的气候，在幕墙选材上，采用的是泰诺风的优质高隔热条，可以有效阻止热量传导；玻璃采用的是中空夹胶玻璃，其中室外侧玻璃通过离子喷溅技术形成的低辐射膜，可以有效阻断室内热量通过辐射的方式与室外进行传递。此外，在幕墙上设置了多种遮阳控制元件，着色铝合金板材作为建筑物遮阳线条，既丰富了建筑物外立面的装饰效果，又通过控制阳光照射玻璃的角度减少外片玻璃上的能量聚集，减少内片玻璃和外片玻璃的温差，从而达到节能的效果，同时通过调整幕墙玻璃镀膜的合金元素配比，尽可能降低室外玻璃反射指标，以降低高层建筑群的光污染。

国家电网为沙特阿拉伯王国安装的首块智能电表上线

2020年2月2日，中国电力技术装备有限公司沙特阿拉伯王国（以下简称"沙特"）智能电表项目在利雅得总部召开了上线仪式，其间展示了沙特第一块智能电表，当这块智能电表交予沙特时，意味着中沙两国开启了电力能源合作的新篇章。

资料来源：国家工业信息安全发展研究中心分析整理。

一、互联互通保障齐心抗疫，政治互信进一步升温

（一）政治互信夯实基础，探索多维共赢途径

2020年，新冠肺炎疫情给全球经济带来了巨大冲击，中国—中亚—西亚经济走廊的建设也不例外。但本走廊的建设并没有因此停滞，而是从实际出发，积极作为，表现出强劲的韧性与活力，为全球抗疫和稳定经济做出了巨大贡献，同时中国和中亚、西亚各国的政治互信也进一步升温。正如国务委员兼外交部部长王毅在2020年12月举行的2020年度"一带一路"国际合作高峰论坛咨询委员会会议上所指出的，"一带一路"建设为各国抗疫情、稳经济、保民生发挥了重要作用。

新冠肺炎疫情肆虐全球，世界经济面临下行压力，中国与中亚、西亚国家携手抗击新冠肺炎疫情，在做好防控的基础上，加强互联互通，从工业基础、信息化等领域建设，开展复工复产工作，为全球经济复苏贡献"一带一路"力量。

（二）顶层设计稳步推进，开创国际合作新纪元

2020年11月，上海合作组织成员国元首理事会第二十次会议中，习近平主席出席并发表题为《弘扬"上海精神"深化团结协作构建更加紧密的命运共同体》的重要讲话，这是自2013年以来习主席连续第8次出席上海合作组织成员国元首理事会，也是他在党的十九届五中全会后首次出席多边组织峰会。习近平在会议中指出，当前形势下，上海合作组织要弘扬"上海精神"，深化团结协作，为地区国家稳定和发展做出更大贡献，为推动构建人类命运共同体做出更多实践探索。呼吁上合组织成员国"遵循共同、综合、合作、可持续的安全观，有效应对各类威胁和挑战，营造良好地区安全环境"，还表示中方将于2021年在重庆举行中国—上海合作组织数字经济产业论坛，为各方开展创新合作搭建平台。

回顾2020年，一方面，"一带一路"建设下的政策沟通、道路连通、贸易畅通、货币流通、民心相通为中国与中亚、西亚国家抗击新冠肺炎疫情奠定了坚实的物质基础。另一方面，中国与中亚、西亚国家携手抗击新冠肺炎疫情，各方高层交往密切，抗疫合作卓有成效，政治互信进一步升温，也为基础建设、能源工业、数字经济等领域的合作逆势上扬提供了切实有效的保障。

（三）中哈合作步入深耕，团结合作共发展

中国驻哈萨克斯坦大使张霄表示，中哈政治关系更加巩固。新冠肺炎疫情暴发后，两国的密切关系通过中哈之间的彼此扶持得到了充分的体现，也为国际社会合作抗疫做出了示范。2020年4月，中国政府派出医疗专

家组助哈抗疫，发挥重要作用，受到哈方高度评价。2020年，中共中央政治局委员、中央外事工作委员会办公室主任杨洁篪和国务委员兼外交部部长王毅先后访哈，确保了两国高层线下交往不"停摆"。2021年1月11日，哈萨克斯坦驻华大使柯依舍巴耶夫表示，哈中关系经受住了新冠肺炎疫情的考验，各领域合作取得长足进展。哈方感谢中方提供抗疫援助，愿继续通过线上线下等多种方式同中方保持紧密联系，认真落实两国元首共识，推动双方互利合作不断走深走实。

二、中国—西亚数字经济合作具备潜力，基础建设领域硕果累累

（一）数字经济发展意识增强，助推数字化转型进程

2020年以来，西亚国家不断探索经济多样化转型新模式。新冠肺炎疫情防控期间，西亚地区多国扩大互联网基础设施建设，加大政策支持力度，致力于为数字经济产业创造有利的营商条件，加快数字化发展。西亚国家与中国在数字经济方面具有广阔的合作空间。

阿联酋"海湾商业"网站2020年发布刊文指出，中东国家的酒店、航空、旅游等行业因为新冠肺炎疫情的暴发而处于凝滞状态，与之形成鲜明对比的是蓬勃发展的数字经济，这使当地国家更加重视数字经济的发展。埃及《金融报》网站刊文指出，中国在数字经济领域走在世界前列，积累了丰富的数字生态、电子支付发展经验，中国技术和中国方案值得借鉴，希望与中国的合作可以扩展至数字经济领域，实现合作交流的继续深化。阿联酋驻华大使阿里·扎希里表示，线上交流在新冠肺炎疫情防控期间日益频繁，未来阿中双边合作应该要突出数字化的地位。

（二）探索经济多样化转型新模式，数字合作成果显著

西亚国家与中国的数字合作成果显著。华为与包括巴林、沙特、阿联

酋、科威特在内的数十个中东电信运营商签署了技术协议，为5G网络的建设做好了准备；沙特数据与人工智能局与中国就开发阿拉伯语人工智能技术、建设智慧城市签署了合作协议；埃及教育部与福建网龙网络公司携手开发面向全埃及100多万名教师和2200多万名学生的在线教育产品，通过远程技术解决了埃及师生在新冠肺炎疫情期间无课可上的问题，且为疫情后的教学提供长期服务；在线数字经济合作展会的数量增多，其中在中国—中东—北非（摩洛哥）国际贸易数字展览会和中国—阿联酋经济贸易数字展览会等在线会议上，运用先进云技术做交流支撑，成功实现了外贸洽谈、展会服务模式的创新，使得中国与西亚地区各国的数字经济合作深度得以提升。西亚媒体一致认为，随着互联网基础设施的普及与发展，西亚国家将会凭借年轻人口基数庞大的优势而表现出极强的数字经济发展潜能。

西亚国家年轻人口众多、消费群体庞大，随着互联网基础设施的日益普及与改善，未来这一地区的数字经济发展有着广阔空间，西亚国家与中国的数字合作潜力巨大。

专栏4-2：浙江加速数字技术应用，拓宽与以色列产业投资合作空间

当前，国外新冠肺炎疫情继续蔓延，招商引资出不去、进不来，各类投资促进活动受阻。针对新冠肺炎疫情导致外商来往受限，浙江省商务厅利用互联网开展"云招商"，探索打通从外资项目信息收集、对接、跟踪、落地全过程的招商环节，确保联系不断、跟踪项目不丢、招商工作不间断。浙江省商务厅也正努力实现"云招商"常态化、机制化，抢占吸引外资新的制高点。截至2020年4月，以色列在浙江共投资设立102家企业，投资5708万美元，主要集中在通信技术、工业自动化、电力电子元器件制造、高端精密制造、农业科技等领域，为浙江经济发展做出重大贡献。浙江齐全的配套产业链和良好的营商环境与以色列产业发展十分契合，有很大的合作空间。2020年，浙江将重点推进生物制药、航空航天、数字贸易、金融科技产业等七大领域的国际合作。

资料来源：国家工业信息安全发展研究中心分析整理。

（三）携手奋进巩固成果，基建项目成亮点

中国与西亚地区在数字经济领域合作空间广阔，为工业基础发展、各领域互联互通带来了积极影响，尤其是基建领域硕果累累。2020年12月23日，首列"土耳其·伊斯坦布尔—中国·西安"中欧班列开行仪式在西安港举行，土耳其至中国回程班列的开行为两国进一步加强经贸往来提供了重要助力。该货运班列2020年12月4日从土耳其伊斯坦布尔出发，运载42个集装箱，穿越伊斯坦布尔马尔马拉海底隧道及博斯普鲁斯海峡，经过南部通道BTK（巴库—第比利斯—卡尔斯）铁路，沿着横贯里海的"中间走廊"行驶，经过阿塞拜疆和哈萨克斯坦，通过霍尔果斯口岸进入中国，于北京时间2020年12月19日抵达西安。国际物流在新冠肺炎疫情暴发之后进入了凝滞状态，传统运输主干线之一的中欧班列也因为货量大增而出现了延误和拥堵的现象，西安国家鹿港集团多式联运公司为此改变了路线，通过土耳其·伊斯坦布尔—中国·西安开辟了新的中欧班列路线，联合了跨里海运输走廊及"巴库—第比利斯—卡尔斯铁路"铁路。今后，西安国际陆港集团多式联运公司将持续深化中欧班列长安号高质量发展，促进在"双循环"的新格局下，吸引更多合作企业，充分激发和释放国内外市场潜能，保障沿线产业链和供应链朝着更加稳定和安全的方向发展，从而进一步打造中欧班列（西安）集结中心，围绕产业链部署创新链、围绕创新链布局产业链，强化吸引国内外投资，为建设"双循环"、推动"一带一路"倡议提供充足动力。

此外，2021年1月12日，由中建中东公司和韩国SK E&C公司联合承建的阿联酋联邦铁路项目如期完成重要节点，正式进入铺轨阶段。阿联酋联邦铁路项目二期C0303合同段（也称伊提哈德铁路二期A标）是该项目二期工程首个标段，总长度约140千米，于2019年3月开始建设。在新冠肺炎疫情尚未明朗的大环境下，项目如期且高质量履约受到项目业主方伊提哈德铁路公司高度赞许，并表示对项目未来关键节点顺利完成充满信心。阿联酋联邦铁路网是海湾铁路网络的重要组成部分，建成后将覆

盖该国主要工业中心、制造中心、物流中心、人口密集区和重要港口口岸。该项目包括两期工程,一期已于2016年建成通车。

2021年年初,山东金锣水务公司在迪拜建设的污水处理项目正式运营。该项目总投资7000多万元,由中方出资、建设和运维,20年后项目将整体移交当地政府。该项目位于迪拜DIC号居住区,每天可处理污水5500立方米,满足16000多位居民使用。迪拜自来水价格每立方米近20元,经过该项目处理后的中水价格,只有每立方米5.7元。阿联酋迪拜DIC居民区业主巴布对此感谢道:"他们(中国企业)来到这里,建起了非常大的一体化分散式污水处理厂,中国公司的技术不仅很棒,而且成本也低,非常感谢。"

三、中国—中亚重点产业成果广泛,合作势头继续保持

(一)高层对话全面对接,合作机制日趋完善

新冠肺炎疫情给中国及中亚五国的人民生命健康造成了一定威胁,也给中国与中亚五国间人员、货物交流往来带来了极大阻碍。面对新冠肺炎疫情,中国与中亚国家坚持永久全面战略伙伴关系精神,同舟共济、携手抗疫,驱散了笼罩在中国与中亚国家关系前路的乌云,开创了中国与中亚国家关系新的辉煌。

当前百年未有之大变局和世纪大疫情相互交织,全球经济陷入低迷,地区各国面临共同挑战。中国通过自身的努力和国际社会的支持,在抗击新冠肺炎疫情和恢复经济方面走在了前列。在此背景下,2020年12月召开的"中国—阿富汗—中亚五国(CA5)"贸易与互联互通合作副外长级视频会议,搭建了地区合作新平台,对于促进地区经济复苏,维护地区稳定与繁荣具有积极意义。会上,中方倡议进一步拓展经贸合作:各方应当在复工复产方面继续努力,打造"绿色通道"和"快捷通道",实现地区贸易活动的顺利发展,加大口岸物流往来。进一步加强农业、能源、基础

设施、产能等领域合作，提高工业化水平。中方愿意发挥数字技术和规模优势，与各方共建"数字丝绸之路"。同时，中方提议继续推进互联互通建设。中方愿意继续推进"一带一路"倡议与各国发展战略对接，加强铁路、公路、航空、管道等基础设施"硬连接"，推进运输便利化"软连接"。支持中巴经济走廊向阿富汗延伸，实现中巴经济走廊与中国—中亚—西亚走廊协同发展。

专栏 4-3："中国+中亚五国"举行首次外长会晤

2020 年 7 月 16 日，"中国+中亚五国"进行了首次外长会晤，会议以视频的方式进行。本次会议由国务委员兼外长王毅主持，土库曼斯坦副外长哈·吉耶夫、阿富汗副外长纳布、吉尔吉斯斯坦副外长马德马罗夫、哈萨克斯坦副外长瑟兹德科夫出席会议。

五国外长表示，中亚国家与中国毗邻，彼此关系友好，政治互信程度极高，拥有扎实的合作基础。中国抗疫表现绝佳，是值得各国学习的对象。对于世界卫生组织反对疫情政治化的倡议，各方表示赞同。外长们强调应该尽快实现中亚各国发展战略与"一带一路"倡议的融合，本着互联互通的理念打造"绿色通道"和"快捷通道"，实现地区贸易活动的顺利发展。

资料来源：国家工业信息安全发展研究中心分析整理。

（二）合作领域多元化发展，优势互补求双赢

在产业园合作方面，中泰塔吉克斯坦农业纺织产业园项目一、二期已建成投产，2021 年预计全部竣工。该园区将成为中亚地区规模最大的纺织产业园。该产业园在提高棉花加工产能方面引入了先进的数字智能化纺织设备和农业机械，使塔吉克斯坦的纱织产品备受国际市场欢迎。

在重点产能合作项目方面，中国驻哈萨克斯坦大使表示，中哈产能合作现已取得明显进展，一批重点项目陆续竣工投产。未来，中哈将继续

对接"一带一路"倡议和"光明之路"新经济政策，开创后疫情时代合作共赢新局面。2020年4月，中哈产能合作重点项目"金骆驼集团图尔克斯坦州奶粉厂"生产的全脂骆驼奶粉正式进入中国市场，对进一步促进中哈经贸往来和中哈关系发展起到积极推动作用。2020年12月，哈萨克斯坦贸易与一体化部副部长阿扎马特·阿斯卡鲁雷在接受本国媒体采访时也表示：中国市场是巨大的，哈方企业和公司应更多地掌握中国市场信息，促进对华出口。

在铁道交通方面，中国与中亚各国互联互通越发紧密。2020年8月28日，首列"永西欧"国际货运班列驶出了山西永济火车站，这趟班列运输的货物包括医疗设备、玻璃陶瓷制品、纺织品、电器等，抵达西安港耗时3~4小时，然后中转由"长安号"中欧班列运至乌兹别克斯坦塔什干与哈萨克斯坦阿拉土木图。2020年11月，重庆公路物流基地正式开通重庆跨境公路班车（中亚班车）哈萨克斯坦线路，该线路是在开通中亚班车乌兹别克斯坦线后的一条新中亚运营线路，将进一步加强重庆与中亚各国的经贸往来，扩大通道辐射能力。2020年12月12日，哈萨克斯坦工业和基础设施发展部部长阿塔姆库洛夫在哈政府全体会议上表示，2020年国内各类货物运输总量较2019年有所下降，但得益于中欧班列，过境货物运输量快速增长，前8个月的数据显示，通过中哈边境口岸的货物运输量达到了1420万吨，同比增长30%。因此，按照哈政府制定的交通基础设施建设规划，2020—2025年，哈方将加大边境地区的公路和铁路建设及现代化改造，提升中国货物的通关能力和国内铁路运输能力。2020年12月31日，满载1313吨哈萨克斯坦亚麻籽的集装箱整列首次运抵宁夏吴忠市青铜峡火车站，标志着宁夏与哈萨克斯坦等"一带一路"沿线国家的粮油贸易渠道正式打开，中国同中亚国家的陆上交通更加便利。

在贸易往来方面，中国与中亚各国合作持续升温。2020年是乌兹别克斯坦"科技、教育和数字经济发展年"，希望通过两国企业家的努力，让乌知名纺织品和农产品等在电商平台上得到展示，使中国消费者对乌产品有更多了解。2020年10月举办的中国和乌兹别克斯坦"丝路电商"交流对接会上，中乌两国参会人员就如何推进电子商务合作、强化区域合作及提升跨境电子商务合作的质量和水平等开展了交流和探讨。乌兹别克斯坦的车厘子在中国电商平台也广受青睐，乌兹别克斯坦生产商采用专机运货的方式为中国消费者提供新鲜车厘子，创下过只要 48 小时就将果园现摘车厘子运至电商平台的记录。乌兹别克斯坦贸易部门通过提供交通运输补贴的方式鼓励各大企业发展对华出口贸易，并从财政上支持申请国际认证的产品。

专栏 4-4：2020 年乌兹别克斯坦外贸额下降逾 13%，中国仍为第一大贸易伙伴

2020 年，乌兹别克斯坦国家统计委员会发布的最新数据显示，乌兹别克斯坦外贸额约为 363 亿美元，出口额为 151 亿美元，进口额为 211.7 亿美元，分别同比下降 13.1%、13.4%、12.8%。其中，黄金仍是第一大创汇商品，其出口额在乌 2020 年出口总额中的占比高达 38.4%。

就国别贸易而言，2020 年，中国仍是乌兹别克斯坦第一大贸易伙伴，中乌贸易额为 64.3 亿美元。俄罗斯、哈萨克斯坦为乌第二、第三大贸易伙伴，双边贸易额分别为 56.4 亿美元、30.1 亿美元。

资料来源：国家工业信息安全发展研究中心分析整理。

2020 年，中国经济率先走出衰退，成为世界上唯一实现正增长的经济大国，为世界经济的稳定做出了贡献，也为中亚民众带来了福祉。尤其是在工业基础、农业科技、数字经济领域的建设，中国有更为成熟的经验与技术，可以进一步为中国—中亚—西亚经济走廊廊内国家相关领域的建设带来切实的好处。因此，中国与中亚五国应加强工业基础、信息化、贸易等领域的合作，高质量建设"一带一路"，巩固中国与中亚五国友好的经济基础和民意基础，推动双边关系在 2021 年继续行稳致远。

四、能源合作日趋稳固，发展战略不谋而合

世界银行经济发展数据库相关数据显示，中亚、西亚廊内国家 GDP 总量总体规模非常小，而且地区形势因为文化和宗教因素而显得极为复杂。世界上大量的能源储备和开发集中在西亚和中亚地区，该地区在现代国际经济发展中发挥着不可忽视的作用。中亚国家连接亚欧各个国家，是亚欧大陆的中心点，其中与中国毗邻的国家有三个，分别是塔吉克斯坦、吉尔吉斯斯坦、哈萨克斯坦。西亚国家拥有大量的矿藏和石油，包括世界上石油储备和产量最多的国家——沙特。该地区国家依靠阿曼湾、波斯湾实现石油的对外输出，同时高加索地区拥有丰富的金属矿、磁铁矿，将里海与黑海连接在了一起，成为区域贸易的重要通道。

（一）能源合作日趋稳固，产业技术稳步提升

2020 年，中国致力于推进"一带一路"能源合作伙伴关系，积极推动能源开发与贸易合作，为沿线国家的电力开发与清洁能源使用提供帮助。在"一带一路"倡议的推动下，中国与中亚、西亚的能源合作项目日趋稳固。

中国—中亚天然气管道 D 线工程 1 号隧道项目于 2020 年 1 月 5 日正式开通。中国—中亚天然气管道网由 A、B、C、D 线（连接哈萨克斯坦、乌兹别克斯坦、土库曼斯坦）组成，以土库曼斯坦复兴气田为起点，经过塔吉克斯坦、乌兹别克斯坦、吉尔吉斯斯坦进入中国新疆境内。管道线路由 46 条隧道组成，全长 1000 千米。D 线管道通过 1 号隧道打穿西向东的首座山岭，进而进入达吉克斯坦境内，建设耗时 1 年零 340 天，总长 1860 千米。在"丝绸之路经济带"建设过程中，中国—中亚天然气管道 D 线极其重要，开通后，中亚地区最庞大的输气系统非此线莫属，可促进中国与中亚国家的能源合作，实现低碳经济发展，优化我国能源消耗结构，而且也加深了我国与沿线国家的关系，促进了双边经贸往来。

2020年7月28日，上海电气中标迪拜最大光伏电站项目——穆罕默德·本·拉希德·阿勒马克图姆太阳能公园五期900兆瓦独立发电项目签约仪式以视频会议方式召开。该项目是截至2020年中东地区已生效且采用双面组件的装机容量最大的太阳能发电项目，也是迪拜当前规划中最大的光伏电站项目。2020年8月4日，土耳其进口了我国第一批"福建造"风电机组，该机组诞生于福建三峡海上风电国际产业园。土耳其进口的Yucel项目是分散式风电项目，由2台34兆瓦风机机组组成。该项目建成后，将为土耳其当地生产制造提供绿色能源。此外，中国能建葛洲坝国际公司于2021年1月初签署了乌兹别克斯坦最大的火电项目——乌兹别克斯坦锡尔河1500兆瓦燃气联合循环独立发电项目。该项目的签约开创了中国、沙特、日本、乌兹别克斯坦企业在技术、资金、建设等领域多边友好合作的范例。面对新冠肺炎疫情的挑战，2020年10月以来，中国能建葛洲坝国际公司项目前期工作组第一时间逆行返岗，回到乌兹别克斯坦，与业主项目开发和执行团队开展沟通、对接与谈判，推进项目落地。2021年伊始，以云签约的方式成功签署了乌兹别克斯坦锡尔河1500兆瓦燃气联合循环独立发电项目EPC现汇合同，合同金额约合人民币50亿元，通过多边合作加速清洁能源发展，为推动"一带一路"倡议的深入实施奠定了重要基础。

专栏4-5：2020年多家中资能源企业进入哈萨克斯坦外企纳税30强

截至2020年11月1日，在哈经营的外资企业数量达2.21万家，同比增长11.2%。其中，97.4%（2.15万家）为小型企业。外资企业主要集中在批发零售业（8700家）、建筑业（2300家）和科技行业（1700家）。

2020年1—10月，6家中国企业控股或参股企业进入哈外资企业纳税30强，分别为曼吉斯套油气公司（排名第4）、中石油阿克纠宾油气公司（排名第7）、北里海（卡沙甘油田）作业公司（排名第8）、北布扎齐油气公司（排名第17）、内尔森布扎齐油气公司（排名第18）、KMK石油公司（排名第30）。

资料来源：国家工业信息安全发展研究中心分析整理。

（二）战略规划不谋而合，工业发展不断升级

在着力推进中国—中亚—西亚经济走廊能源合作、共建能源合作伙伴关系的同时，廊内国家文化交融也日益增加。廊内国家相继制定了一系列的中长期发展规划，促进本国贸易和产业发展，很多理念和内容与我国"一带一路"倡议高度一致，这为彼此的合作奠定了坚实的基础（见表4-1）。

表4-1 中国—中亚—西亚经济走廊内主要国家发展战略

国家	发展战略
哈萨克斯坦	批准《2020发展战略规划》，预期目标是通过国家工业化和发展基础设施加速实现经济的多样化，从一个原料供应国转变为工业制造国
塔吉克斯坦	通过《至2030年国家发展战略》，确立了"确保能源安全和高效使用电力能源""将塔吉克斯坦从交通死角转变为重要交通枢纽国家""确保粮食安全和为公众提供高品质食物"及"扩大生产性就业"四大战略发展目标
乌兹别克斯坦	公布"五大优先领域发展行动战略"，将在未来五年向世行、亚行等国际主要金融机构融资77亿美元，加强与中、日、韩等主要投资来源国合作，吸引外资对各经济领域进行技术、设备的更新改造，提高产品质量和国际竞争力，扩大出口
吉尔吉斯斯坦	制定"2040年国家发展战略"，至2040年之前，吉政府计划投资208亿美元实施244项国家级项目，将涵盖能源、农业、水利和民生等多个领域。着重发展与邻国的友好关系及同俄罗斯的战略伙伴关系，将继续巩固与欧亚经济联盟、集体安全条约组织、上海合作组织成员国的全面合作关系
伊朗	发展"抵抗型经济"，出台"20年发展愿景规划"，其核心内容为减少对石油的依赖和创造更多的就业岗位，重要举措包括完善石油和天然气工业价值链，增加石油产品的附加值，提高电力、石化和石油产品的产量及出口等
埃及	宣布"2030年埃及发展计划"，提出开发苏伊士运河，项目包括在运河沿线建设工业园区，发展汽车组装厂、电子产品、炼油、石化、金属加工、物流调拨、燃料储存、船舶修造、集装箱制造和修理、纺织、玻璃等工业项目
阿塞拜疆	批准《2015—2020年工业发展纲要》，促进工业发展由进口替代方式向生产出口模式转变，扩大以本国原材料为基础的有竞争力的工业产品生产，发展出口导向型非油气产业

续表

国家	发展战略
沙特	提出"2030愿景",旨在改变产业结构从过度依赖石油经济向新能源和矿业等多样化领域拓展,推动可再生能源开发、工业装备制造本地化等工业制造业发展,增加就业,改善民生。这与中方倡导的"一带一路"建设有诸多吻合之处,产能合作成为推进中沙合作的重要抓手。在沙特投资总局促进投资首席执行官巴法尔特看来,世界13%的贸易途径红海,沙特西临红海,拥有红海沿岸最大的两个港口,沙特可以成为中国进入非洲的大门,更好地服务于"一带一路"倡议,实现共赢

资料来源:国家工业信息安全发展研究中心分析整理。

中国作为制造业大国,资金较为充裕,而中亚、西亚各国虽然资源丰富,但经济总规模普遍中等偏下。结合各国发展战略及丰富的自然资源优势,双方经济合作有着广阔的发展空间。通过解析中亚、西亚国家的工业发展规划不难发现,多数国家将制造业领域纳入国家重点发展规划,这与中国的经济结构优势及"一带一路"倡议的发展规划吻合。中亚、西亚国家对产能、基础设施、制造技术和管理经验等方面的发展需求是中国推进"一带一路"的重要动力,随着彼此供应和需求的充分融合,带动中国—中亚—西亚经济走廊形成稳定的国际产能合作关系。同时,中亚、西亚国家存在巨大的工业信息化、数字经济领域合作潜力,将是深化双边合作的新抓手。总体上看,中国与中亚、西亚各国的经济发展阶段不同、风格差异较大,正因如此,要开展直接投资合作,相互之间取长补短。考虑到中国直接投资存量占比仍相对较低,且主要集中在基础设施建设领域,希望政府和企业积极发掘潜力,持续深化中国在中亚、西亚各国在工业化建设、数字经济、互联互通等领域的投资合作。

参考资料

1. 桂璐,何文彬."中国—中亚—西亚经济走廊"沿廊贸易的影响因素和非效率分析. 上海立信会计金融学院学报,2020,32(2):109-120。

2. 中华人民共和国商务部. 多家中资企业进入哈外企纳税 30 强，2020-11-28。

3. 中国新闻网. 中国驻哈萨克斯坦大使张霄：2020 年是中哈建交 28 年来最不平凡的一年，2021-01-08。

4. 朱羿. 中亚—西亚面临发展新机遇. 中国社会科学报，2020-07-22（002）。

5. 人民网. 中东地区数字经济加速发展（国际视点），2021-01-14。

6. 人民网. 中国与中亚农业合作稳步推进（国际视点），2020-12-04。

7. 中国新闻网. 哈萨克斯坦 2020 年过境货物运输量增长 32%将提升对华口岸通关能力，2021-01-13。

8. 尼格马图罗·何克马图罗佐达，王晓波. 共建"中国—中亚—西亚"经济走廊. 中国投资，2018（23）：38-44。

9. 西安市发展和改革委员会. 里程碑式跨越!"伊斯坦布尔—西安"中欧班列（长安号）开行！，2020-12-24。

10. 人民网. 中企参建的阿联酋铁路项目正式进入铺轨阶段，2021-01-14。

11. 中国新闻网. 金锣集团"环保方案"成功落地迪拜，2021-01-06。

12. 人民资讯. 中国—阿富汗—中亚五国副外长举行贸易与互联互通视频会议，2020-12-10。

13. 新华社. 秦晋携手开行国际班列 中欧班列（西安）集结中心再添新线路，2020-08-28。

14. 中国交建. 中国—中亚天然气管道 D 线工程 1 号隧道顺利贯通，2020-01-13。

15. 澎湃新闻. 上海电气与外方合作，中标阿联酋装机容量最大的光伏发电工程，2020-07-28。

16. 中华人民共和国商务部. 福建首批风电机组出口"一带一路"沿线国家，2020-08-05。

B.5
新亚欧大陆桥经济走廊产业合作发展现状

彭静怡[1]

摘　要： 新亚欧大陆桥作为贯通东西的一条主干道，搭建了中国与沿线国家合作发展的桥梁，见证了我国改革开放政策从"引进来"转化为"走出去"，从前三十余年的沿海开放，转向为立足国内大循环的向西开放，从而实现全面开放改革的重要建设区域。目前，我国与新亚欧大陆桥沿线的中东欧国家已经形成了"17+1"的合作格局，在产业合作上越发呈现出合作力度不断深化、合作领域不断拓展、合作方式日益丰富、创新发展不断推进的整体性特点。在东西联动、互联互通的合作机制下，在持续推进深化合作的道路上取得了可喜的建设成果。新亚欧大陆桥经济走廊，已然在"一带一路"的政策引领下开始展示出自身巨大的潜力，开始焕发出崭新的光彩。

关键词： 全球化；合作共赢；自贸区；产业集群

Abstract: As a main passageway linking the east and the west, the New Eurasian Land Bridge (NELB) serves as a bridge for the development of cooperation between China and countries along the route, and an important construction area that has witnessed the

---

[1] 彭静怡，硕士，国家工业信息安全发展研究中心工程师，主要研究方向为战略规划、政策法规、信息技术。

transformation of Chinese reform and opening policy from "bring in" to "go global", and the shift from "opening up the coastal regions" in the past 30 years to opening up to the west based on the domestic circulation, thus realizing comprehensive opening-up and reform. At present, China and the Central and Eastern European countries along the NELB have formed a "17+1" cooperation layout, and the following general characteristics have increasingly been revealed in the industrial cooperation: deepening cooperation, expanding cooperation fields, increasingly enriched cooperation patterns, and continuous promotion of innovative development. As the cooperation mechanism of East-West linkage and connectivity functions, gratifying results have been harvested on the road of continuous promotion of deepening cooperation. The New Eurasian Land Bridge Economic Corridor, under the guidance of "The Belt and Road" policy, has begun to release its great potential and glow with a new luster.

Keywords: Globalization; Win-Win Cooperation; Free Trade Zone; Industrial Cluster

新亚欧大陆桥经济走廊是我国"一带一路"倡议中历史较为悠久且极具战略地位的经济走廊，在全球贸易和制造业发展中发挥着日益重要的作用。新亚欧大陆桥经济走廊东起连云港西至河南鹿特丹的特鲁干线，是联结亚洲与欧洲的贸易往来通道，全长10900多千米，穿行之处疆域辽阔，能源富集，将太平洋与大西洋两岸国家紧密连接在一起，将人口密集、经济发达的区域串联起来，大大缩短了海上运输的成本与运输距离。随着基础设施建设互联互通的持续推进，道路交通陆续在沿线国家建成通车，在科技、经济、技术、装备高速发展的今天，将逐步提升铁路运行加载能力，加快物流与人流畅通兴旺，缩短各地的时空距离，进一步推动走廊内道路运输提质增效升级，带动沿线地区经济增长。在经济全球化的背景下，唯有互惠合作才是打造经济共赢发展的必由之路。新亚欧大陆桥经济走廊的不断建设有望逐步成为区域经济发展的主轴线，是亚欧两地相互依存、携手共进、优势互补的共同成果，展示出更大的发展潜力与广阔的互利前景，也让早在1992年便开始投入运营的新亚欧大陆桥，焕发出了全新的光彩。

一、"17+1" 联通经济共赢，双向开放成果显著

（一）疫情凝聚全球共识，逆势而行成绩斐然

新亚欧大陆桥经济走廊贸易往来成绩斐然使更多国家意识到合作是发展前提，多国纷纷踊跃加入贸易合作伙伴区列中。随着贸易伙伴国的队伍不断壮大，逐步将"一带一路"政策深入推进到新亚欧大陆桥经济走廊深处的广泛地区，多领域全方位的合作在这一框架内展现出了多面开花、齐头并进的发展态势，以新能源、钢铁、汽车、航空、信息通信为代表的产业集群开始落地生根，多边贸易总额持续快速增长。新亚欧大陆桥经济走廊贸易新格局的不断形成对全球而言，是加强亚欧大陆在政治、经济、文化方面联结的重要途径，是我国中西部地区经济增长引擎，也是内陆融入经济全球化的最佳渠道。正如鲍泰利先生曾经指出的，欧亚大陆桥的成功运作会给沿线国家和地区带来众多的经济效益，一些世界上最大的贸易市场会因此而联结起来，这些市场约占全球人口的1/3。

2020年，新冠肺炎疫情突如其来并迅速席卷全球，在医疗物资世界性紧缺的情况下，中欧班列凭借效率高、路线广和全天候的独特优势，作为连通亚欧大陆的主要桥梁和绿色通道，在新冠肺炎疫情中逆势而行，发挥出了国际铁路联运的巨大优势，为全球抗疫和提振经济输送了"中国力量"。据统计，2020年，中欧班列开行超过1.24万列，突破"万列"大关，为畅通全球产业链供应链、满足沿线国家民众消费需求及搭建中欧携手抗疫"生命通道"发挥了重要作用。在我国新冠肺炎疫情得到初步控制时，钟

南山院士更通过先进数字技术与欧洲呼吸学会专家在网上分享抗击疫情的成果和经验，介绍临床救治经验及药物实验进展。以上种种，无不显现着全球化发展已成为共识，各国、各地区之间的影响和依赖程度趋势持续加深。

（二）国家领域增添动力，"17+1 合作"提质升级

随着新亚欧大陆桥经济走廊建设日趋成熟，越来越多的国家意识到在尊重相关国家法规和程序的前提下，加入中国—中东欧合作机制这一重要的合作框架，借助已初具成效、形成良性互动格局的合作网络和发展桥梁，有助于联手打造友好贸易盛景。2019 年 4 月，在中国—中东欧国家领导人会晤期间，希腊加入了我国与中东欧国家的"一带一路"合作机制中，成为新亚欧大陆桥经贸走廊成员国之一，"16+1 合作"升级为"17+1 合作"。这也意味着我国与希腊之前中断的比雷埃夫斯港口升级改造计划再次被提上日程，有望进一步改进两国之间外贸港口环境，增加往来观光游客。

面对日益复杂的国际整体环境和不断升温的国内转型压力，中国与新亚欧大陆桥经济走廊在形成了"17+1"的合作机制之后，在进一步做大共同利益的同时，从实际出发，精准对接各国需求、特点，加速释放各国优势产能。多个国家在服务支持领域、科技创新领域、数字发展领域，如服务贸易、服务外包、数字经济、电子商务、平台建设、高新产业、新能源、制造业等领域开展多重合作，取得丰硕成果，切实带动了中国与中东欧国家贸易规模与质量的双提升，也为中东欧乃至欧洲寻求国际互利合作、推进多边贸易发展开辟了新空间。

（三）双向开放格局显现，示范作用逐渐彰显

在陆海统筹、联动亚欧的区位与政策叠加优势下，在缩短了近 40000 千米运输距离和近半运输时间的高效中，新亚欧大陆桥经济走廊的推进与

发展无疑加速了我国双向开放的外贸格局，带动并深化了与沿线成员国贸易互惠共享的便捷度，使我国从沿海开放转向为立足国内大循环的向西开放，构架国内连同国际双向循环、相互补足的崭新发展格局。目前，我国在新亚欧大陆桥经济走廊建设上，以加速发展中心城市为核心，不断向外辐射至各个中小城市，如淮海城市群、中原城市群、关中平原城市群、兰西城市群及天山北坡城市群。这些城市群落分别以徐州、郑州、西安、西宁等中北部省会都市及经济发达城市为枢纽，城市群落之间紧密相连，打破了传统中西部地区封闭落后的传统认知，并依次以全新形式向西欧、东亚、南亚打开对外开放的通道，实现了我国全方位、多层次对外开放的格局。

"东西进出"的外贸格局逐步打开，"一带一路"建设的示范作用逐渐彰显。以江苏连云港为例，无论是在港口的吞吐量还是在集装箱的货运量上，都保持了连年平稳增长的局面，贸易畅通优势凸显。截至2020年12月底，以连云港为起点的国际班列累计发运达4000多车次，其中港口货物吞吐量突破2.53亿吨，自贸区市场主体达到7693家，较获批前增加2.8倍，相互依存、协调互促的发展格局基本呈现。另外，2020年，连云港港口生产逆势突围，在这片占江苏面积不足千分之五的区域上，贡献了全省四分之一的外资利用，共计达成18%的货物进出口率，在新冠肺炎疫情期间运输物资效力不可小觑。

二、合作机制拉动增长，基建民生成果辈出

（一）金融机制不断完善，三方市场积极涌入

我国与欧洲国家在新亚欧大陆桥经济走廊上的合作机制不断完善、政策举措持续发力、金融服务全面优化、合作领域愈加丰富。为减少合作限制和壁垒、解决资金瓶颈障碍、加强规范海外投资，扎实推进并拓展产业合作的深度和广度，我国持续加强双边交流和谈判，从税收政策、信贷融

资等方面都予以大力支持，并大幅向基础设施互联互通建设方向倾斜，加设中东欧基础设施投资专项优惠贷款、专项基金等鼓励具备"走出去"跨国经营实力、具有海外投资意愿的企业在欧洲拓展基础设施领域建设。为方便与日俱增的境外投资和人员往来，推动国内大型金融机构在中东欧国家建立分支机构，并创新融资模式，鼓励与当地金融机构开展符合当地经济发展实力、需求的业务合作。在各地的大力支持下，地方政府和民间企业纷纷参与资本合作，以期通过金融"走出去"推动企业"走出去"，为产业合作项目、基础设施建设提供有力的资金支持。

（二）制度红利惠及各方，基建项目络绎不绝

国家政策持续利好推动和 100 亿美元国外投资优惠贷款政策红利的释放，有效地调动了中国企业到中东欧国家开工建厂的积极性，加速了我国与新亚欧大陆桥经济走廊沿线国家不断深化在交通、能源、电力等各领域的产业合作，尤其是在基建领域及跨境物流领域，取得了十分显著的成绩。2020 年，中国企业累计在重大工程承包上签订了 54.1 亿美元的合同，是 2019 年同期的 1.35 倍，并成功签约了新的铁路、公路、地铁等建设项目。新冠肺炎疫情期间，中方承建的铁路及大桥诸如克罗地亚佩列沙茨大桥、匈塞铁路、塞尔维亚 E763 高速公路、黑山南北高速公路等交通基础设施建设进展稳定，惠及周边百万居民。此外，我国与新亚欧大陆桥经济走廊沿线国家中型基建项目往来络绎不绝，如在两期中东欧投资基金的支持下，"中欧陆海快线"和匈塞铁路项目的开建，很大程度上为中欧班列的运行起到了保驾护航的作用，为中欧商品流通、促进当地就业、推动经济发展开辟了一条崭新、便捷、高效的通道。中国海关总署数据显示，2020 年，中欧班列在新冠肺炎疫情期间仍然实现了正增长，2020 年全年累计开行较 2019 年增长 50%，共计输送 11350 多箱货物，较 2019 年增长 56%，并且单月开行均稳定在 1000 列以上。以德国杜伊斯堡港为例，有赖于两国间政策战略共识的提升，自 2020 年第二季度开始，中欧班列抵达杜伊斯堡的数量由每周 40 列增加至 60 列，全年集装箱装卸量增长了 5%，

达到420万标准箱，创下新纪录，其中来自中国的铁路货运量比2019年同期增长了约70%。2020年，各国守望相助、合力应对危机的潜力进一步激发，国内郑州、石家庄等地新开通了飞往中东欧城市的定期货运航线。

专栏 5-1：黑山总理马尔科维奇视察南北高速公路项目

2020年8月22日，黑山总理杜什科·马尔科维奇视察中国路桥承建的黑山南北高速公路项目，在现场听取了项目负责人关于项目新冠肺炎疫情防控、全线沥青路面施工组织、工程进度及项目整体施工安排等方面的情况汇报，查看了项目5号隧道出口段沥青路面施工现场（见图5-1）。

黑山南北高速公路项目是黑山的"世纪工程"，是中黑经贸合作的旗舰项目，项目全长约180千米，是黑山的第一条高速公路，连接南部港口城市巴尔与北部城市博利亚雷，是黑山通往欧洲内陆的重要通道。中国路桥承建其优先段——斯莫科瓦茨至马泰舍沃的建设，该段道路是整个黑山南北高速公路中施工难度最大的一段，全长约41千米，隧道总长18.3千米，桥梁总长6.25千米，桥隧比约60%。项目建成后将大大改善黑山共和国北部山区的行车条件，增强黑山巴尔港的竞争力，促进沿线区域发展，对拉动黑山经济发展具有重大意义。

图 5-1 黑山总理马尔科维奇视察南北高速公路项目

资料来源：国家工业信息安全发展研究中心分析整理。

（三）人文交流日益活跃，民心相通效果初显

新亚欧大陆桥经济走廊不仅在基建领域取得了很大进步，在人文交流上也全方位展开，取得了积极进展及丰硕成果。随着政治互信程度不断提升，我国与中欧国家居民往来频繁，集中体现在两洲之间的旅游交流、人才交流、文化交流迅速发展。在旅游交流方面，中国赴中东欧国家旅游人数连年增长，旅游业蓬勃发展，互为重要的客源市场和旅游目的地。为了方便两洲人员往来，中东欧国家如塞尔维亚、波黑及阿尔巴尼亚对中国实行免签政策，形成了双向交流的良好局面。开通的多条国际直航航班，更进一步促进了中国和欧洲国家人员的友好往来。在人才交流方面，教育交流与合作是亮点，呈现出良好发展的局面。教育机构、语言学校、国际研究院不断设立，我国已与法国、德国、意大利等19个国家签署了高等教育学历学位互认协议。知识、思想和人才的跨区域流动，对促进经济走廊可持续发展、增进人类福祉至关重要。在文化交流方面。中国美食、中国文学作品、中医中药、中国功夫、合作纪录片也陆续走出国门得到中欧国家的青睐，为增进国家间相互了解、凝聚共识、强化机制夯实了基础。

专栏5-2：中国与中东欧国家的人文交流不断向纵深发展

2020年，专题纪录片《友谊的见证》在匈牙利电视台播出，中匈两国人民在新冠肺炎疫情下相互支持的感人画面被记录下来。在2021年2月9日举行的中国—中东欧国家领导人峰会期间，提出要加强在文化、教育、旅游、体育、媒体、出版、智库、青年等领域的交流合作。例如，中方提出支持复旦大学在匈牙利开设校区，还呼吁加强与中东欧国家特色旅游产品联合开发和旅游人才联合培养，都将为中国与中东欧国家民众之间的友好往来增添新内涵，进而为双方政治互信、经贸往来创造良好环境。

资料来源：国家工业信息安全发展研究中心分析整理。

三、投资合作日趋紧密，高新产业潜力巨大

（一）贸易态势连年提升，合作纵深不断拓宽

多年以来，"互惠共赢"的发展理念维持着新亚欧大陆桥经济走廊建设的长足发展。我国一直重视与中东欧国家在政治、经济、文化等全方位领域进行沟通交流，但受制于地缘政治、文化底蕴等因素的影响难以尽善尽美。双方对在合作中产生的贸易逆差、落地投资项目不均衡、农产品准入困难等问题一直采取积极的态度加以解决。在"17+1"中国—中东欧国家合作体制正式建成之后，机制不断健全、贸易态势连年提升、经贸合作蓬勃发展，产业合作领域从原有的基础建设领域不断向新能源开发、生物科技等高新技术领域延伸拓展，产业合作方式也从原有的绿地投资扩展到联合研发、股权合作等以满足深层次、多样化需求。

随着多边贸易产品种类逐渐增多，贸易总额也稳步提升。在逐步扩大优势商品出口，向中东欧17国出口以电信设备、数据处理机、光学仪器、电动机械和设备、家电、玩具、鞋类为主要商品的同时，积极进口以汽车及零部件、矿产、机械类工业制成品和家具为主的产品。总的来说，2020年全年中国—中东欧合作机制成绩斐然，我国与中东欧17国外贸总额将近1.035千亿美元，首次突破千亿美元，较2019年同期增幅达到8.4%，高于2019年中国对外贸易平均增速。2020年，我国对外交流合作日渐顺利，投资合作良性互动显现发展新格局，对中东欧17个国家各领域的投资金额约达204亿元，同期中东欧17个国家累计对中国投资约为111.8亿元，涉及汽车零部件、化工、家电、物流等多个领域。新冠肺炎疫情之下，物流园为全球早日战胜疫情输送力量、点燃希望，依托数字技术的双向投资热情不减，300多家来自中国和中东欧国家的中小企业在通用航空、工业制造、服务贸易等领域进行了在线洽谈，达成30多个项目合作意向，签署了17个项目合作备忘录，推动中国—中东欧中小企业合作进

一步深化。

> **专栏5-3："一带一路"捷克站物流园为全球抗疫做贡献**
>
> 新冠肺炎疫情暴发以来，中国与海外市场互联沟通的需求不降反增，"一带一路"捷克站物流园2.5万平方米的海外仓每天叉车穿梭，热火朝天，来自中国的家用扫地机、3D打印机等电子产品在这里分拣打包、装车发运，跨境物流让人们体验到了"海淘"的高效，也将中国制造的产品运送到全世界。
>
> 除了将"中国制造"运送到欧洲，"一带一路"捷克站物流园还为中捷防疫物资搭建起了贸易、仓储、物流等桥梁，积极助力欧洲抗疫。2020年，物流园累计入库中国出口欧洲的4800多箱、近28吨医疗防护物资。同时，利用捷克站海外仓运营优势，物流园曾为口罩、防护服等紧缺医疗物资提供免费作业和免费仓储空间。

资料来源：国家工业信息安全发展研究中心分析整理。

（二）区位政策优势凸显，产业集群智慧升级

在合作机制不断完善、中欧班列运输持续增量的加持下，当前以互联网、大数据、人工智能为代表的信息技术为新亚欧大陆桥经济走廊创新发展提供了重大机遇，工业制造和智能制造展现出了鲜明突出的产业优势，产业支撑效益持续提升，产业链供应方面不断健全。国内以山东省为例，依靠得天独厚的地理区位和政策优势，自参与新亚欧大陆桥经济走廊建设以来，充分利用本省在工业智能制造方面的独特优势，打造智慧升级产业集群，为工业企业转型创造基础。同时，在"互联网+"等政策背景下，一批批企业应时而生，突出展现了中国先进生产力的前沿水平，出现了以海尔卡奥斯、浪潮为代表，具有经济效益、创新能力及国际影响力的综合性大型产业集群，为智能制造企业的发展起到示范作用。另外，山东着力打造"一带一路"海陆空三港联运的运输枢纽，在济南与青岛的引领下，

逐步形成集装箱中心站点、多体联运的运输中心，推动建成跨国际平台，如即墨国际中心港、胶州国际物流园等，并在不断发挥大省会城市优势的基础上，善用铁路通道便利的优势，推动大量港口集团、物流集团落地，深化山东省在新亚欧大陆桥经济走廊中的建设优势。

在国际方面，以德国的杜伊斯堡为例。作为欧洲的重点物流中心，德国的杜伊斯堡所在地区——北威州位于德国居民楼最密集的街市，坐拥优质资源条件、便利交通设施、密集人口数量等推动经济发展的重要因素，为杜伊斯堡成为欧洲最大的消费市场、荣获国外资本最热衷的投资地点提供了先天资源优势，吸引了不少跨国公司在此开工建厂，如英国石油公司及丰田、福特等著名汽车建造企业。德国杜伊斯堡的优越地理优势及发展潜力，也吸引了我国三一重工、华为公司等众多民族企业相继落地生根，投资遍布风力发电、机械制造、家居家电、电力通信、生物医药等领域，成绩可圈可点，极大地助力了北威州的经济发展，使杜伊斯堡的物流运输、基础设施建设优势越发凸显。

（三）项目合作多元发展，高新领域备受关注

新亚欧大陆桥经济走廊上的项目合作领域越发呈现出多元化发展的特点，合作方式上明显注重结合各国劳动、资源、市场的优势，相互协作、优势互补，并充分发挥企业、商会对外交流的主观能动性，助推利益最大化。我国一直与新亚欧大陆桥经济走廊沿线国家在新能源、高新技术和汽车领域有着密切的合作关系。在汽车领域，中东欧地区因其在汽车工艺上成熟、精湛的制造水平，备受来自世界各地汽车组装及零配件厂商的注意，也受到来自我国先进制造业的关注，以我国京西重工为代表的汽车建造企业纷纷在中欧地区建设工场，致力于学习先进工艺技术，推进产业高质量发展。随着我国比亚迪汽车企业在匈牙利创建汽车生产基地之后，人才交流上也从未间断。结合我国自身的新能源研发优势，推动与匈牙利技艺精湛人才交流对接、强强联合，实现"一加一大于二"的效果，共同推动新

技术与传统产业深度融合，加速推进新能源汽车健康发展。此外，我国企业以投资、承建等形式助力中东欧国家新能源发展，如保加利亚的伊赫迪曼光伏项目、匈牙利考波什堡太阳能电站项目及克罗地亚塞尼风电项目等。在信息通信产业高速发展的窗口期，高新技术领域合作频频，崛起加速。我国以华为、中兴、联通为代表的企业与廊内多国积极开展信息通信领域合作，作为主流的通信服务商、通信设备制造商备受中东欧国家信赖，与当地企业维持着友好稳定的业务往来关系。联通公司在布拉格成立的子公司，更成为捷克和斯洛伐克无线网络市场排名第一的设备提供商。未来，还将深挖高精尖产业合作潜力，如在数字化、智能制造领域的合作项目，提高资源整合能力、优化人员配置，持续推动新亚欧大陆桥经济走廊的联动走深走实，发展光明前景。

专栏5-4：考波什堡光伏电站将为匈牙利带来更多清洁能源

匈牙利制定了国家能源和气候规划，把减少温室气体排放量、提高可再生能源在能源消费中的占比定为发展目标。从电力结构来看，匈牙利目前以煤电、核电为主，且电力资源存在缺口。为改善能源结构、增加能源自给度，政府专门出台了激励政策，推动开展可再生能源项目建设。考波什堡光伏电站是"一带一路"框架下中匈两国加强生态环保、绿色发展领域交流合作的重点项目之一，于2019年6月开工建设，建成后，预计每年可发电1.3亿千瓦时，节约4.5万吨标准煤，减少12万吨二氧化碳排放。作为绿色能源建设项目，考波什堡光伏电站的施工为减少对土壤和植被的破坏，选择了成本更高、安装更便捷的螺旋地桩，还聘请了园林专家为项目所在地进行绿化规划。2020年10月，项目已完成总工程量的50%以上，电站预计将于2021年2月并网发电，投入商业运行。

资料来源：国家工业信息安全发展研究中心分析整理。

参考资料

1. 刘作奎. 中国—中东欧国家合作的发展历程与前景. 当代世界, 2020（4）：04-09。

2. 连云港传媒网.【新时代 新作为 新篇章】一座"桥"一条"路"连云港打造双向开放的东方"门户"，2021-01-09。

3. 央视网. 中欧班列疫情中逆势而行 德国港口装卸量创新纪录，2021-02-17。

4. 中国新闻网. 2020年中欧班列开行逆势增长 全年开行1.24万列，2021-01-04。

5. 中国新闻网. 中国驻法大使：后疫情时代中国—中东欧国家合作将走得更稳、更实、更远，2021-02-17。

6. 海外网."17+1大于18"，中国—中东欧合作的方程式，2021-02-11。

7. 中国新闻网. 2020年中国与中东欧17国贸易额首次突破千亿美元，2021-02-04。

8. 人民网. 中国—中东欧中小企业深化合作，2020-11-20。

9. 新浪网. 钟南山院士与欧洲分享中国经验. 当代世界，2020-03-12。

B.6
中国—中南半岛经济走廊产业合作发展现状

彭静怡[1]

摘 要： 多年以来，中国—中南半岛经济走廊国家间建立了密切稳固的政治经济关系，交流机制更加多元，合作模式日趋完善，多领域建设如火如荼，经贸合作硕果累累，海陆联通效果极佳，园区建设初具规模，产能合作也随着园区建设的推进开启了新篇章，迈向更加紧密的新阶段。2020年，在新冠肺炎疫情之下，世界经济形势严峻，陷入衰退风险，深刻影响了全球治理格局。在"一带一路"机制的有序保障下，中国与中南半岛各国总体上经受住了新冠肺炎疫情的阶段性考验，经贸往来、基础建设、能源领域、工业化建设合作逐渐恢复正常，中国—中南半岛经济走廊廊内国家的互联互通性也逐步提升。

关键词： 中南半岛； 新冠肺炎； 发展现状； 境外产业园区

Abstract: Over the years, close and stable political and economic relations have been established among the countries along the China-Indochina Peninsula Economic Corridor (CICPEC), diversified exchange mechanisms formed, and cooperation models improved. Construction has been vigorously promoted in various fields,

---

[1] 彭静怡，硕士，国家工业信息安全发展研究中心工程师，主要研究方向为战略规划、政策法规、信息技术。

economic and trade cooperation has been fruitful, excellent results have been returned in sea-land connectivity, and the construction of industrial parks has begun to take shape. Along with the advancement of such construction, the cooperation in production capacity has also opened a new chapter, moving towards a new stage of closer cooperation. In 2020, stricken by COVID-19, the world economy was in grave difficulties, facing the risk of recession. The global governance pattern was profoundly affected. Under the orderly guarantee of "The Belt and Road" mechanism, China and the Indochina Peninsula countries have generally withstood the test in this stage of the COVID-19 pandemic. Economic and trade exchanges, and cooperation in infrastructure, energy and industrialization have gradually returned to normal, and the connectivity among the CICPEC countries has been gradually enhanced.

Keywords: Indochina Peninsula; COVID-19; Development Status; Overseas Industrial Park

中国—中南半岛经济走廊北起中国广西南宁、云南昆明，途径老挝、越南、柬埔寨、缅甸、泰国、马来西亚等中南半岛国家，最终到达新加坡，不仅是连接中国与中南半岛的桥梁，还是携手深化拓展中国—东盟合作、澜沧江—湄公河合作领域的重要载体，更是加深经贸合作、跨境贸易、产能对接的重要平台。

2020年伊始，新冠肺炎疫情开始肆虐全球，随后引发了全球经济、政治的剧烈变动，无论是国际经贸往来还是价值链、产业链、供应链等都受到了新冠肺炎疫情的巨大影响，现存的矛盾和压力在全球治理结构中进一步显现出来，世界已到了亟须改善或重建国际秩序、全球治理体系的关键时期，也到了谋求发展与和平至关重要的时刻。"一带一路"倡议的提出符合沿线国家共同需求，为加速全球国际合作、优势互补、开放共赢提供了优质资源共享、实践交流的平台和载体，六年以来，从促进经济技术合作到"五通"目标的全面展开，到推出全球治理和国际公共产品、支持可持续发展、推动国际经贸合作交流、促进新型全球化等方面均产生了深远影响。在"一带一路"温床下孵化的中国—中南半岛经济走廊建设自启动以来受到沿线各国的关注与重视，纷纷结合自身特色，围绕资金、技术、产能、资源、市场、文化等展开了丰富多彩的合作与对接，对进一步增强国家间政治互信、推动经济实力增长、优化产业结构升级具有重大意义。

一、基建项目表现突出，能源合作稳中有进

（一）陆上交通成就卓越，持续输送"中国力量"

中国—中南半岛经济走廊在基础设施建设上稳步推进，铁路、航线的全面动工与开通为今后产业合作奠定了深厚的基础，其中，以区际交通网络建设最具代表性，基建项目成就卓越。我国持续贡献着技术、资金、人力等方面的"中国力量"，推动中泰铁路、雅万高铁、中老铁路、昆曼公路等陆上交通基础设施建设，稳步推进跨湄公河大型桥梁、航运、地铁等合作项目。这些交通网络提升了中国—中南半岛国家的互联互通水平，降低了贸易成本，为当地经济发展、民生水平改善提供了坚实基础。

专栏6-1：中老铁路线路图详解

区域互联互通成果以中老铁路项目的启动最具代表性，预示着两国合作更进一步。这是我国提出"一带一路"倡议之后，第一条以中方为投资建设主体，直接与中国铁路网相连的国际铁路，整条铁路未使用任何他国设备和技术标准，计划于2021年12月建成通车，是泛亚铁路中线的重要组成部分，分为中国段和老挝段。

> **中国段**：即玉磨铁路，正线全长 508.53 千米，时速为 160 千米/小时，属于国铁 I 级电气化铁路，其中，西双版纳到磨憨和玉溪段分别是单线与双线。项目投资总额为 505.45 亿元，工期 5 年，2016 年 4 月开工建设，预计 2021 年将建成通车。
>
> **老挝段**：北起中老边境口岸磨丁，总长 414 千米，朝南串联起了老挝北部的南塔省、万象省、琅勃拉邦省、乌多姆塞省，然后进入老挝首都万象市，总投资约 374 亿元。客运时速 160 千米/小时，货运时速 120 千米/小时，是普速铁路。

资料来源：国家工业信息安全发展研究中心分析整理。

以柬埔寨、老挝为例，中方在资金、金融、人力、技术等方面均提供了有力支持。中柬两国在柬埔寨的西部地区共同合作了多个基础设施建设项目，修建了 3000 多千米公路及若干座跨湄公河大型桥梁，柬埔寨西北地区的交通网络主干线也由此形成。2020 年 2 月，联通柬埔寨奥多棉吉、班迭棉吉两省的 58 号公路正式投入使用，该项目花费 4 年时间、中方提供了优惠的出口买方信贷及资金支持，全程 174 千米。中国—老挝在互联互通基础设施建设方面，更是区域内的典范。2020 年 11 月 28 日，全长 17.5 千米的中老昆万铁路第一长隧——安定隧道顺利贯通，为全线的按期建成及投入使用奠定了坚实的基础。在安定隧道贯通的同时，全线施工工程已接近尾声，93 座隧道中也有超 90%（84 座）的隧道贯通。中老铁路玉磨段自开工以来累计已完成投资额达 473.5 亿元，截至 2020 年 11 月 28 日，已实现 110 亿元资金到账。除此之外，2020 年 12 月 20 日，老挝境内第一条数字化智慧高速公路——中老高速公路第一期万象至万荣段正式开通，该高速公路内嵌了一套 ICT 承载平台，沿线部署的华为数据通信及传输设备，构建了可智能监测、计费、应急响应等智能数字化解决方案。陆上交通基础设施互联互通建设大幅度地提高了该区域的交通效率，为当地的医疗卫生、教育、人力资源、水利灌溉等领域提供了极大的帮助，为促进当地相关地区的社会完善、经济发展及提高人民生活质量发挥了重要作用。

（二）航空运输迸发生机，旅游市场合作频繁

在航线交通、航运合作方面，中国和沿线国家在"一带一路"倡议下合作宽广、潜力巨大，不仅签订了政府间的双边航空运输协定，还与马来西亚、柬埔寨等国家扩大了航权的安排范围。2020年年底，由中企承建的泰国素万那普国际机场二期项目98%以上的建设已完成，计划于2022年投入正式使用。2021年1月，澜湄航空的"空中高速路"入驻兰州甘肃民航，为服务柬埔寨"四角战略"创造了有利的条件，同时也为澜湄区域互联互通贡献了一分力量，提升了中国—中南半岛经济走廊的合作水平。与此同时，中国旅游市场庞大，老挝、越南、柬埔寨、缅甸、泰国、马来西亚、新加坡等国家旅游资源丰富，看好双向旅游的多家航空公司也分别增加了航线和包机服务，旅游合作便利化水平具有突出优势。2020年上半年，受新冠肺炎疫情的干扰冲击，各国相关部门联合发文，推出相关安全保障措施，建议减少人员跨境流动，至今也暂未恢复出入境团队旅游，出入境旅游市场基本处于停滞状态。2020年1—6月，出入境人数同比增长率皆为负数。各国积极探索新冠肺炎疫情后航运的新常态，其中，泰国自2020年10月以来，推出特别旅游签证（STV），单次可停留90天，且可续签、延期2次，最长可在泰国境内停留270天的签证，积极减缓因新冠肺炎疫情防控带来的出入境行政手续繁杂、安全检查严格等问题，在具备成熟联防联控机制、相互"零输出"病例、互为重要客源地的基础上，降低安全、健康风险的同时，尽可能保障出行的便捷性。

（三）水路运输势头猛烈，跨境物流迅猛发展

受新冠肺炎疫情影响，全球经贸面临巨大危机。运用数字技术抗击新冠肺炎疫情、拉动经贸增长的成果显著，各国各行各业各领域数字化进程加速，多边积极布局新兴业务市场、探索新的经营、合作模式。其中，跨境电商的蓬勃发展释放出巨大的数字红利，据统计，2020年上半年，中国

一般贸易进出口下降2.6%，加工贸易进出口下降8%，唯有跨境电商进出口逆势增长了26.2%。在云南基本建成东、中、西部连接越南、老挝、泰国等国家公路、铁路、航运、水运交通综合运输体系的坚实基础下，带动了昆明跨境电子商务综合试验区初步形成面向南亚、东南亚国家出口服装、日用百货、家居用品的电商辐射圈，上半年共计监管验放昆明地区跨境电商进出口货物403万件。来自东南亚的跨境电商平台Lazada、虾皮、红马奥莱等大幅增长，弥补了新冠肺炎疫情给各国贸易进出口带来的不利冲击，进一步带动了跨境物流的发展。各国纷纷聚焦物流、航运、海运等有潜力的业务模块着手布局。近年来，我国与马来西亚、泰国、新加坡、越南、老挝、缅甸、柬埔寨等国家签订了双边海运协定，并在协议框架下，重点就发展形势、最新政策、市场监管、环境保护、人员培养等方面展开广泛交流，促成合作意向。根据相关数据统计，我国进口商品总值中约60%、出口商品总值中约65%以上为水路运输。陆小凤国际物流抓住商机，开通了中国—马来西亚快线等海运直达的物流快线服务，有力地推动了丝路国际贸易快速发展。

专栏 6-2：澜湄航空国际物流落地兰州新区

　　2021年1月18日，兰州新区管理委员会与澜湄航空集团有限公司、甘肃省民航机场集团有限公司三方战略合作框架协议签约仪式在兰州新区顺利举行。当日，澜湄航空国际物流（甘肃）有限公司落地兰州新区揭牌。

　　此次三方战略合作主要围绕开辟运营国际货运航线、拓展航空教育产业、推动"航空+文旅"产业发展，及依托兰州新区综合保税区开展航空保税租赁、航材进口、航材维修、跨境电商等多个领域展开，着力推动澜湄航空货运基地落地新区，促进综合保税区引进新业态、促进新发展。

资料来源：国家工业信息安全发展研究中心分析整理。

（四）多边融合交点扩大，能源合作成果颇丰

交通的互联互通，为中国—中南半岛经济走廊完善制造业产业、降低工业成本、推进数字经济提供了极大便利，也更加有利于中国与中南半岛各国合作、共识不断向多方面、多层次深化。在"一带一路"共商共建共享的原则下，能源、基建领域的投资合作方兴未艾，取得了丰厚的成绩。在能源、基建合作方面，电力输送、原油采购领域技术合作加强，取得成果丰富。2020年1月，《关于开展中缅联网项目可行性研究的备忘录》合作文件的正式交换，明确了中缅电力互联互通项目的可行性研究。2020年6月，得益于《中缅原油管道运输协议》的正式签署，中缅原油合作迎来全新发展格局，迈入提质升级的新阶段，中缅原油管道已经向中国累计输送超过3000万吨原油。2020年7月，中方施工团队加紧推进，为横跨泰国中部和东北部地区的成品油管道项目贡献"中国速度"，为提升泰国能源安全性、促进当地经济腾飞发展、加强中南半岛国家互联互通贡献"中国力量"。2020年12月，中老合资建设的首个300万吨/年炼化石油炼化项目一期工程在万象正式投产，有效填补了老挝在石油化工产业方面的空白，改变了成品油全部依靠进口的现状，并在一期投产的基础上，持续拓展项目上下游、延伸产业链、扩大产能，计划依托当地丰富的木薯、棕榈等农资，大力发展生物燃料和清洁能源产业，生产出更多的汽油、柴油、生物燃料及航空煤油、道路沥青等优质石化产品，满足老挝日益增长的市场需求，实现可再生能源发展战略。

在多方要素密切对接、积极推进的态势下，多边融合交点扩大，区域整体对接战略升级，产业合作更加深入，突破了以往中方单一援助式输出的特点，逐步实现双方互惠共赢局面。在此基础上，中国—中南半岛经济走廊开启整体战略对接工作更加顺畅，各国围绕基础设施建设展开深度合作，在推进实现区域一体化的过程中，刺激了廊内国家的经济增长，从而为全球经济增长贡献力量，进一步构建命运共同体。在技术、金融、文化、基础设施等领域也逐步有了新的合作，即便当下的新冠肺炎疫情给双方的

务实合作带来了一定影响，但随着对新冠肺炎疫情的逐步控制及缓解，相信中国—中南半岛经济走廊在各领域的合作必将迸发出更大的生机和活力。

二、产业园区蓬勃发展，工业化进程大幅提升

（一）跨境合作初具规模，投资领域多元发展

中国—中南半岛经济走廊各国持续深化交流机制，逐步向多元化方向发展，除海陆联通取得突破性进展之外，以园区建设为主导的工业化进程速度不断加快，不断推动产能加速，贸易合作走向更加紧密发展的新阶段。园区建设涵盖产业范围广泛，覆盖了矿业、农业、工程机械、建筑等各个领域，跨境经济合作区的项目合作在稳定进行的同时也有所发展（见表6-1）。

表6-1 中国—中南半岛经济走廊中国境外产业园区

所在国家	合作区名称	实施企业
柬埔寨	福隆盛中柬工业园	福建中柬投资有限公司
	华岳柬埔寨绿色农业产业园	华岳集团有限公司
	西哈努克港经济特区	江苏太湖柬埔寨国际经济合作区投资有限公司
	柬埔寨齐鲁经济特区	齐鲁（柬埔寨）经济开发有限公司
	柬埔寨桔井省斯努经济特区	中启海外（柬埔寨）实业有限公司
	斯努经济特区	中启控股集团股份有限公司
	柬埔寨山东桑莎（柴桢）经济特区	诸城服装针织进出口有限责任公司
	柬埔寨齐鲁经济特区	淄博众德投资发展有限公司
老挝	老挝磨丁经济开发专区	老挝磨丁经济专区开发集团有限公司
	老中甘蒙钾盐综合开发区	四川省开元集团有限公司
	老挝云橡产业园	云南农垦集团
	老挝万象赛色塔综合开发区	云南省海外投资有限公司
马来西亚	马中关丹产业园	广西北部湾东盟投资有限公司
	马中关丹产业园	广西北部湾东盟投资有限公司
	江西（马来西亚）现代农业科技产业园	江西省华美食品工业有限公司

续表

所在国家	合作区名称	实施企业
缅甸	缅甸皎漂特区工业园	中信集团
泰国	泰中罗勇工业园	华立产业集团有限公司
	泰国湖南工业园	邵东隆源贸易有限责任公司
	中国—东盟北斗科技城	武汉光谷北斗控股集团有限公司
越南	越南北江省云中工业园区	富华责任有限公司
	越南龙江工业园	前江投资管理有限责任公司
	中国—越南（深圳—海防）经贸合作区	深越联合投资有限公司
	越南北江省云中工业园区（越南富华公司）	江苏通州四建集团有限公司
	越南中国（海防深圳）经贸合作区	深圳市深越联合投资有限公司
	圣力（越南）经贸合作区	圣力（福建）投资发展有限公司
	越南铃中加工出口区和工业区	中国电气进出口有限公司

资料来源：国家工业信息安全发展研究中心分析整理。

产业园区建设初显成效，不断吸引中国企业在中南半岛投资建厂，由此形成良性循环，逐步衍生出像中老磨憨—磨丁跨境经济合作区、中缅瑞丽—木姐跨境经济合作区、柬埔寨西哈努克港经济特区、越南龙江工业园、泰国泰中罗勇工业园、老挝万象赛色塔综合开发区等规模较大的国家级产业园区，对当地产业园区发展及中国企业对中南半岛新兴投资起着龙头示范作用。随着中国企业在中南半岛国家投资建设的跨境经济合作区及境外产业园区正进一步向多元化和深层次发展，投资领域不再局限于传统能源、农业、基础建设，正不断向新能源、制造业和高新产业等领域拓展延伸。园区的横向和纵深发展正不断产生外部经济效益的同时，对于推动当地就业问题上也起到了举足轻重的作用。

（二）园区定位综合考量，各国禀赋各显千秋

近年来，得益于全球化发展浪潮，中国和中南半岛各国持续深化改革，

不断推进经贸、科技的深度对接和相互渗透。与此同时，各国仍面临发展态势不平衡、发展阶段不统一的现象。各国依据各自然资源优势、经济发展水平、金融融资渠道等多方因素综合研判，聚焦推进产能合作的重点领域。例如，老挝、越南、缅甸、柬埔寨等地理位置优越，农业、矿产、水电等自然资源较为丰富，劳动力成本较低但整体技术水平、综合素质及生产效率待优化，经贸发展处于初级阶段，多侧重于农业、加工制造业、服务业、油气工业、采矿业、旅游业等领域优先发展布局。以中老共同推进的国家级合作项目——老挝万象赛色塔综合开发区为例，2020年以来，在诸多困难与挑战下，开发区已完成一期4平方千米的基础设施建设，累计签约入驻企业86家，新增涉及农产品加工、清洁能源、生物医药、电子产品制造等投资产业领域的10家入驻企业，并陆续收到来自中方企业超过13亿美元为基础设施、入园企业的投资资金，发展呈现上升势头。之后，万象新城建设的全面启动更将为产业引进、资金流入创造了源源不绝的动力。柬埔寨的西哈努克港特区，经过十余年的开发建设，已形成国际化工业园区的建设规模。截至2020年10月27日，泰中罗勇工业园吸引了近150家新企业入园，创造了30000多个就业岗位，累计工业产值逾160亿美元。这些对推进中国—中南半岛经济走廊的工业化建设，农业现代化，数字经济发展，第一、二、三产业融合有着巨大贡献。

专栏 6-3：柬埔寨西港特区单月进出口同期增长近三成

柬埔寨西哈努克港经济特区是中国与柬埔寨两国经贸合作的代表项目，入园企业多达165家，主要来自东南亚、韩国、日本、中国，园区提供了30000多个就业岗位，为西哈努克省经济发展注入了新动力。2020年年初，受新冠肺炎疫情冲击，西港特区公司一手抓防疫，一手保生产，不仅保障了区内近30000名员工的身体健康和生命安全，实现了零感染，进出口总额实现了逆势上扬。2020年7月，该特区实现进出口总额1.57亿美元，比2019年同期增长29.13%。2020年1—6月增幅提高了3.13%，1—7月，西哈努克港经济特区进出口货柜总量为23683个标箱，比 2019 年同期 17676 个标箱增长 33.98%。

据介绍，新冠肺炎疫情期间，西哈努克港经济特区发挥平台作用，协调区内企业互帮互助，提升园区产业化、园区国际化、园区资本化。2020 年，已有 6 家新入驻企业相继投产运营。

资料来源：国家工业信息安全发展研究中心分析整理。

（三）政策机制协同跟进，便利投融资及管理

在技术合作方面，中国同中南半岛各国以产业园区建设为主要施力点，政策上协同跟进，为促进半岛合作保驾护航。考虑走廊内各国法律、法规、政策差异较大，金融体系、投融资机制发展各不相同，为提高产业园营商环境的竞争力，为外商、中小企业、民间投资者营造良好、较为宽松的政策环境，提振投资信心，中国—中南半岛经济走廊各国根据自身发展需求与产业特点分别出台了多项投资鼓励政策，并将边境经济合作区、跨境经济合作区作为推进贸易投资的重要平台、拉动经济社会发展的重要支撑。新冠肺炎疫情期间，为协助并服务企业应对疫情、复工复产和拓展业务的需要，2020 年 3 月 23 日，我国商务部印发相关通知，明确将发挥政策引领和金融职能作用，加大对重点领域的信贷支持力度，完善对园区及区内企业的信贷融资、项目对接等服务，进一步以政策推进培育特色优势产业。在打造国际化、创新型、科技示范园区方面，以马来西亚为例，中马钦州产业园区、马中关丹产业园区重点围绕机械装备制造、生物技术、清洁能源、电子信息等科学技术研发为主。为进一步便利跨境投融资和资金管理，2020 年 8 月 3 日，中国人民银行在中马钦州产业园区开展跨境人民币同业融资、境外项目人民币贷款、跨境人民币双向流动便利化、简化境外机构人民币银行结算账户离岸划转业务、境内信贷资产跨境转让 5 项创新试点业务，自实施以来，共为 10 家企业节约融资成本共计 214 万元，人民币 NRA 账户离岸划转业务办理时间从 1 小时以上缩短至 10 分钟以内。

三、数字经济势头崛起,有序推进复工复产

(一)数字发展凝心聚力,共筑"信息丝绸之路"

当前,数字经济浪潮席卷全球,为中国—中南半岛经济走廊及各国的产业合作提供了新思路,加快了廊内国家信息通信、信息技术互联互通的进程。在中国同中南半岛各国参与的多方会议上,各国联合发表的《中国—东盟关于新冠肺炎问题特别外长会联合声明》《东盟与中日韩(10+3)经贸部长关于缓解新冠肺炎疫情对经济影响的联合声明》《东盟与中日韩(10+3)抗击新冠肺炎疫情领导人特别会议联合声明》等均提到要重视发展国际间数字经济合作。随着中国同中南半岛各国的贸易交流加深,政策互信程度蒸蒸日上,中国与中南半岛各国抓住信息化、数字化发展的历史机遇。与此同时,新型基础设施领域建设仍然是政府促进发展的先手棋,2020年2月16日,泰国拍卖5G频谱及牌照;2月27日,马来西亚拨款约6.9亿美元用于实施《国家光纤与连接计划》6个关于基础设施建设升级的项目;4月29日,新加坡信息通信与媒体发展管理局(IMDA)颁发5G牌照;7月13日,马来西亚通信和多媒体委员会推动成立国家数字基础设施研究中心(Makmal Infrastruktur Digital Negara);10月8日,越南总理批准了《2021年至2030年信息通信基础设施规划》,诸如此类,等等,运用人工智能、大数据、区块链、云计算等技术,以政策引领、融合创新发展为驱动,持续开展数字经济建设标杆引领行动,数字产业化发展水平得到了显著提升。与此同时,中国—东盟信息港建设借助"2020年中国—东盟数字经济合作年"之势,从数字基础设施建设到科技技术合作再到经贸服务全面提速,2020年新增的与中国边境、内陆中心省份直连的省际骨干链路数已达11条;省际出口总宽带已达34611.2Gbps;面向东盟的北斗导航应用示范与产业化工程项目已建成13个。

（二）疫情驱动技术融合，数字应用场景丰富

新冠肺炎疫情暴露出许多与民生息息相关的问题。为防止新冠肺炎疫情扩散、控制疫情进一步蔓延，各国、各地区、各领域大规模采取工厂停工、社区封锁、旅行禁令、产业调整等措施，导致劳动力流动严重受阻、建设项目资金短缺难以到位、疫情反复生产厂家难以复工复产、多个在建项目工程进度滞后甚至停顿、边境封锁等原因对设备、材料的流通带来一定影响，在一定程度上延缓了中国—中南半岛经济走廊建设的进程。

为减缓新冠肺炎疫情对中国—中南半岛经济走廊廊内各国相关从业人员的生计，对工业运营、制造业生产造成的影响，中国—中南半岛经济走廊廊内国家除保障民众健康、生命安全、公共卫生安全，加强对疫情的把控之外，政企产学研紧密携手联合发力，共同为促进地区平等发展、维护当地社区民众权益做出努力，持续推动信息技术与经济社会各领域融合发展。新冠肺炎疫情期间，各国在线应用的需求进一步被激发，远程办公、视频会议、在线教育等数字技术应用逐渐成熟。以越南为例，2020年1—5月期间上线四款软件应对疫情；3月9日，越南信息通信部与卫生部合作推出"Ncovi"和"越南健康声明"两个移动应用，为越南国内、入境人员提供申报健康状态、获取周围病例信息功能，以应对疫情防控；4月18日，发布了"远程医疗支持平台"和"Bluezone"两款软件，提供远程医疗问询筛查、识别提醒接触病例功能，以应对新冠肺炎疫情期间看病难、患病难识别的问题；5月15日上线"Zavi"在线会议平台、5月29日发布"CoMeet"在线会议平台，以满足新冠肺炎疫情期间持续增长的在线办公需求。越南信息部门为抗疫工作做出了重大贡献，为更好地进行疫情防控，避免由于新冠肺炎疫情传播导致群众恐慌，在加强网络安全保障、网络数据防控，确保信息安全的情况下，截至2020年上半年，借助短信安全无接触、便捷高时效的优势推动越南电信运营商面向用户提供新冠肺炎疫情防控公益服务，共发送超150亿条有关新冠肺炎疫情防控的短信，收到超1520亿越南盾的捐款，以信息服务畅通保障人们的健康与安全。与

此同时，越南政府推动越南电信行业合理运用 5G、AI 等最新数字技术，共开发 20 个抗疫应用程序和 12 个协助隔离数字平台应用于地铁、火车站、医院、门店、学校等各类场景中，累计发布 60 万篇抗疫新闻动态及抗疫资讯报道，凭借数字技术和应用的力量，在一定程度上减轻了越南本土疫情防控工作的压力。走廊各国在持续加强医疗卫生合作与科学技术应用发展的同时，多次运用数字技术应用，采用线上会议方式，在人员培训、疫病信息交流、卫生设施建设、共同防疫抗疫等方面开展更多深入的合作，齐心协力共同抗击疫情，为工业复工复产、国际贸易恢复带来切实、有力的保障。

（三）共享数字发展机遇，拓展数字经济合作

2020 年，中国—中南半岛经济走廊多方协商合作，找出促进复工复产的高效途径，加快工业化、信息化的进程，以期尽快恢复廊内国家、地区经济复苏、互联互通，改善廊内国家民众的就业状况。中国—中南半岛经济走廊内各国纷纷把握住数字经济发展的历史机遇，充分挖掘合作新增长点，加快促进当地主导产业和特色优势产业向前沿领域发展部署，持续优化发展环境、加强国际合作协调、引进高端专业人才，围绕数字经济发展涌现出大量双边、多边合作的典型案例。中国不少民族企业"走出去"加强与国外优秀企业的交流合作，开拓培育数字市场。2020 年 4 月 8 日，中国—柬埔寨自贸协定第二轮谈判以远程视频方式举行，就经济技术、电子商务等领域合作展开磋商，取得重要进展；8 月 12 日，华为与马来西亚数字经济发展局（MDEC）签署了一份涉及 5G、人工智能、大数据、物联网等技术应用与人才培养等领域的谅解备忘录，进一步深化数字经济领域合作；9 月 2 日，马来西亚数字经济发展局（MDEC）与万事达卡签署谅解备忘录，运用数字支付技术推动马来西亚企业数字化转型进程，以推动数字经济繁荣发展；9 月 11 日，字节跳动计划未来三年在新加坡投资数十亿美元，并建立数据中心。各国通过实打实的举措加快优势产业、重点企

业的数字化升级，助推经济高质量发展，为今后中国—中南半岛经济走廊的数字经济领域合作夯实了根基。

参考资料

1. 中新网.中国—东南亚（缅甸）国际贸易数字展览会在京开幕，2020-12-02。

2. 中国旅游研究院.2020中国出境旅游发展报告，2020-11-12。

3. 中国网.交通运输部：我国与"一带一路"沿线36个国家签海运协定，2017-05-15。

4. 中国商务新闻网.昆明海关支持跨境电子商务综合试验区快速发展，2020-08-11。

5. 搜狐网.2020上半年中国新外贸快速增长，外贸企业的出路在线上，2020-08-29。

6. 今日信息.中欧快线、东盟快线这个跨境物流新业态赶上风口蓬勃发展，2020-09-03。

7. 商务部办公厅.中国进出口银行办公室关于应对新冠肺炎疫情，支持边境（跨境）经济合作区建设 促进边境贸易创新发展有关工作的通知，2020-03-23。

8. 金融时报.中马钦州产业园区金融创新试点开局良好，2021-02-08。

9. 广西壮族自治区大数据发展局.中国—东盟信息港五大平台建设取得新成效，2021-02-24。

10. 云南网.中老铁路第一长隧安定隧道顺利贯通，2020-11-29。

11. 中国石油网.中缅原油管道累计向中国输油超过3000万吨，2020-06-09。

12. 云南网.累计入驻企业86家 老挝万象赛色塔综合开发区发展逆势飞扬，2020-11-25。

13. 新浪财经网.150多家企业入驻泰中罗勇工业园 创造3万多个就

业岗位，2020-10-27。

14. 中新网. 柬埔寨西港特区单月进出口同期增长近三成，2020-08-11。

15. 新华网. 2018-2025年中国—东盟信息港建设总投资将超750亿元，2019-07-31。

16. 人民网. 中国—东盟信息港建设提速，2020-12-01。

17. 马来西亚通信与多媒体委员会. Press Release: RM3 Billion Allocated For The Rollout Of NFCP Initiatives Throughout 2020，2020-02-28。

18. 越南信息通信部. Vietnamese firms launch virtual conference solution CoMeet，2020-06-01。

19. 新加坡信息通信与媒体发展管理局. Singapore Forges Ahead with Nationwide 5G Rollout，2020-04-29。

20. 马来西亚通信与多媒体部. INFRASTRUKTUR DIGITAL MENYELURUH UNTUK RAKYAT，2020-06-29。

21. 越南信息通信部. Thủ tướng phê duyệt nhiệm vụ lập Quy hoạch hạ tầng TT&TT thời kỳ 2021-2030，2020-10-09。

22. 越南通信社. 新冠肺炎疫情：通过扫描NCOVI上二维码检查身体状况，2020-03-28。

23. 越南信息通信部. Khai trương Nền tảng hỗ trợ tư vấn khám, chữa bệnh từ xa và ứng dụng Bluezone bảo vệ cộng đồng, phòng chống Covid-19，2020-04-18。

24. 经济日报. 中柬自贸协定第二轮谈判"一带一路"倡议合作等领域磋商，2020-04-14。

25. 环球网. 华为与马来西亚公司合作构建当地数字生态系，2020-08-12。

26. 马来西亚通信与多媒体部. YB DATUK ZAHIDI ZAINUL ABIDIN，2020-09-02。

27. C114网. 华为助力打造老挝首条智慧高速公路，2020-12-21。

28. 越南信息通信部. Information sector contributes significantly to COVID-19 fight，2020-07-07。

B.7 孟中印缅经济走廊产业合作发展现状

彭静怡[1]

摘 要：孟中印缅经济走廊是中国、孟加拉国、印度和缅甸四国政府共同推进的"孟中印缅地区合作论坛"框架下的次区域合作构想，是"一带一路"合作倡议下六大重要经济走廊之一。进入新时期以来，廊内四国在贸易、投资、人文交流方面保持着密切的合作关系，推动区域内产业、交通、人文等方面合作。孟中印缅经济走廊从交通能源、商贸物流、产业合作、人文交流等方面推动建设，为地区合作带来更多的发展机遇和远大前景。

关键词："一带一路"倡议；产业合作；孟中印缅现状

Abstract: The Bangladesh-China-India-Myanmar Economic Corridor is a sub-regional cooperation concept under the framework of the "Bangladesh-China-India-Myanmar Forum for Regional Cooperation" jointly promoted by the governments of China, Bangladesh, India and Myanmar, and is one of the six important economic corridors under "The Belt and Road" Initiative. Since the new era, the four BCIMEC countries have maintained close cooperation in trade, investment, and cultural exchanges to enhance regional contacts in industry,

---

[1] 彭静怡，硕士，国家工业信息安全发展研究中心工程师，主要研究方向为战略规划、政策法规、信息技术。

transportation, and cultural sectors. The BCIMEC promotes the construction in the sectors of transportation, energy, trade, logistics, industry, and cultural exchanges, creating more development opportunities and profound prospects for regional cooperation.

Keywords: "The Belt and Road" Initiative; Industrial Cooperation; Status Quo of Bangladesh, China, India and Myanmar

孟中印缅经济走廊集设施联通、经贸合作、国际交流三重关联于一体，覆盖了中国西南地区、缅甸、孟加拉国及印度部分地区，在此区域中，交通运输干线和通道作为该区域间互联互通的重要载体，各城市和港口作为此区域内的重要节点，形成了覆盖孟中印缅的国际区域经济带。在走廊内产业聚集的规模效应带动下，形成了廊内各国相互推动经济产业发展，联动南亚、东南亚、东亚经济圈联合发展的辐射效应，促进并协调了区域间的发展速度及水平。

自 2013 年至今，孟中印缅经济走廊的友好往来持续深化，多方面、多层次都予以高度重视，各国政策制度、远景规划文件频发，政治共识、互信水平稳步提高，经济、文化、社会层面的合作与交流递增，廊内建设、发展、合作的进程明显提速，为彼此的繁荣发展提供了有利条件。2020 年 1 月，中国国家主席习近平对缅甸联邦共和国进行国事访问，双方就巩固两国友谊和发展战略、构建中缅命运共同体展开探讨并达成广泛共识，发布了《中华人民共和国和缅甸联邦共和国联合声明》。2020 年 6 月，孟中印缅四国专家学者就应对新冠肺炎疫情带来的影响、后疫情时代建设与发展等展开了视频对话交流。病毒没有国界，疫情不分种族，各国不仅在协力抗击新冠肺炎疫情过程中，众志成城、共同进退、守望相助，还顺应新时代、新业态、新形势的发展需求，深入挖掘合作机制的新内涵，持续拓宽走廊产能合作的深度和广度，实现孟中印缅经济走廊的长足发展。

> **专栏 7-1：孟中印缅经济走廊集设施联通、经贸合作、
> 国际交流三重关联于一体**
>
> **设施联通方面**：以国际交通物流大通道规划和建设为中心，促进辐射区域经济共同发展。
>
> **经贸合作方面**：以跨境产能合作为中心，促进沿线区域的经济发展，促使各国实现国际产能合作，按照产业链价值分工规律，沿走廊构建空间布局科学、结构合理的跨国产业分工协作体系和产业发展集群；同时探索构建环孟加拉湾自由贸易区，促进各国商品、资本和劳动力等要素的国际流动。
>
> **国际交流方面**：以次区域国际合作为基础，形成多层次协商机制，共同维护地区和平、确保地区稳定、预防地区冲突，共同打击恐怖主义、毒品等威胁，保护能源安全，实现共同发展。

资料来源：国家工业信息安全发展研究中心分析整理。

一、沿线经济齐发展，区域经济共建设

（一）科学谋划凝共识，融合发展聚人心

孟加拉国、中国、印度和缅甸四国自古以来地理位置相邻、文化人缘相近，又共同面临着新时代发展经济、改善民生的任务。孟加拉、印度、缅甸同属于发展中国家，是世界重要的新兴市场，有着重要的战略地位，人口基数庞大，经济和工业基础相对较为薄弱。长期以来由于交通、通信、电力、信息等基础设施条件较为落后，互联互通水平进展缓慢，远远不能适应本区域经济社会持续发展的需要，是该区域发展面临的主要问题。

自 2013 年"一带一路"倡议提出以来，沿线国家对这带动区域经济协同发展的合作路线给予较高的关注。在倡议的推动下，国与国之间政策交流不断精进，经济贸易往来更加频繁，基础设施建设水平不断提升，多

个沿线国家乘此机遇直通时代发展潮流。不同于印度在地缘战略、综合国力、南亚布局等方面的顾虑及考量，孟加拉国、缅甸态度积极，各国在求同存异的基础上，政治互信不断提高，支持并逐渐意识到加强孟中印缅经济走廊基础设施建设，有利于在该区域内以互联互通为基础推动资源流动的速度、资源配置的合理度。孟中印缅经济走廊与中巴经济走廊相互交错，形成双走廊联动之势，对发挥该区域新兴市场的特点和优势，加快交易流通速度、降低交易成本，辐射带动周边及沿线国家和地区经济社会的持续发展有着巨大的推进作用。

（二）合作机制出成果，发展格局初显现

孟中印缅经济走廊的建设是一项长期、复杂而艰巨的系统工程。目前，各国就走廊建设达成一致意见，初步形成彼此抱团、目标一致的利益共同体，现有合作对话沟通、应急保障机制朝着多层次方向发展，设立了领导人、部长级会议，且多次推动区域政府签署《建设孟中印缅经济走廊合作协定》《孟中印缅跨境客货运输便利化协定》等多份协议和法律文件。在合作机制的推动下，合作朝着多层次、多领域、国际化发展，有效实现了保障区域能源安全、打击反恐毒品交易、应对疾病和自然灾害、预防冲突的目的。但在实际合作、建设的过程中仍面临着各国体制机制、战略方针等方面的差异，建设资金不充足、经贸交往不畅通、经济合力不充分等挑战，更要充分考量印度的东北部、缅甸的若开邦等地区武装冲突等风险。

随着各国高层互访频繁、互信加强，构建人类命运共同体的意识不断深入，和平进程和稳定局势仍是产能合作、经贸投资的关键点。目前，国际社会意识不断凝聚，以国际合作形式带动沿线国家经济发展的局面基本形成，建立了面向全球产业链的区域国际分工协作体系，就区域间产业结构、空间布局等进行更合理的规划。环孟加拉湾自由贸易区的建立，进一步提高了区域内生产要素的国际流动性，提升了市场资源配置的效率，有

效缓解了当地的就业压力，为廊内各国参与到更大范围、更广领域和更高层面的国际产能、技术等方面合作交流，吸引更多国际资源奠定了基础。与此同时，自"孟中印缅经济走廊"倡议提出后，尼泊尔、斯里兰卡、不丹和马尔代夫等国家的经贸投资越发密切、互利合作持续扩大、合作氛围逐渐向好、产能合作也日渐紧密，科伦坡港口城、科伦坡地标性建筑莲花电视塔、连接科伦坡和汉班托塔的南部铁路延长线项目和南部高速延长线项目、上博迪克西水电站修复项目等顺利实施推进，进一步带动区域整体发展、整体富裕、整体繁荣。

（三）历史契机促发展，多元发力迈大步

2020年，正值中缅建交70周年之际，中缅在多领域合作取得了一定成果和进展，中缅友谊焕发新光彩，全面战略合作伙伴关系迈入新时代（见表7-1）。2020年1月，中国国家主席习近平出访缅甸，其间双方为互利合作注入新动能，达成了一批共谋发展、惠及民生的共识和成果，推动中缅经济走廊由概念规划转入实质建设，双方还将2020年确定为"中缅文化旅游年"见证并签署了29项合作文件，共同发表了《中华人民共和国和缅甸联邦共和国联合声明》。在历史新的起点上，中缅双方持续推动两国关系朝着纵深领域迈进，2020年5月，中缅双方在内比都签署了澜湄合作专项基金2020年缅方项目合作协议，中国向缅甸资助670多万美元，并就农业、水资源、科研、信息技术、教育、社会、文化、治安、人力资源、投资等方面的项目开展了合作。2020年11月，缅甸仰光港与广西钦州港建立了姐妹港口关系，不仅深化了港口间合作关系，加速国际陆海贸易新通道建设，还进一步促进了当地劳动就业和社会经济发展，优化资源配置，全年围绕政治、经贸、投资、人文等多个领域合作密切，达成多项共识。

表 7-1　中缅双方达成多项共识，签署或宣布成果

领域	发布时间	类别	主要内容
工业	2020-01	声明	推进"一带一路"合作，着手开始建设中缅经济走廊，使之不再局限于概念层面，大力发展中缅边境经济合作区、皎漂经济特区、仰光新城三端支撑，抓紧建设电力能源、公路铁路
工业	2021-01	共识	实现两国发展战略的融合，注重中缅经济走廊建设的质量，大力发展中缅边境经济合作区、皎漂经济特区、仰光新城三端支撑，抓紧建设电力能源、公路铁路
工业	2021-01	签署	签署《中缅铁路曼德勒—皎漂段可行性研究谅解备忘录》
工业	2021-01	宣布	中方援缅滚弄大桥开工建设
信息化	2021-01	共识	为《全球数据安全倡议》提供支持，尽快实现中国—东盟网络安全共同体的构建
信息化	2021-01	共识	中方支持缅方继续秉持"彬龙精神"推进国内民族和解，愿同缅方携手打击跨境赌博、网络诈骗等犯罪活动，共同维护边境地区和平稳定
经贸	2020-01	声明	实现中缅政府间务实合作机制效用的最大化，尤其是农业合作委员会、经贸和技术联委会，务实合作范围进一步扩大到金融、投资、产能、农林、经贸领域，彼此取长补短，携手共进
经贸	2020-01	声明	将 2020 年命名为"中缅文化旅游年"，携手庆祝两国建交 70 周年，交流合作范围进一步扩大到人文领域，如媒体、旅游、文化、教育、宗教，加深两国人民的彼此熟悉程度
经贸	2020-01	声明	要在关系核心利益和重大关切问题方面互帮互助，实现在联合国、澜沧江—湄公河、中国—东盟合作等多边机制框架内的协调配合，协作范围要扩大到全球性议题方面，要携手对本地区与世界的发展、稳定、和平进行维护
经贸	2021-01	共识	中方愿结合相关项目合作，积极考虑向缅方提供优惠贷款等融资支持，愿就延长 G20 缓债倡议安排同缅方保持沟通
经贸	2021-01	共识	实施好中缅经贸合作发展五年规划，进一步提升双边贸易规模和质量
经贸	2021-01	签署	《中缅经贸合作发展五年规划》
经贸	2021-01	签署	《中华人民共和国政府与缅甸联邦共和国政府经济技术合作协定》

续表

领域	发布时间	类别	主要内容
防疫	2021-01	共识	加强抗疫合作，深化联防联控，完善必要人员往来"快捷通道"和货物运输"绿色通道"。中方将继续根据缅方需要提供抗疫物资，决定向缅方无偿提供一批新冠疫苗，并继续商谈疫苗合作
	2021-01	启动	中国援缅疾控中心建设
	2021-01	宣布	向缅方提供一批抗疫物资

资料来源：国家工业信息安全发展研究中心分析整理。

（四）团结互助抗疫情，人文民生齐发展

随着孟中印缅经济走廊在政治外交、经贸投资方面逐步往深层次发展，科教文卫等领域交流合作日益密切，廊内各国对专家型、技术性人才缺口较大。孟加拉国5~24岁适龄学生入学率仅为57%；印度政府正在推行全国扫盲计划以弥补差距，初级、高级和高等教育毛入学率仍不高；缅甸5~25岁青年入学率不足40%，70%的人口生活在农村。为改善劳动力丰富，但劳动力素质不高、高端技术人才短缺现象，孟中印缅为区域内人民提供了教育、医疗、健康、温饱、金融、应急等方面的大力支持。2020年7月29日，印度联合内阁批准了《国家教育政策2020》（*National Education Policy 2020*），取代了已有34年历史的教育政策，为印度学校和高等教育大规模转型铺平了道路。针对区域内贫困人民在生产和生活过程中的难题，各国对症下药、积极应对，加强了对沿线地区的粮食、饮水、能源、住房等基础设施和公共设施的建设，使沿线贫困人口可以从走廊建设中受益。

在抗击新冠肺炎疫情的困难时刻，孟中印缅经济走廊各国、各界通过分享抗疫经验、输送医疗物资等多种形式为抗疫做出贡献，友谊得到进一步升华。2020年，中国向缅甸曼德勒省捐赠新冠病毒检测实验室，包括全套实验室设备和建设费用及2000份检测试剂，并为曼德勒省、掸邦和孟邦提供对检测技术人员的相关培训。2020年6月，中国赴孟加拉国抗疫

医疗专家组与当地医务人员、国际组织驻当地机构及非政府组织交流抗疫经验，促进中孟双方医疗经验交流。2021年1月，中国援缅甸国家疾控中心和医护培训中心项目正式开工，项目工程建设施工、先进实验设备的配置完备，及培训具备专业知识的医护和技术人员，将助力缅甸建设一个高度专业化和现代化的疾控中心，为今后的科研交流、医疗防疫、安全应急、技术人才培养等方面打下基础，也让缅甸人民早受益、多受益。

二、经贸合作定基础，重大项目创新景

（一）边境贸易显成效，疫情投资急下滑

中缅经济互补性强，合作潜力大，双方在经济合作方面达成了许多共识。自2017年提出建设覆盖云南、曼德勒、仰光新城和皎漂经济特区的人字形中缅经济走廊以来，中缅开拓了新的发展合作格局。近年来，缅甸加大了投资促进力度，自缅甸全国民主联盟（民盟）执政以来，共批准了涵盖交通与通信、制造、房地产、能源、酒店与旅游、养殖与水产等11个领域共1032个外商投资项目，总投资额约251亿美元。中国作为缅甸的重要直接投资来源国之一，在缅甸的投资活动也十分活跃。数据显示，2019年9月，中国对缅甸投资总额达到210亿美元。中国有403家企业在缅甸进行跨国投资，投资项目主要集中在电力、矿业、石油天然气、制造业、服装业及电信业等。与此同时，两国签署了《中国缅甸关于加快推进中缅瑞丽—木姐边境经济合作区建设双边政府间协议谈判进程的谅解备忘录》，缅政府通过设置免税，允许公、私企开展进出口业务，免收基本建筑税费等举措，进一步推进两国边境贸易迅速发展，推动两国互利经贸与投资合作迈上新台阶。

2020年，受新冠肺炎疫情影响，缅甸各行各业都受到一定冲击，旅游业和制衣业尤为严重，一度处在瘫痪状态。瑞丽—木姐作为中缅经济贸易的传统路线和主要通道也面临沉重打击。据统计，作为中缅边境贸易的重

要口岸,每天通过木姐进行的双边贸易总值约为45.7亿缅元,2019年,每天从两国通关过境人数曾超过4.9万人次。为抑制新冠肺炎疫情扩散,疫情防控采取的暂关海关关口、全员检测排查、严控货车通关流程等举措,对双边贸易、当地商户均带来一定影响。与此同时,缅甸跨国投资领域、投资金额均有下滑,同期获批行业减少25个、投资额也仅有2019年的五分之一。数据显示,2019年10月1日至11月25日,缅甸共批准了39个国外投资项目,国外投资额达到10.27013亿美元;2020年同期仅批准了14个投资项目,投资额仅达到1.99756亿美元。

(二)数字技术促增长,跨境电商显成效

随着区域合作的加强和走廊建设的完善,孟加拉国、印度、缅甸等国之间的经贸合作日趋深化。其中,中印贸易规模持续扩大,中国已连续多年成为印度最大的贸易伙伴,贸易额已经从2000年的不足30亿美元增至2020年的777亿美元,其中,印度从中国进口的贸易规模达到587亿美元,超过其对第二大贸易伙伴美国和第三大贸易伙伴阿联酋的进口总和;在2017—2020年,中国一直保持缅甸的第一大贸易伙伴、第一大出口市场和第一大进口来源国的合作地位。走廊各国在促进产业融合发展、深化区域经贸合作的同时,也紧抓数字发展新机遇,紧扣时代经济脉搏,搭上了电商经济崛起的快车。

2020年,新冠肺炎疫情加速了全球零售线上化,跨境电商的迅猛发展带动了移动支付、物流行业的茁壮成长。缅甸自2019年云南自贸试验区德宏片区挂牌以来,电子商务在该区域的渗透率不断提高。数据显示,中缅跨境电商平台"贸促通"成为缅甸交易量最大的电商平台,跨境电商订单量达6.5亿元。截至2020年9月,每日中缅跨境快递业务量均突破1万件,顺丰、圆通、中通等10多家物流公司均在边境贸易区设立了快递点。边民的传统交易方式也逐渐被网购、移动支付取代,带动了当地物流业发展,激发了产业发展活力。孟加拉国依托"数字孟加拉2021战略"带动

了本国信息通信技术发展，随着本国第一家数字中心落成，进一步推动数字政府、企业数字化的改革。过去五年里，电子商务发展迅速，2019年，我国初创企业 Perfee 在孟加拉国正式运营，蚂蚁金服就移动支付业务也与 bKash 达成战略合作共识。孟加拉国电子商务年交易额达100亿塔卡，从业人员5万人，月均配送包裹数也达到了50万～60万件，行业规模已达10亿美元。阿里旗下的 daraz 稳步推进廊内孟加拉国、斯里兰卡、缅甸和尼泊尔站点在人力支撑、基础设施、技术保障、营销宣传等方面建设，加大布局自取提货点、迷你仓库枢纽，不断完善海外仓能力，电子商务逐步成为拉动廊内经济增长的驱动器。

（三）贸易投资便利化，金融服务齐开花

随着孟中印缅经济走廊的合作深度不断增加、合作范围不断拓宽，为便利双边交流、加强双方金融合作，区域内持续推动经贸投资便利化，营造良好投资环境，金融服务迈出新步伐。2019年1月，缅甸将人民币作为贸易中的国际结算货币，改善了因缺乏有效汇率和利率形成机制，汇率波动频繁、外汇管理措施烦琐等因素导致延付款、拖欠情形而造成投资收益受损的历史格局。我国积极加大通商口岸服务能力，持续完善边境口岸的基础设施，大幅度提升跨境金融服务能力，推进工商银行与缅甸银行合作创新推出的"中缅通"产品，开展直接结算业务，进一步降低了交易成本，减少了收汇、汇率变动产生的风险。

为推动区域内金融资源的合理配置，提供有效便捷的金融业务和服务，孟中印缅经济走廊计划采取央行建立金融合作框架、设立孟中印缅开发银行、建设投融资平台，以此促进各国金融机构、金融监管机构间合作。目前，我国已推动首家融资担保、金融服务公司落户德宏片区，正式启动区域跨境清算项目，打造中缅综合性结算平台，以推进资源实现跨国、跨地区、跨部门、跨行业共享，深化廊内金融合作，应对企业日益旺盛的金融服务需求，为本土企业和外来企业投资带来便利，为双边贸易合作奠定基础。

（四）简化流程促合作，产业园区呈亮点

孟中印缅经济走廊围绕进出口产业发展为核心，借力发达国家产业结构调整、劳动密集型产能转移的契机，充分运用本国廉价劳动力、依托优势产业底蕴，吸引了大量海外优势企业投资，拉动经济增长崛起。孟加拉国吸引了大量海外纺织业"三来一补"投资，成为全球第二大服装出口国家，服装业及配套服务业成为该国经济和财政收入的前两大支柱。2020年，我国在孟加拉国的营业额为55亿美元，较2019年增加了3.8%。

为进一步拓宽所在地区的区位优势和资源禀赋，各国不仅从海关措施入手，优化进出口和贸易经营者的过境制度以简化通关过程，还加强了产业园区布局，通过建设一系列工业园区、农业园区、物流园区、边境经济合作区等具备规模的产业集群，为改善产业结构和发挥区域经济特色奠定了基础，也为所在地区产业集群扩大影响力、辐射力提供了保障，成为国际互补性竞争产业链中的一环。2020年1月，中缅双方交换了深水港项目的《股东协议》和《特许协议》文本；2020年11月，中缅双方签署《皎漂深水港项目特许协议》，中印合作建设了诸如古吉拉特邦特变电工电力产业园、马哈拉斯特拉邦福田汽车产业园等项目，中国企业如万达、华夏幸福、三一重工等也都奔赴印度，园区合作也成了中印双边经贸合作中最大的亮点之一。

三、设施联通高热度，基建领域有重点

（一）顶层协商再续力，互联互通稳进步

孟中印缅经济走廊内各地区公路、铁路、港口、机场等基础设施发展不平衡，建设基础相对薄弱，随着经济发展速度加快，各国主要干线铁路运输负担正日益加重。缅甸的国境呈狭长形状，且国土呈南北走势，公路网多数呈南北方向，在过去20年间迅速扩展至3500千米；但大多数新铁

路线需经过施工难度较高的山区，铁路建设成本较高，加上资金方面的限制导致铁路维护保养欠佳，缅甸铁路网的状况不如人意。缅甸全国的公路总里程约为13万千米，平均2千米/千人，不足整个东盟公路密度的20%，全天候标准公路的总里程只占缅甸公路总里程的20%。

为奠定区域互联互通基础，为开拓区域内经济社会共同发展的道路和渠道，近年来，孟中印缅经济走廊内合作建设的铁路项目不断增多。各国政府间采取共同协商、先易后难的方式，优先考虑见效快的基建项目，促进本区域的互联互通。

2020年1月，习近平主席访问缅甸期间，双方就统筹推进公路、铁路、电网等互联互通项目，尽快形成连通走廊的骨架网络达成共识。中方向缅方移交了木姐—曼德勒铁路项目可行性报告全文文本。2020年以来，中缅铁路中国境内云南段工程稳步推进，大理到瑞丽段铁路有望于2023年年底建成通车，直达中缅边境。2021年，中缅双方克服新冠肺炎疫情影响，签署了曼德勒—皎漂铁路项目可行性研究谅解备忘录。中国和印度双方在铁路方面合作也取得了一定的进展，包括铁路既有线路提速可行性研究、高速铁路可行性研究、人员培训、铁路车站再开发研究、合办铁道大学等项目合作。2021年，中国上海隧道工程有限公司获得印度铁路建设订单，整个工程的总价值约为10亿元，其中，中方将承包其总长约为82千米高速轨道工程中的5.6千米地下路段建设。在基础设施建设合作上的进步是孟中印缅走廊命运共同体精神的生动写照。

（二）区域贯通畅经济，各方合作增信心

中国和孟加拉国在交通运输方面的合作较为密切。根据孟加拉国公路局公开数据显示，孟加拉国全国公路总里程为22096千米，其中，乡村路占比为60.7%，地区公路占比为21.6%，国家级公路占比仅为17.7%；境内现有铁路运营里程仅有2655.93千米。稍显落后的交通运输系统使得孟加拉国国内经济遭受了巨大的损失，根据当地研究机构研究显示，首都达

卡地区每年因拥堵而造成的损失就达到了该年国家预算的11%。为"换挡提速",中孟两国就公路和铁路网络系统的建设达成共识和合作意向,交通路线在双方的共同努力下也在稳步推动,通道的改造升级加速进行。2020年8月,该国第一条隧道——孟加拉国卡纳普里河河底隧道项目顺利实现左线贯通,项目建成后有助于完善亚洲公路网并促进孟加拉国与周边国家的互联互通。2021年1月,孟加拉国第一条公铁两用大桥——帕德玛大桥建成,对增加本国交通系统多样性、增强各类交通路线的协同作用有着重大意义。孟加拉国通过交通枢纽建设和运输通道建设,加强了不同运输方式的协同能力,提高了各种交通方式的分工效率。

> **专栏7-2:梦想之桥——帕德玛大桥**
>
> 帕德玛大桥是中孟共建"一带一路"重要项目,中国和泛亚铁路的重要通道之一,当地人民将其命名为"梦想之桥"。孟加拉国首都达卡往东40千米左右就是横跨了整条帕德玛河的帕德玛大桥,大桥总长7.7千米,由公路和铁路组成,单线铁路位于下层,四车道公路位于上层,采用双层钢桁梁结构。
>
> 帕德玛大桥正式动工时间为2020年,预计竣工时间为2021年年末,届时此桥梁将直接串联整个孟加拉国首都达卡与西南部21个区,仅需10分钟就能完成原来七八小时的路程,孟加拉国首都达卡与南部21个区的居民千年来靠摆渡实现往来的历史也将因此彻底结束。初步估算,大桥会为孟加拉国带来每年1.5%左右的GDP增长,受益人口超过8000万。
>
> 资料来源:国家工业信息安全发展研究中心分析整理。

设施不仅贯通了周边国家经贸流通的"最后一千米",还盘活了旅游市场,助力区域内经贸、旅游的稳步恢复。2020年,随着云南省全面推动旅游产业转型升级战略的实行,滇孟旅游产业有了合作的基础。2020年年底,由云南交投集团投资建设的孟中印缅国际大通道重要路段——腾冲至猴桥高速公路正式建成通车，不仅将两地之间的通行时间缩短为30分钟，还实现了昆明至猴桥口岸全程的高速化。得益于交通距离的缩短，极大提高了各国间经商或旅游活动的效率和便利性。

专栏7-3：孟中印缅国际大通道云南腾冲至猴桥高速公路建成通车

2020年12月31日，孟中印缅国际大通道云南腾冲至猴桥的高速公路建成通车。腾猴高速是连接南亚、东南亚的重要跨境运输线和旅游线，于2016年12月启动建设，全长52.099千米，总投资71.96亿元。路线起于腾冲中和镇南侧，接保腾高速公路，同时通过中和立交与腾冲至陇川高速公路衔接，经板桥、胡广冲、葫芦口，止于腾冲市黑泥塘边检站南侧，沿线分别设中和停车区1个，猴桥服务区1个及箐口、猴桥南、猴桥北3个收费站。

项目建成后，将杭瑞高速公路与腾冲至缅甸密支那公路连为一体，使以国内大循环为主体、国内国际双循环相互促进的新发展格局得以加快构建，对改善边境综合运输服务体系，促进保山乃至云南省融入南亚、东南亚新发展格局、推动高质量发展起到重要的支撑作用。

资料来源：国家工业信息安全发展研究中心分析整理。

（三）赋能电力齐保障，绿色理念助发展

电力是制约孟中印缅经济走廊产能合作、经济社会发展的重要瓶颈。据数据显示，孟加拉国有近10%的地区尚未实现电力覆盖，在一定程度上制约了当地工农业的发展。缅甸电力普及率还不到40%，境内虽有丰富的天然气资源，但在技术的限制下，对天然气资源的开采十分不理想，由于天然气供应不足而导致的停电也给一些城市（例如曼德勒市，缅甸第二大城市）居民的生活和工业生产活动带来了困扰。

各国践行"一带一路"倡议，不断推动孟中印缅经济走廊内在电力、油气方面达成一些合作以缓解生活、工业用电供应紧张的局面。2020年，

中资制衣类企业——利德成集团在其位于孟加拉国达卡的厂区内建设光伏电站，有效地帮助孟加拉国增加清洁能源的使用率，减少发电过程的污染排放。2021年，中国通用技术集团所属中国机械进出口（集团）有限公司参与投资的孟加拉国首个超临界燃煤电站全面进入商业运营阶段，不仅为孟加拉国提供了可观的供电量，还为当地人民的生活和工业发展奠定了坚实的基础。自从中缅油气管道建成后，缅甸便在距离曼德勒50千米的地方建造了国内最大的内燃机发电项目——皎喜燃气发电厂，每年12.74亿千瓦时电力的产量，不仅解决了广大群众的生活用电难，也解决了中缅油气管道项目的电力保障问题，推动了区域经济发展。截至2020年5月，中缅油气管道项目累计为缅甸带来直接经济收益约5.14亿美元，其中天然气管道2.52亿美元，原油管道项目2.62亿美元，解决了缅甸天然气开拓下游市场的难题，也为当地税收、就业等方面带来了可观的经济收益。2021年年初，中缅电力与能源相关部门交换了《关于开展中缅联网项目可行性研究的备忘录》合作文件，计划今后为缅甸的电力供应提供更稳定的保障，将极大提高当地人民的生活水平和工业运行效率。

随着孟中印缅经济增长和可持续发展意识加强，各国期望在获得经济效益的同时产生环境效益，进一步构建绿色生产方式，促进资源循环利用，实现绿色可持续发展，避免因经济增长、工业发展、产业聚集造成的污水处理、垃圾回收、垃圾处理等环境污染问题。2021年，由孟加拉国政府投资，采用中国政府优惠贷款的孟加拉国达舍尔甘地污水处理厂工程即将完工，将解决孟加拉国首都和第一大城市卡达市常年污水横流、河流污染严重等问题，大大提升当地人民的卫生水平。

参考资料

1. "一带一路"国际智库合作联盟. 推动孟中印缅经济走廊高质量发展——"一带一路"智库合作联盟系列云端专题论坛（一），2020-06-19。

2. 中国青年网. 中缅跨境快递业务日均突破 1 万件 缅甸青年为何爱网购中国货, 2020-09-15。

3. 中华人民共和国科学技术部. 中缅签署澜湄合作 2020 年缅方项目合作协议, 2020-05-22。

4. 新华网. 中国向缅甸曼德勒省捐赠新冠病毒检测实验室, 2020-05-24。

5. 新华网. 中国援缅甸国家疾控中心开工, 2021-01-10。

6. 外贸精英社. 市场开发|印度经济及市场情况综合分析, 2020-03-05。

7. 凤凰财经网. 离不开中国制造！中印贸易额达 777 亿, 中国再成印度最大贸易伙伴, 2020-02-23。

8. 搜狐网. 国际化|中缅正式签署《共建中缅经济走廊的谅解备忘录》, 2018-09-12。

9. 人民网. 期待缅中经济走廊加快落地, 2020-01-17。

10. 腾讯网. 中印关系紧张之际, 中企从印度传来喜讯, 拿下 10 亿铁路大单, 2021-01-05。

11. 环球网. 中缅合作缅甸曼德勒—皎漂铁路项目可行性研究谅解备忘录签署仪式举行, 2021-01-10。

12. 中国一带一路网. 中缅油气管道十年了, 2020-07-11。

13. 腾讯网. 孟加拉国：解决"能源贫困", 是任务也是机会, 2020-08-31。

14. 新华网. 中企参与投资的孟加拉国电站全面投运, 2021-01-06。

15. 中国东盟博览杂志. 皎漂深水港项目特许协议已签署！中缅两国合作再迈重要一步, 2020-11-21。

16. 官同秀. 孟中印缅的机理与困境. 武汉：华中师范大学, 2018。

17. 尹响, 易鑫. 孟中印缅经济走廊陆海交通基础设施联通研究. 南亚研究季刊, 2018, 175（4）：38-46。

18. 东博社. 两年超 140 亿美元！缅甸欲吸引更多外来投资, 2020-10-06。

19. ZAKER. 2个月，缅甸投资额"蒸发"8亿美元，2020-12-08。

20. 德宏政务. 上下联动、大胆探索、先试先行，自贸试验区德宏片区建设稳步推进，2020-04-22。

21. ACEZHONG. 孟加拉国信贷市场调研报告，2020-12。

22. 全和悦. 阿里旗下的daraz如何在南亚五国乘风破浪，货通南亚，2020-10-19。

B.8
中巴经济走廊产业合作发展现状

王宇弘[1]

摘　要： 中巴经济走廊是为加深中巴两国贸易往来，加强互联互通而提出的经济倡议。作为"一带一路"样板工程，截至2020年，中巴经济走廊顺利完成了第一阶段建设，22个优先项目基本完成，开始迈向了以产业园区、农业和社会民生等为新重点的充实拓展的全新阶段。从基建项目进展、能源合作、中巴经济走廊经济特区产业链条、巴基斯坦当地投资情况及标志性项目瓜达尔深水港经济特区的建设情况来看，中巴经济走廊的建设建设已经给巴基斯坦带来了巨大的经济利益。在中巴经济走廊框架下，"后疫情时代"双方将共同应对可持续发展的挑战，努力实现中巴经济走廊高质量发展。

关键词： 能源；经济特区；产业链；贸易差；民生

Abstract: The China-Pakistan Economic Corridor (CPEC) is an economic initiative proposed to deepen the trade exchanges and strengthen the connectivity between China and Pakistan. As a model project under "The Belt and Road", the first phase of construction of the CPEC

---

[1] 王宇弘，硕士，国家工业信息安全发展研究中心高级工程师，主要研究方向为国际合作、产业政策、区域经济。

had been successfully completed by 2020, with 22 priority projects basically concluded. Now it has embarked on a new phase of enrichment and expansion, focusing on industrial parks, agriculture, and social and people's livelihood. The progress of infrastructure projects, energy cooperation, the industrial chain of the CPEC Special Economic Zone, local investment in Pakistan, and the construction of the landmark project - Special Economic Zone at Gwadar Port have all reflected that the construction of the CPEC has brought profound economic benefits to Pakistan. Under the framework of the CPEC, the two sides will jointly respond to the challenges of sustainable development in the "post-epidemic era" and strive to achieve high-quality development along the CPEC.

Keywords: Energy; Special Economic Zone; Industrial Chain; Trade Balance; People's Livelihood

中巴经济走廊贯通新疆喀什和巴基斯坦瓜达尔深水港，总长 3000 千米，南连"海上丝绸之路"，北接"丝绸之路经济带"，是连接中国与巴基斯坦的重要交通枢纽。2013 年，李克强总理访问巴基斯坦期间就如何规划中巴经济走廊进行了讨论。2015 年习近平访巴期间，明确了以中巴经济走廊建设为中心，以瓜达尔深水港、交通基础设施、能源和产业合作为重点的"1+4"经济合作布局，实现合作共赢和共同发展。中巴经济走廊取得了阶段性的成功，逐渐建设成为条公路、铁路等基础交通设施完善，油气、电力等能源项目为方向，特别经济区与工业集群云集，海洋资源利用与港口建设更相适应的战略成效"示范区"和战略实践"创新区"。

一、立足顶层设计，全面交流促发展

（一）高层互动频繁，编织美好愿景

2020年，虽然中巴经济走廊建设在警惕政治风险与地缘风险的基础上，又在一定程度上受到新冠肺炎疫情造成的影响，但在中巴双方相关政策的强力推动下，《中巴经济走廊远景规划》直接对接巴基斯坦"2025发展愿景"，正以昂扬的态势迈向开拓进取的全新阶段。2020年3月，巴基斯坦伊斯兰共和国总统阿里夫·阿尔维访华期间，双方重申，共同致力于加强中巴"全天候"战略合作伙伴关系，构建新时代更紧密的中巴命运共同体。双方一致认为，中巴经济走廊建设正在进入高质量发展新阶段，将促进巴基斯坦工业化进程和经济社会发展。在2020年12月举办的中巴经济走廊国际合作协调工作组第二次会议上，中巴双方一致认为两国在新冠肺炎疫情期间密切合作、相互支持，为后疫情时代经济恢复奠定基础，为走廊建设注入新动力。双方重申将落实两国领导人共识，推动走廊向产业、农业、科技和社会民生等领域倾斜，向欠发达地区拓展，将中巴经济走廊打造成"一带一路"高质量发展的示范性工程。中巴经济走廊建设秉持共商、共建、共享建设原则，以开放包容、成果共享为发展方向，在中巴协商一致和充分论证基础上，同第三方开展走廊建设合作。双方将继续宣传走廊对当地民生改善的积极作用，及时澄清涉及走廊的不实报道，并鼓励两国媒体、影视、出版界加强涉走廊题材合作，欢迎两国智库、专家和学者就走廊建设双、多边交流，共同扩大走廊影响，促进中巴经济走廊示范区的高水平发展。

（二）互信合作深化，产业链条趋向完善

2020年3月，中巴两国联合发表了《中华人民共和国和巴基斯坦伊斯兰共和国关于深化中巴全天候战略合作伙伴关系的联合声明》，双方高层

反复强调了彼此合作共赢的重要性，表达了对继续加强双方交流合作的期望。巴基斯坦总理伊姆兰·汗于2020年9月7日接受媒体访问时明确指出，这是有史以来中国与巴基斯坦关系最好的时期，中国与巴基斯坦已经成为命运共同体，中国拥有令世界瞩目的经济增长速度，巴方应该主动向中国学习，借鉴中国的发展模式与脱贫经验。这意味着中巴双方政治互信水平持续提高，合作互信进一步深化，在这一基础上，中巴产业合作进一步加快。在中巴经济走廊框架下，巴基斯坦大力投资经济特区，制定了以出口为导向的经济发展战略。在中巴自贸协议的帮助下，巴基斯坦出口贸易额有望进一步增长。2020年9月，中方相关企业同巴方签署《拉沙卡伊特别经济区项目开发协议》，该协议的签订意味着项目即将进入实质性建设阶段，为两国产业深度融合发挥重要示范和引领作用，切实提高巴基斯坦西北部开伯尔—普什图省的工业化水平，促进当地经济发展和保障居民就业。

截至2020年，巴基斯坦最大的工业区——阿拉马·伊克巴尔工业城（M3）建成，是巴基斯坦九大特区之一，占地面积3000英亩（1英亩≈0.00405平方千米）。区内分布着卡拉奇—苏库尔—木尔坦—贾尔万瓦拉及拉合尔—伊斯兰堡路两条高速公路。该工业区拥有酒店、银行、餐馆、娱乐场所、医院、运动场、员工宿舍等基础设施，园区内包含纺织、食品加工、建筑材料、制药、汽车和钢铁等超过557个行业。此外，该工业区还将拥有仓储基地和港口设施，这为阿拉马·伊克巴尔工业城的发展起到了良好的促进作用，极大地减少了交通运输成本。随着中巴经济走廊相关经济特区的建成，巴基斯坦旁遮普省的经济也顺势得到了长足发展，投资的中资企业达到20多家，累计投资额超过10亿美元，为中巴经济走廊进一步发展，创造了良好的开端。2020年，中巴经济走廊标志性产业合作项目拉沙卡伊特别经济区也已顺利签署开发协议，临时营地建设、招商引资等工作稳步推进。工业园区作为产业集中的载体，在巴基斯坦经济发展中发挥日益重要的作用，伊克巴尔工业园的中资企业生产防护服等物资，有力支持巴方抗疫。中巴跨境光缆项目完工并交付运营，在中巴经济走廊农业合作框架下，中方向巴方援助大量灭蝗物资，助巴方有效控制蝗灾。

2020年，中国和巴基斯坦双方达成了中巴经济走廊第二期建设协议。协议在推进基础设施建设的同时，将重要项目集中于经济特区、农产品示范园、工业园区及基础民生工程，以工业和农业合作为重点，整体发展态势由高速发展向高质量发展进行转换，持续增强互联互通，提高进出口贸易总量，促进外资引入，增加工业产量，完善走廊内产业链条，实现乘数效应，从而更好地带动中巴经济走廊建设，带动巴基斯坦全国社会经济的发展。

专栏8-1："好农田"与"高科技"握手 中巴农业与产业合作信息平台启动

为扎实推进中巴经济走廊高质量发展，促进产业、农业和科技合作，2021年1月26日，中巴农业与产业合作信息平台正式启动。平台主要承担收集、汇总、整理和发布来自中巴双方政府部门、科研机构、行业协会和工商企业的产业合作信息，展示与农业相关的科技产品、农机具、农产品及农业合作成果等，同时组织开展商业论坛、研讨会和项目对接会等活动，平台的启动标志着两国农业合作交流进入快车道，进一步加强项目对接和资源整合，切实推进双边农产品贸易和农业产能合作。

资料来源：国家工业信息安全发展研究中心分析整理。

二、"全天候"战略合作，砥砺推进产业合作

（一）基建产业合作项目稳定开展，确保走廊经济建设顺利推进

在新冠肺炎疫情肆虐期间，"一带一路"倡议的标志性项目——中巴经济走廊建设正常开工，中巴双方积极合作、共同应对，克服万难，项目如期完工，保障了当地民众就业。巴基斯坦国内疫情暴发后，中国第一时间展开支援，社会各界通过各种方式向巴基斯坦疫情防控表达支持，共计

向巴基斯坦援助 7 批医疗物资，派出两批抗疫医疗援助专家组，巴方在此期间收到了来自中国民间组织和企业捐赠的各类抗疫物资，如药品、呼吸机、口罩、检测试剂盒等。2020 年 3 月，中国援助建成巴基斯坦新冠肺炎隔离医院，截至 2020 年 8 月，中国再次援助巴基斯坦，为其提供抗疫物资，总重超过 106 吨。同时，中巴充分进行相关医疗资源合作积极应对新冠肺炎疫情，并顺势发展建设巴方医疗健康产业，改革完善医疗卫生体系。

新冠肺炎疫情暴发以来，中巴双方共同为中巴经济走廊建设项目投入巨大支持，加大政策倾斜力度，使该项目在疫情期间正常运转，保证当地工人不会因为疫情失业和造成经济困难。在巴方因疫情导致大批外资项目停工停产、撤资的情况下，中方政府始终承诺"不撤中方人员、不裁巴方员工、不停项目建设"，保证中巴经济走廊的正常秩序，尤其是在重大民生基础领域项目上中方如期完工交付，同时又重点向农业、社会保障、抗疫援助等领域倾斜。在疫情期间，中巴经济走廊共雇用 19780 名巴基斯坦本地员工，数量不降反升，在稳定当地经济发展、促进人口就业、提振民众信心方面起到了重要作用。在这一期间，默蒂亚里—拉合尔高压直流输电项目如期完工，科哈拉、帕坦水电站等一批绿色清洁能源项目签署特许经营协议。喀喇昆仑公路二期升级改造项目全线通车，该线通车是对巴基斯坦西北地区的交通网络的进一步完善和补充，是改善民生的标志性工程。巴方第二大城市拉合尔轨道交通橙线项目开通运营，标志其正式进入"城铁时代"。中巴经济走廊标志性项目拉沙卡伊特别经济区签署开发协议，建设临时工地，招商引资逐步进行，稳扎稳打。位于伊克巴尔工业园的中资企业生产的防护服、护目镜、口罩等防疫物资积极支持巴方抗疫。中巴经济走廊在严格的防控举措和双方的共同努力中，实现了零感染，顺利应对了中巴经济走廊可持续发展的挑战。

> **专栏 8-2：多个项目稳步推进中巴产能合作持续深化**
>
> **拉沙卡伊园区建设招商齐推进：**拉沙卡伊特别经济区位于巴基斯坦西北部开伯尔—普什图省，是巴政府计划在中巴经济走廊框架下建设的

9个特别经济区之一。2020年，经济区内的通信基站等配套基础设施已开工建设，预计2021年将完成主体配套设施建设，2022年6月前完成一期全部工程的施工。招商正在进行中，为了让企业实现"拎包入住"，拉沙卡伊特别经济区将提供完善的道路、供电、通信、燃气、给排水、污水处理等配套工程，并为入园企业提供工商注册、税务、行政审批等"一站式"服务。

上汽为巴汽车工业发展添动力：2021年年初，上汽集团和巴基斯坦JW-SEZ集团MG-JW项目在伊斯兰堡举行启动仪式，双方将在巴基斯坦东部旁遮普省首府拉合尔建立合资工厂，生产MG品牌乘用车产品，预计合资工厂将在2021年6月底前正式建成投产。MG-JW项目能够带动巴基斯坦汽车技术、生产、销售、物流等相关行业的发展，为巴基斯坦培养大量汽车专业人才并创造就业机会。

苏基克纳里水电站迎难而上：2020年8月25日，水电站A7a施工支洞顺利贯通，标志着项目引水隧洞支洞全部贯通。项目部在做好疫情防控的同时，利用一切可利用的资源，配备作业经验丰富的施工人员，持续提高施工工艺，加强工序衔接，优化爆破设计，于2020年6月单月掘进230.3米，创下了巴基斯坦水电项目隧洞单作业面人工钻爆掘进速度纪录。

资料来源：国家工业信息安全发展研究中心分析整理。

（二）能源项目合作持续扩展，交通建设引领稳固基建成果

能源开发和利用是巴基斯坦经济发展的一大障碍，也是巴基斯坦历代政府面临的挑战。巴基斯坦政府因为电力资源短缺只能通过轮流用电的方式来满足人民的用电需求，电力供应短缺使得巴基斯坦的生产和生活受到了极大影响，经济水平自然也每况愈下。为此，中巴经济走廊建设的第一阶段将电力能源作为先行项目。目前，已有不少中资企业踊跃参与巴基斯坦能源项目建设，如中国移动、三峡集团、国家电网、中兴等，这些企业

B.8 中巴经济走廊产业合作发展现状

在基础设施能源领域进行了投资,涉及光伏、电网、通信、火力等。在中巴经济走廊第一阶段建设的22个项目中,能源项目直接占据了半数席位,并且都取得了较好的成果。其中,中电建集团(51%)与卡塔尔Al-Mirqab公司(49%)投资的卡西姆港燃煤电站项目已于2018年竣工并投入运营,巴基斯坦电力不足的问题将随着此项目的落地而得到极大缓解。2020年,巴基斯坦卡西姆港燃煤电站年发电量达88.94亿千瓦时,居整个中巴经济走廊电力能源项目首位。截至2021年4月底,卡西姆电站已累计发电315亿千瓦时,为构建新时代更加紧密的中巴命运共同体持续注入了新动能。该项目对巴基斯坦调整电力及能源结构,缓解供需矛盾起到了极大的促进作用,同时满足了上千万巴方人民用水难用电难的问题。2020年11月16日,默蒂亚里—拉合尔±660千伏直流输电项目全线贯通,这是中巴经济走廊的重点项目,也是中资企业积极响应国家政策,以国家电网为代表的国企对中巴经济走廊建设的具体行动,是"两个一体化"走出去的有力实践,备受世界各方关注。

2020年,默拉直流项目(见图8-1)圆满结束并落地投入使用,该项目是巴基斯坦首个直流输电工程,是巴基斯坦目前电压等级最高、输电线路最长的项目,总投资16.58亿美元,项目的起点和终点分别位于默蒂亚里换流站(距离信德省默蒂亚里15千米),以及拉合尔换流站(位于旁遮普拉省拉合尔西南处40千米),是中巴经济走廊能源合作协议中唯一的电网项目。中巴两国在建设项目期间对施工计划和措施进行调整和优化,成功解决了施工人员不足、属地协调工作复杂、高水位地区不易排水、沙漠施工、施工周期短的问题,尤其是在新冠肺炎疫情肆虐期间,8000多名建设人员不惧恶劣的环境,坚守在岗位上,采用封网带电跨越、无人机等创新施工方式,用短短30天就贯通了205千米特高压输电线路,在中巴经济走廊建设中展现出了"电网铁军"的风采。

在基础设施建设上,随着中方的大量投入,中巴经济走廊自建设开始便在诸多领域不断实现着从无到有的转变,其中处于引领地位的莫过于走廊的交通设施建设(见表8-1)。这些交通设施的建设使得中巴经济走廊项目高速路段顺利通车，大大缩短了城市之间的互动时间，为巴基斯坦经济发展和中巴经贸合作起到了积极的推动作用，有利于发展巴基斯坦与邻国及中亚等地区国家的国际贸易关系。

图 8-1　默拉直流项目

2020 年 8 月，巴方国家经济理事会执行委员会一致同意对一号干线铁路进行升级改造及赫韦利扬旱港建设，巴基斯坦铁道部长艾哈迈德预计，此项目将使巴基斯坦铁路运输系统得以升级优化，届时会为当地新增 15 万个就业岗位，带动当地经济和社会环境改善。2020 年 12 月，巴基斯坦 PKM 高速公路 TOC 证书签发仪式在木尔坦举行，标志着项目正式移交通车，这是中巴经济走廊自建设以来最大的基础设施项目。该公路南起卡拉奇，北至白沙瓦，全长约 1152 千米，是中巴经济走廊早期工程成果之一。该项目建造规模庞大，其中包括桥梁 100 座，通道 468 道（平均每 800 米 1 个通道），涵洞 991 道，互通 11 处（平均 35 千米 1 处互通）、服务区 6 对、休息区 5 对、收费站 22 处、全线边坡采用绿草有机防护；392 千米设置安全标识、智能交通系统、服务区等设置调频广播和无线网络。作为"一带一路"重点项目，巴基斯坦 PKM 高速公路项目的完工标志着巴基斯坦南北交通大动脉贯通，极大地改善了巴基斯坦的交通状况，带动公路沿岸区域经济发展。同时，该项目也代表着中方企业高质量、高水平的建设要求，助力中国标准走出国门。

B.8 中巴经济走廊产业合作发展现状

表 8-1 中巴经济走廊交通基础设施项目

类别	名称	地址
港口及配套设施	瓜尔达港防波堤建设	俾路支省
	瓜尔达港泊位及航道疏浚	俾路支省
	瓜尔达港东湾快速路	俾路支省
	克提邦德海港项目	信德省
	赫韦利扬无水港	开伯尔—普什图省
航空	瓜尔达新国际机场	俾路支省
公路	白沙瓦至卡拉奇高速公路（苏库尔—木尔坦段）	旁遮普省与信德省
	索拉巴—霍沙布（Surab-Hoshab）(N-85)	俾路支省
	瓜尔达—图尔伯德—霍沙布（Gwadar-Turbat-Hoshab）(M-8)	俾路支省
	哈喇昆仑公路二期项目塔科特—赫韦利扬段（Thakot-Havelian）	开伯尔—普什图省
	哈卡拉—德拉伊斯梅尔汗公路（Hakla-R.I Khan Motorway）	开伯尔—普什图省与旁遮普省
	兹霍布—奎塔（Zhob-Quetta）(N-50)	俾路支省
	胡兹达尔—贝西马道路（Khuzdar-Basima Road）(N-30)	俾路支省
	德拉伊斯梅尔汗—兹霍布公路（D.I Khan Zhob）升级一期工程	俾路支省与开伯尔—普什图省
	塔科特—雷科特道路剩余部分（Thakot-Raikot）(N-35)	开伯尔—普什图省
	德拉伊斯梅尔汗—兹霍布公路（D.I Khan Zhob）(N-50)	俾路支省与开伯尔—普什图省
	胡兹达尔—奎塔—杰曼道路（Khuzdar-Qutta-Chaman Section）(N-25)	俾路支省
	瑙昆迪—马什克尔—本杰古尔道路（Naukundi-Mashkhel-Panjgur Road Project）	俾路支省
	吉尔吉特—恰克达连接道路（Chitral CPEC link road from Gilgit, Shandor, Chirtal to Chakdara）	开伯尔—普什图省与巴控克什米尔地区
	米尔普尔—穆扎法拉巴德—曼塞赫拉道路(Mirpur-Muzaffarabad-Mansehra Road Construction for connectivity with CPEC route)	开伯尔—普什图省与巴控克什米尔地区

资料来源：国家工业信息安全发展研究中心分析整理。

三、经贸往来稳中有升，务实合作再上新台阶

（一）国际贸易产业平台逐步搭建，进出口扩大化撬动贸易逆差

自 2006 年中巴自由贸易协定签订以来，中国和巴基斯坦两国双边贸易额呈逐年递增态势，双方在经济、教育、医疗、能源等基础民生领域的合作越来越多，带动了巴基斯坦本地经济的发展。据巴基斯坦国家银行（State Bank of Pakistan）数据显示，2020—2021 财年前 5 个月（2020 年 7—11 月），中国作为巴基斯坦最大进口来源国，进口额达 45.24 亿美元，比上一财年同期的 40.25 亿美元增长 12.38%。

2019 年 12 月 1 日，《中华人民共和国政府和巴基斯坦伊斯兰共和国政府关于修订〈自由贸易协定〉的议定书》（以下简称《议定书》）正式生效，这是中巴双方自 2006 年以来，第二次达成的阶段性谈判成果。该协议在原协定的基础上做出了大幅完善，规定自 2020 年 1 月 1 日起，中巴两国彼此实施零关税产品的税目数比例达到了 75%，在原来的基础上增加了 40%。不仅如此，对双方占据百分之五税额比例的相关商品进行 20% 的降税，该举措将极大促进双方贸易往来，提高中巴经济深入融合发展水平。2020 年，中国政府向巴提供了多批医疗物资援助，派遣了医疗专家组，并与巴举行视频会议分享在预防、控制和治疗新冠肺炎方面的经验。巴基斯坦政府还允许通过中巴经济走廊重要节点瓜达尔深水港开展阿富汗散装货物过境贸易，包括小麦、糖和肥料等，更为巴基斯坦农业、纺织业、轻工业等传统特色产品提供了更大的出口机遇。与此同时，考虑中国有望以 50 亿美元贸易额成为巴基斯坦最大的出口市场，中巴彼此的进口量随着中巴贸易关税的持续走低而不断增加，有效提升了两国经济互通与贸易合作。

（二）中国海外投资增量不断，促进当地工业制造企业自主发展

据巴基斯坦海外投资者工商联合会统计，2020 年上半年，联合会 150

多名成员企业反馈显示，外国投资者上半年对巴投资了30亿美元，贡献了1.2万亿卢比的税收收入，占巴基斯坦税收总额三分之一，为巴经济发展做出重大贡献的重点税收行业是能源、烟草、快速消费品、食品、电信和银行业。巴基斯坦国家银行（SBP）统计数据表明，2020年前9个月吸引国外直接投资近21.48亿美元，相比2019年同期投资的9.05亿美元增长137%。中国仍旧是巴基斯坦最大的直接贸易投资国，中国2020年前9个月对巴基斯坦投资额为8.72亿美元，与2019年同期的2240万美元投资额增长了近7倍。排名第二和第三的挪威和马其顿的投资额度分别额度为2.89亿美元和1.67亿美元。第四位和第五位分别是中国香港和英国，额度分别为1.35亿美元和9000亿美元。美国对巴投资约为6000万美元。根据"一带一路网"预测，中巴经济走廊下属的道路基础设施建设项目将为巴基斯坦本地民众创造将近51000个就业机会。自中巴经济走廊建设以来，中巴双方在各领域的合作项目将累计提供120万个就业岗位，教育、医疗、机场、铁路、公路等行业吸收了大量就业人口，其中33%以上的就业机会作为巴方本地保护主义，专为巴基斯坦人开放。另外，到2030年，中巴经济走廊预计将提供230万个就业机会，这将为巴基斯坦国民生产总值带来每年3%的增长。2020年7月，总投资额约15.4亿美元，装机容量为70.07万千瓦的巴基斯坦阿扎德帕坦水电站项目在巴首都伊斯兰堡签署特许权协议，项目的落地有效缓解了当地的就业压力，并对相关产业形成了明显的辐射效应，如建材业、交通运输业等。2020年，巴基斯坦白沙瓦—卡拉奇高速公路苏库尔至木尔坦段项目直接为当地提供了5万个就业岗位，解决了2.8万人的就业问题，为当地员工开展职业培训共9016人次。

中巴经济走廊建设成果斐然，具有良好的经济带动效应，吸引了诸多国家的政府和企业前来投资。不仅如此，产业园区、社会民生、农业随着中巴经济走廊建设迎来全新阶段而得到了长足的发展，许多民营企业纷纷涌入巴基斯坦寻求商机。其中较为具有代表性的企业包括：由中国路桥工程有限责任公司和开普省园区开发管理公司联合开发的拉沙卡伊特别经济区被列为中巴经济走廊产能合作框架下最优先推动的产业园区项目。在2020年第9届巴基斯坦国际太阳能展展出的世界先进的太阳能光伏技术和设备机械，是中国太阳能企业入驻巴基斯坦及周边市场的重要平台，在此响应下，中方企业踊跃参加，相关代表性企业均在展会上亮相并获得了大量对外贸易订单，取得了不错的成果。在手机市场上，中国手机品牌成为巴基斯坦本土最受欢迎的产品，2020年公布的巴基斯坦智能手机市场排行中，OPPO手机是最受欢迎的品牌，第二为三星，第三和第四分别是中国的华为和VIVO。2020年9月，巴基斯坦总理伊姆兰·汗会见中国的华为公司代表团，表示将全力支持华为信息和通信技术在巴基斯坦顺利实施，而华为5G基站入驻巴基斯坦，不但改善了巴基斯坦通信系统的水平，而且还以巴基斯坦为纽带，将业务推广到了中东其他国家，在此处构建中东周边通信基础，极大地提高了巴基斯坦在通信领域的优势地位。这些民营企业的入驻，为巴基斯坦新增就业岗位数万个，实现了巴基斯坦经济结构的调整和优化，促进巴基斯坦本土民营企业的发展。2020年12月，巴基斯坦统计局最新发布的数据显示，在中巴经济走廊项目的辐射作用下，制造业在基础设施领域对水泥需求大幅增加，带动了当地水泥、钢铁等行业的发展，促进了巴基斯坦当地传统能源行业收入增长。2020年7—10月，水泥产量同比增长23.51%，达到1643万吨。2020年12月，东软医疗和巴基斯坦动力工程自动化公司正式签署合作协议。

专栏8-3："健康丝路"再上新，东软医疗正式签约巴基斯坦

2020年12月，东软医疗和巴基斯坦动力工程自动化公司正式签署合作协议，双方将在高端医学影像技术、人工智能、培训教育及全国医学影像服务网络建设等领域展开广泛合作。中巴先进医学影像技术、人工智能、学术和国家服务网络合作的顺利建成，将为巴基斯坦人民提供更好的医疗保健服务，打造中巴合作的新典范。

资料来源：国家工业信息安全发展研究中心分析整理。

四、不畏疫情考验，共享新机遇

（一）瓜达尔深水港向"深圳化"发展，特区经济带动东西平衡

瓜达尔深水港（见图8-2）位于巴基斯坦瓜德尔市，东距卡拉奇约460千米，西距伊朗边境约120千米，南临印度洋的阿拉伯海，位于霍尔木兹海峡湾口处。瓜达尔深水港是巴基斯坦第三大港口，有望作为中国新疆转口贸易及阿富汗、吉尔吉斯斯坦等中亚内陆国家出海口。从瓜达尔深水港出发不到400千米便可抵达霍尔木兹海峡，中方可利用中亚与瓜达尔深水港相连的公路和铁路，开辟一条前往中国新疆等西部地区的能源输送通道。其中，60%的能源供给来自中东地区，80%的石油进口需要经过马六甲海峡。瓜达尔深水港建成后，将带动欠发达的瓜德尔市的经济发展，并成为距周边内陆国家最近的出海口，担负起这些国家与斯里兰卡、伊朗和伊拉克等国，以及与中国新疆等西部省份的海运任务，成为连接中亚和中国贸易流通往来的中转站。

图8-2 瓜达尔深水港

2020年，巴基斯坦联邦政府通过《2020年财政法案》，确定了瓜达

尔深水港投入运行时的税务政策优惠。瓜达尔深水港周边的配套设施项目相继落地，均取得了积极进展。2020年上半年，瓜达尔深水港实现多个第一，如第一次系统性承担阿富汗中转货物运输枢纽的角色，为巴基斯坦提供近千个工作岗位、初次开展液化石油气（LPG）业务。这些项目证明瓜达尔深水港有潜力成为阿富汗及中亚国家的重要出海口，并能够为巴基斯坦经济增长做出巨大贡献。除此之外，瓜达尔自由贸易区投资热情持续高涨，已有4家中资企业在此设厂开工，并积极实施进行投产运营计划。同时，多家中国企业开始布局，提前展开市场调研，以便后期到巴基斯坦进行投资。在教育和医疗方面，中方积极对巴基斯坦进行援助，以促进巴方在民生领域发展。中巴博爱医院、瓜达尔法曲尔中学扩建提前3个月完工并投入使用。瓜达尔东湾快速公路、瓜达尔新国际机场等众多机场、铁路、公路以及卫生教育等中方投资项目在疫情期间不曾停工停产，坚持施工，以保障项目进程，中巴职业培训中心有望提前完工，当地推出"共建绿色与清洁巴基斯坦"种植计划和"瓜达尔百万棵树"计划等都将进一步促进就业，对巴基斯坦经济产生积极影响。

随着瓜达尔深水港相关在建项目的顺利推进，中巴经济走廊的产业合作和民生项目建设将以高质量配套的基础设施建设降低工业成本，完善通信互联，提高信息化覆盖率，建设发展以瓜达尔深水港为中心的物流枢纽港和产业集群基地，从而实现把瓜达尔建设成为一个现代化新兴城市的目标。

（二）以"十四五"为契机互利合作，推动区域共同发展

中巴经济走廊是"一带一路"示范性工程，也是中巴双方友谊的象征。中国驻巴基斯坦大使农融表示，2021年是中巴建交70周年，以此为契机推动中巴两国现有各项合作继续深化，为"十四五"开局营造更好的外部条件。"十四五"期间，中国将继续高标准推进中巴经济走廊建设，为巴基斯坦扩大对华出口创造条件，帮助巴方实现共同发展，向世界展示中巴

经济走廊的合作共赢、逆势而上和高质量发展。截至目前，中巴经济走廊已为巴基斯坦带来了 254 亿美元投资，完工或在建项目 46 个，助力巴基斯坦新增电力 5200 兆瓦，国家核心输电网 886 千米、高速公路 510 千米。

就当前情况来看，中巴经济走廊的建设在此次疫情大考中交了一份合格的答卷，未来中巴经济走廊发展将进一步走强，无论是农业、能源、交通、医药等领域的合作深度，还是在新兴的电子信息和互联网产业的发展力度，中巴经济走廊都将产生更显著的产业集群效应，起到区域产业核心作用，促进当地经济高质量发展。中巴经济走廊在技术层面上，将继续以双向开放的理念，以国际合作为纽带，与巴基斯坦围绕各类产品开展深度贸易合作。在投资及商业合作层面上，当前国内企业已然出现了抱团奔赴巴基斯坦国家投资发展的想法，中粮集团、新希望集团、双汇集团、中国农垦集团等农产品加工龙头企业，纷纷布局境外加工基地。在海外投资层面上，中巴经济走廊所处地区仍旧面临一些地缘风险，对中巴合作建设项目和人员声明安全造成影响。中巴两国在加深互信合作的前提下，正在努力对外输出自己的安保力量，为各方人员和地区在中巴经济走廊建设中的安全提供保障，既能改善走廊项目的安保水平，又能缓解就业压力。对巴基斯坦内的中国企业而言，要立足巴基斯坦各地区的实际情况，准确、客观地评估投资风险，并与当地政府做好协同，力争私有和公共安保力量合作，确保双方的贸易往来和项目的顺利进行。中国派遣专家组援助巴基斯坦抗疫。

专栏 8-4：中国派遣专家组援助巴基斯坦抗疫

2020 年 3 月 28 日至 4 月 16 日，中国医疗专家组先后赴巴基斯坦首都伊斯兰堡、旁遮普省拉合尔市、信德省卡拉奇市，在巴基斯坦期间，专家组召开 21 场会议，举办 14 场次培训，开展技术指导 134 次，分享中国抗疫经验。分别与巴基斯坦政府、军方、国家卫生中心、地方卫生行政部门、医院和医学院、红新月会进行了业务交流，多次召开视频会议，就新冠肺炎诊断、临床治疗、科学防控、流行病研究、重症救治和

> 中医药运用、院感防护、实验室检测、方舱医院建设等进行交流。专家组还为巴基斯坦医务人员开展了个人防护、实验室检测、重症和危重症病例诊疗等方面的培训，协助巴基斯坦完善《新冠肺炎防控诊治指南》，用实际行动深化了中巴"铁杆"情谊，为携手巴基斯坦共同抗击新冠肺炎疫情做出了突出贡献，体现中巴全天候战略合作伙伴关系和久经考验的深厚情谊。

资料来源：国家工业信息安全发展研究中心分析整理。

参考资料

1. 吕佳. 全球新冠疫情下中巴经济走廊建设进入新阶段的研究. 当代经济，2020（9）：12-18。

2. 刘天，蒋超. 巴基斯坦接收中国援助的 1000 台呼吸机. 新华网，2020-08-14。

3. 中巴经济走廊成为"一带一路"重大项目 统筹防疫与生产标杆. 新华社，2020-12-29。

4. 陈延特. 中巴经济走廊成为"一带一路"重大项目 统筹防疫与生产标杆. 新华网，2020-12-29。

5. 产生巨大的经济和社会效应. 人民网，2020-08-23。

6. 钟莹. 中巴经济走廊建设捷报频传——产生巨大的经济和社会效应. 人民日报，2020-08-23。

7. 崔如. 通车！中巴经济走廊最大交通基础设施项目正式移交. 央视新闻，2020-12-19。

8. 中华人民共和国商务部. 中巴经济走廊最大交通基础设施项目正式移交，2020-12-19。

9. 外国投资者 2020 年对巴基斯坦投资 30 亿美元 贡献 1.2 万亿卢比税收. 经济日报，2020-07-30。

10. 中国对巴基斯坦直接投资大幅增长. 经济日报，2020-04-26。

11. 提供230万个就业岗位！中巴经济走廊重塑区域经济格局. 中国一带一路网，2020-12-01。

12. 苗苏. 中巴经济走廊建设刺激巴基斯坦水泥产业的发展. 经济日报，2020-12-23。

13. 华定. 中巴经济走廊建的中巴贸易效率和潜力研究. 广州：广东外语外贸大学，2020。

14. 2020年7—11月中国保持巴基斯坦最大进口来源国地位. 中国商务部。

15. 国家发展改革委. 中巴经济走廊瓜达尔法曲尔公立中学扩建项目顺利竣工移交. 潇湘晨报，2020-07-01。

16. 冯虎. 第六届中巴经济走廊媒体论坛举行. 经济日报，2020-12-29。

17. "携手开创更加美好的未来——卡西姆港燃煤电站"建"证中巴友谊纪实". 经济日报—中国经济网，2021-05-18。

18. 瓜达尔港建设成果丰硕未来可期. 中国经济网，2020-08-08。

19. 中巴应以"十四五"为契机互利合作 推动区域互联互通 共同发展. 国际在线，2020-05。

Ⅲ 专题篇
Thematic Articles

B.9
中国—东盟数字经济发展研究

刘丽珊　王宇弘　彭静怡[1]

摘　要： 在当前复杂多变的世界经济环境和新冠肺炎疫情的常态化防控形势下，全球实体经济增长乏力，各国产业发展面临较大挑战。在此背景下，数字经济显示出远程、便捷、高效的先天优势，随着世界经济结构的深刻调整，数字经济在培育新型经济增长点、促进经济可持续增长方面发挥了重要作用，为各国经济的新腾飞奠定了基石，成为全球经济增长的新引擎。国家主席习近平在"一带一路"国际合作高峰论坛中提出，要坚持创新驱动发展，建设21世纪的数字丝绸之路。而东盟作为"一带一路"的核心区，各国普遍重视数字经济的建设和发展。目前，东盟各成员国致力于加强区域合作，完善数字经济基础设施建设，促进数字经济基础

---

[1] 刘丽珊，硕士，国家工业信息安全发展研究中心工程师，主要研究方向一带一路、数字经济、产业合作；王宇弘，硕士，国家工业信息安全发展研究中心高级工程师，主要研究方向国际合作、产业政策、区域经济；彭静怡，硕士，国家工业信息安全发展研究中心工程师，主要研究方向战略规划、政策法规、信息技术。

互联互通和扩大区域内数字经济技术合作。

关键词：中国—东盟；数字经济

Abstract: Today, as the world economic environment becomes complex and volatile and the prevention and control of COVID-19 has been normalized, the global real economy is growing sluggishly, and the industrial development in each country is facing harsh challenges. In this context, the digital economy stands out with its inherent advantages of remoteness, convenience, and efficiency. With the profound restructuring of the world economy, the digital economy has played an important role in fostering new economic growth points and promoting sustainable economic growth, laying the cornerstone for the new take-off of the economy in each country and becoming a new engine to boost global economic growth. President Xi Jinping proposed in "The Belt and Road" Forum for International Cooperation that we must adhere to innovation-driven development and build a digital Silk Road in the 21st century. As the core area of "The Belt and Road" Initiative, ASEAN countries generally attach importance to the construction and development of digital economy. At present, ASEAN members are committed to strengthening regional cooperation, improving the construction of digital infrastructures, promoting the interconnection among digital economy infrastructures, and expanding regional digital economic and technological cooperation.

Keywords: China-ASEAN; Digital Economy

数字经济是亚太地区乃至全球未来发展的重要方向，在现今经济发展中的地位举足轻重，全球新冠肺炎疫情暴发再次凸显数字经济对增强区域发展韧性的重要性。一方面，数字经济提高了企业的管理运营能力；另一方面数字化有利于产业协同发展和产业链融合，对推动区域间产业经济发展发挥着重要作用。东盟秘书长林玉辉表示，预计到2025年，东盟数字经济的GDP占比将达到8.5%，这在2015年1.3%的基础上增加了7.2%。中国拥有丰富的数字基础设施建设经验，是东盟实现本地区经济数字化的学习对象。中国和东盟各国需要携手共同促进数字基础设施建设和数字化转型进度，推动经济高质量发展。

一、中国—东盟数字经济发展的态势及特点

中国—东盟领导人共同将2020年确定为中国—东盟数字经济合作年，2020年6月12日，双方本着"互利共赢谋发展 集智聚力共战疫"的理念举行了网络视频开幕式，这标志着中国—东盟在数字经济领域的合作正式启动。

目前，世界已有30多个国家制定了发展数字经济战略，中国已经成为仅次于美国的数字经济领导者和参与者。据Mary Meeker出台的《互联网趋势2019》可知，中国有7家企业跻身全球市值前30名互联网公司，和美国一起垄断了互联网头部公司。据阿里巴巴集团公布的《2018年全球数字经济发展指数》显示，美国是世界上数字经济发展指数最高的国家，其次是中国。联合国贸发会公开的数据业指出，在世界数字经济活动中，中国扮演着极其重要的角色，拥有全球最庞大的数字经济市场，而且互联网用户基数众多，是世界数字经济领域的重要组成部分。在全球新冠肺炎疫情的冲击下，中国在防疫抗疫、保障人民生活、复工复产方面充分运用了数字技术，取得了全球瞩目的成效。其中，在线教学、远程办公、跨境电商、行程追踪等数字技术成为疫情下经济发展的强大引擎。因此，数字经济在助力中国经济高质量方面起到了引领作用。根据《中国互联网发展

报告 2020》的内容显示,中国 2019 年数字经济在 GDP 中的占比为 36.2%,规模达到了 35.8 万亿元。

东盟是东南亚国家联盟的简称,目前有 10 个成员国。东盟作为以经济合作为基础的政治、经济和安全合作一体化的地区性组织,承担着地区经济发展、造福人民的重任。有数据显示,2019 年东盟十国的 GDP 总量为 3.14 万亿美元,约为中国 GDP 总量的 21.87%,但东盟人口约 6.55 亿,接近我国人口的一半,可见东盟地区人口密度较大,在数字经济领域具备较好的发展潜力。

从图 9-1 可以看出,东盟十国的经济发展极不均衡,整体数字经济处于发展初级阶段。尽管东盟十国对数字经济的发展都很重视,但基础设施欠缺、人才缺乏、法律和政策不完善等因素,东盟数字经济仅占地区 GDP 的 7%,比美、欧、日、中等国家或地区同类指标低很多。

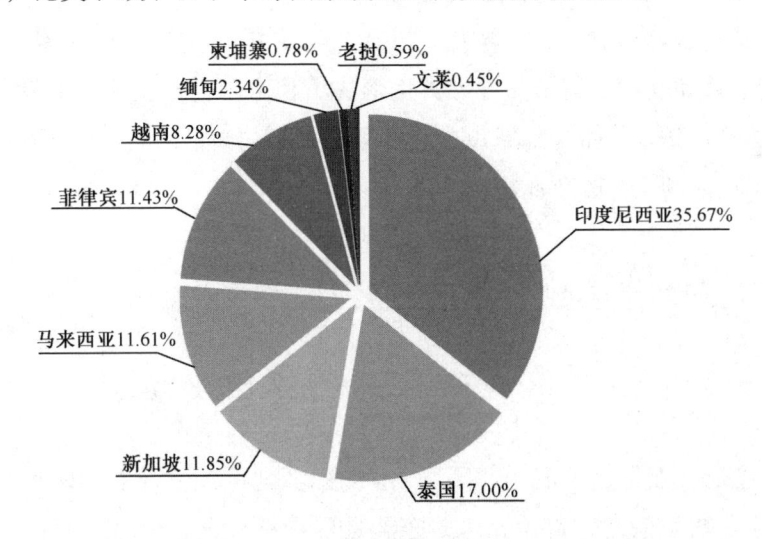

图 9-1 2019 年东盟十国的 GDP 占比

东盟数字经济发展落后,但其数字市场的发展潜力巨大。首先,其人口规模已经超过了欧盟,尤其是有大量适龄劳动力。其次,东盟是继中国之后,第二个既有活力又有潜力的巨大市场,是潜在的制造中心。目前东盟是全球第七大经济体,其 GDP 增速远超其他国家和地区,按照预测,东盟将在2030年左右，成为全球第四大经济体。最后，东盟具有发展数字经济的良好基础。东盟地区年轻人口较多，中产阶级发展强劲，互联网和智能化普及较快，消费市场前景广大。国际资本在分析投资东盟地区数字经济发展利弊后，都在积极参与投资东盟数字经济基础设施建设，帮助其发展数字经济。

东盟作为"一带一路"的核心区，各国普遍重视数字经济的建设与发展，本着互联互通的理念积极通过区域合作建设数字基础设施，推动区域内数字经济技术合作。

中国—东盟携手建设数字丝绸之路有利于打造普惠共赢的格局，培育区域内经济增长新动能，提升区域互联互通水平与国际竞争力。目前，中国—东盟数字经济合作机制正在逐步建立，现阶段主要通过输出数字技术、投资基础设施建设、培养数字人才等方式对东盟进行援建。中国互联网龙头企业通过战略合作、技术输出、投资并购的方式与东盟在移动出行、数字内容、移动支付、电子商务等方面形成了稳定的合作关系。东盟在投资和运营ICT设施，如智慧城市、物联网、5G等方面也得到了中国三大运营商和众多通信企业的鼎力支持。

二、东盟十国数字经济发展现状

（一）印度尼西亚——东盟数字经济发展的领跑者

印度尼西亚（以下简称"印尼"）是东盟地区经济最发达的地区，其GDP排名居东盟地区首位，也是东盟地区经济总量首个超过万亿美元的国家，2019年GDP总值为1.12万亿美元，占东盟地区的35.67%。同时，印尼也是东盟地区数字经济发展水平最高的国家，是世界上增长最快的互联网市场。

在政策和国家规划方面，印尼《第四次工业革命路线图》中明确了优先项目，印尼将通过建造数码化基础设施来实现产业数字化发展，具体包括通过公私合伙方式提高数码化能力或建设高速互联网。2017年，印尼政府发布的《电子商务路线图》，为其电子商务的发展提供了更加清晰的政策方向。

印尼数字经济行业整体发展态势良好。2019年印尼数字经济规模在南亚数字经济市场中的占比为40.82%，达到了400亿美元的规模。但印尼数字经济发展依旧受到众多人口无银行账户、通信基础设施陈旧、技术人才资源有限、物流配送效率低等问题影响，电子商务活跃度和中小企业数字化普及也受限。为此，2019年印尼开展了"前1000家初创企业成长计划"，计划从这些企业中培养出5家国际知名的大型互联网企业，帮助其实现跨越式发展，培育本土互联网行业巨头。目前，印尼主要集中在应用游戏、在线广告、金融科技、在线媒体、在线旅游、电子商务等方面发展数字经济市场。

随着中国—东盟数字经济合作的深化，中国数字经济企业也掀起了一股下南洋的投资风潮，印尼因为良好的市场基础成为中国企业投资的热门国家。目前，中印在数字经济合作领域达成了一系列共识，即重视创新发展，将合作范围进一步延伸到了前沿领域，如低碳发展、智慧城市、大数据、跨境电子商务，实现了新增长动力的挖掘，以及新模式、新业态、新产业的培育。中国企业投资领域主要集中在电子商务和金融科技领域，具体投资情况见表9-1和表9-2所示。

表9-1 中国企业在印尼电商领域的投资和并购案例

时间	企业名称	投资并购情况
2019年	蚂蚁金服	蚂蚁金服与印尼最大的媒体集团Emtek（61%）合资成立了名为Dana的支付创企业，还以战略投资方的身份参与了印尼消费分期公司Akulaku的D轮融资，规模为1亿美元
2017年	京东集团	JD.ID（京东印尼）在印尼已经崭露头角，排名第五，2017年投资了5亿美元给TravelOka
2017年	腾讯集团	腾讯集团对印尼的初创公司Go-Jek投资12亿美元，Go-Jek公司集订餐、发送信息等多种服务于一身，此外还开发了自有的移动支付产品Go-Pay；投资Shopee，为印尼4家TOP电商平台之一

续表

时间	企业名称	投资并购情况
2017年	阿里巴巴	2017年8月，阿里巴巴作为领投者，参与印尼C2C电商平台Tokpedia规模高达11亿美元融资；2018年3月阿里云智能印尼大区首个可用区正式开放服务运营
2017年	Wecash闪银	Wecash闪银与印尼本土投资机构PTresna Usaha Kreatif及基础设施服务商PTapital成立合资公司，正式进入印尼市场

资料来源：国家工业信息安全发展研究中心分析整理。

表9-2 中国金融企业在印尼的投资发展情况

业务类型	企业名称	发展情况
白领贷	印飞科技（InFin Technology）	印飞科技（InFin Technology）在印尼主要从事线上现金分期业务，公司的团队主要来自印尼分行及印尼最大的国有银行 Bank Mandiri
蓝领贷	RupiahPlus	RupiahPlus中国著名投资机构，业务是在印尼做小额现金贷、蓝领贷，团队来自腾讯、阿里巴巴、点融、微软、EMC、WMWare等著名IT互联网公司
消费分期	岩心科技（AKULAKU）	岩心科技（AKULAKU）目前正运营一款基于移动购物场景的虚拟信用卡AKULAKU，团队由来自优秀互联网和金融公司的精英组成：包括腾讯、阿里巴巴、Oracle、EBay、Lazada、Accenture、捷信、花旗、HSBC、渣打及多家东南亚当地的金融机构和互联网公司的高管团队
大数据风控	领创智信（Advance.Ai）	领创智信（Advance.Ai）是一家以大数据支持的金融服务公司，在印尼的雅加达、新加坡和中国的北京皆设有分部
大数据征信	同盾科技	2020年11月，同盾科技与印尼国有商业银行印尼人民银行（BRI Bank）达成合作，凭借领先的人工智能、云计算、大数据等技术，同盾将为印尼人民银行提供智能分析决策服务，提升金融服务效率
服务供应商	星合金科	2019年10月，星合金科正式与Indosurya旗下印尼最大的合作社达成战略合作，为其信贷业务数字化提供全方位的技术支撑，助力其打造覆盖更多受众及业务场景的平台和运营体系
现金贷	TunaiKita	TunaiKita产品于2017年10月15号在印尼上线，DanaRupiah的合作伙伴包括BCA、MANDIRI、BRI、BII、BNI、BTN、CIMB Niaga、DANAMON等

续表

业务类型	企业名称	发展情况
现金贷	君联资本	君联资本投资印尼金融科技初创公司 Pendanaan 数百万美元 A 轮融资。Pendanaan 的产品和服务使满足相关条件的借款人能够通过移动设备获得他们承担得起的、相对灵活的线上贷款
	Angel Cash	Angel Cash 是一家出海到印尼主要经营线上贷款的金融科技公司，于 2017 年 6 月 18 日上线，是一个网上金融贷款平台，旨在满足印尼社会的贷款需求
	找饭金融	找饭金融旗下应用 CashKilat 已于 2017 年 10 月 27 日在印尼上线，主要开展线上快速贷款业务
	Wecash 闪银奇异	2017 年 1 月，Wecash 闪银奇异宣布与印尼本土投资机构 PT Kresna Usaha Kreatif 及基础设施服务商 PT JAS Kapital 成立合资公司，通过输出技术来帮助印尼完善信贷系统及规避潜在的欺诈行为
	前隆科技	前隆科技 2012 年起源于国际金融中心上海的北外滩，是一家致力于推动消费和金融行业实现移动化、人工智能化的科技公司，正在积极扩展印尼手机分期贷业务
	掌众金服	掌众集团旗下掌众金服正式对外公布了六大业务板块，分别是海外业务、掌众云、金融超市、数字金融、消费分期、智能出借，在印尼推出 DanaRupiah

资料来源：国家工业信息安全发展研究中心分析整理。

（二）马来西亚——数字经济稳步发展，电子支付风起云涌

2019 年马来西亚的 GDP 为 3647 亿美元，在东盟地区排名第四，占东盟地区份额的 11.61%。马来西亚营商环境良好，在东盟中仅次于新加坡，是数字经济投资与贸易较好的目的国。

马来西亚政府高度重视数字经济发展，计划在未来 5 年内出资 502 亿令吉（折合 844 亿元人民币）建设本国的数字经济基础设施，以完成本国的数字化革命，此项财政支持是对马来西亚《2030 年共享繁荣愿景》的一个体现，传递出马来西亚建设本国数字经济基础设施、打造东南亚一流数字经济强国的决心。马来西亚政府还将 2019 年出台的"国家工业 4.0 政

策"范围扩大至非制造业部门。同时，马来西亚计划出台《数字经济总体规划》，以协调各方发展。马来西亚国际贸易和工业部长拿督斯里穆斯塔法·穆罕默德表示，数字经济蓝图的要素已在马来西亚通信和多媒体委员会、马来西亚行政管理现代化局、马来西亚数字经济公司等多个政府机构确立。2020年3月，马来西亚总理穆希丁·亚辛宣布了一项总额达580亿美元的经济刺激计划。在此计划下，马来西亚通信和多媒体部（KKMM）和马来西亚数字经济公司（MDEC）将向马来西亚人民提供1.38亿美元的免费互联网服务，并额外投入9200万美元，增加网络覆盖范围和能力，保持和提升电信网络的稳定和质量，助力数字经济领域的发展。

在电子商务领域，马来西亚通信与多媒体委员会在全国光纤化和互联互通计划（NFCP）的指引下，积极提高数字基础设施水平，加速本国电子商务的发展，提高电子商务渗透率。根据过去几年有据可查的数据，电商行业对马来西亚 GDP 的贡献不断提高，年均增速超过 10%。目前，马来西亚的电商成交额增长趋势仍保持强劲。在电子支付领域，马来西亚的电子支付已经成为超过 70%的人们喜爱的支付方式，马来西亚正朝着"无现金社会"时代快速迈进。在网约车和送餐服务市场，马来西亚的 Grab 公司可谓一家独大。2018 年，该公司收购了 Uber 东南亚地区的业务，其在马来西亚的市场份额进一步扩大，目前该地区没有可以与其匹敌的网约车巨头，且在外卖业务上，Grab 已经覆盖了马来西亚 200 多个城市。在线媒体领域，马来西亚的本土企业 iflix，中国的爱奇艺、腾讯，美国的 Netflix 等已占据半壁江山，未来视频的内容和质量将成为决定它们是否能在当地立足、赢得观众的第一因素。

专栏 9-1　马来西亚电子支付业：疫情催化与政府加持

新冠肺炎疫情下兴起的"零接触金融"理念为电子支付带来了新的发展契机。2020 年，马来西亚电子支付领域共出现八大领军企业，包括 THG eWallet、Boost、Wechat Pay、AirAsia BigPay、GrabPay、MAE、FavePay 和 Razer Pay，显示出了马来西亚电子支付市场的强劲发展势头

（见图9-2）。

图9-2 电子支付

受新冠肺炎疫情、政府行动管制令和全球经济恐慌情绪的影响，越来越多的消费者开始通过网购满足自身的日常消费需求。根据《2020年Visa消费人支付态度调查报告》，自新冠肺炎疫情暴发以来，马来西亚的现金使用率下降了64%，而电子支付使用率则上升18%，且有22%的马来西亚民众将电子支付作为首选支付方式。

此外，为了弥补马来西亚数字经济基础设施的薄弱环节，做好电子支付等行业的基础保障工作，马来西亚政府计划通过公私合营方式投资216亿令吉（折合363亿元人民币），在未来5年内落实"国家光纤化和连接计划"（NFCP），推动数码基础设施建设，打造数字化的马来西亚。

资料来源：国家工业信息安全发展研究中心分析整理。

由于营商环境较好，马来西亚成为中国数字经济企业青睐的投资目的国。早在2017年，马来西亚数字经济发展机构（MDEC）在战略层面上就与阿里巴巴携手共同打造了首个中国之外的"eWTP试验区"，帮助马来西亚甚至整个东南亚地区的年轻人和中小企业参与全球贸易。除阿里巴巴外，中国的互联网巨头几乎都在各自领域与马来西亚企业展开了一系列合作。在2019年6月14日举行的中国—马来西亚制造业圆桌会议上，中马在"一带一路"倡议框架下达成了各领域紧密合作的共识，对于马方在制造业领域的创新合作，我国工业和信息化部表示会提供大力支持，以巩固中马全面战略伙伴关系。

马来西亚前总理马哈蒂尔曾表示，马来西亚经济将随着技术的进步而得到长足发展，而且这一良好的发展态势将随着中国与马来西亚的合作而得到更好的维持，从而提高马来西亚的国际竞争力。

（三）菲律宾——数字媒体复合增长42%，数字出行发展受限

菲律宾的经济总量在东盟国家中排名第五，2019年占比为11.43%。菲律宾人口数超过1亿，根据调研，菲律宾约有7600万名网民，占总人口数量的71%，互联网活跃度非常高。同时菲律宾也是首个开通5G网络服务的东南亚国家。2020年菲律宾出台了多项法律文件支持数字经济的发展，其中包括《互联网交易法》、《电子政务法案》（HB 6927）、《国家数字职业法案》（HB 6926）、《国家数字转换政策》（SB 1470）等。

在电子商务领域，菲律宾起步较晚，但由于年轻人口多，互联网普及率高，消费意愿强烈，因此电子商务在该国的发展潜力巨大。截至2019年，菲律宾的互联网经济规模达到70亿美元，并且电子商务、外卖送餐和数字商品的发展及带动，电子支付势头上升，但电子支付发展却相对落后。2017年，中国支付巨头蚂蚁金服投资了本地支付公司Mynt，微信支付也与菲律宾亚洲联合银行签署合作协议，欲在菲"无现金"支付市场分一杯羹；在数字媒体领域，社交、音乐、视频、英语类数字媒体近几年保持高速增长，复合增长率为42%；在数字出行领域，菲律宾市场的竞争仍然不足，2018年Grab收购Uber后，主要市场由Grab控制，但网约车市场在该国还未完全打开。

中国与菲律宾的数字经济合作，首先体现在基础设施领域。近年来，华为作为中国互联网龙头企业，一直为菲律宾两大电信运营商环球电信和PLDT电信提供相关设备及技术服务。随着第四次工业革命的到来，数字

化转型将进入新的发展阶段。未来，中国与菲律宾在数字经济技术、人才等领域的合作，必将加速其数字化发展和转型，并为企业带来可观的利润，为菲律宾的经济增长提供重要支持。

（四）新加坡——"智慧国2025"十年规划，重塑数字经济核心竞争力

中国上海社会科学院信息研究所发布的《全球数字经济竞争力发展报告（2020）》中指出，2019年世界数字经济国家竞争力排名前三的国家依次是美国、新加坡、中国。新加坡拥有一流的营商环境、强大的基础设施、高素质的劳动人口，这为该国数字经济的发展提供了强有力的支撑，为其成为亚太地区最具吸引力的数据中心提供保障。

新加坡数字经济发展程度如此之高，原因在于其顶层设计的一致性，即通过连续的发展政策，推进创新技术商业化，最终实现产业"数字化"。其中，顶层设计包括：新加坡成立未来经济署（Future Economy Council），制定产业转型蓝图计划；针对中小企业推出 Start Digital 项目，支持企业基础数码方案；成立"数字产业发展司"，协助国内数字企业拓展亚洲市场；发放数字银行牌照，推进虚拟银行的落地，开放数字银行、数字批发银行牌照申请等。

新加坡2016年制定了"智慧国2025"10年发展计划，致力将新加坡打造成"智慧国家"。届时将建设一个能够收集、分析和连接全岛数据的平台，基于数据分析结果对公民需求进行预测，使得其公共服务真正得到满足。该平台的主要任务是整合全岛信息与执行政府的前瞻性政策，不但要利用技术对信息进行收集，还要依托这些信息对人民进行服务。总体规划是整合政府、大企业、小型初创企业、管理机构和大学的力量，开启新加坡的"智慧元年"，未来政府会以在线方式提供近98%的公共服务，民众可以无偿使用高速无线网，享受一站式服务，无线网络遍及城市各个角落。这是全球第一个智慧国家蓝图，新加坡也意图通过其"智慧国"计划，成为全球首个智慧国度。

中新两国都是数字经济发展强国，不断深化两国数字领域合作，有利于两国经济共同发展。其中，新加坡启动的数字经济行动计划，旨在全面助力中小企业开拓中国市场。2019年8月，重庆市与新加坡签订了13项谅解备忘录，使得数字经济领域的合作范围进一步延伸到人工智能、智能制造、增强现实、教育技术等领域。

（五）泰国——数字经济是经济转型重要战略，2027年贡献率达25%

泰国是东盟十国经济发展排名第二的国家，2019年GDP总量为5440亿美元，占地区经济总值的17.33%。为发展数字经济，泰国早些年就已经在基础设施领域发力。在2017年和2018年完成了国内7.5万个村庄、学校、医院和政府机构的高速网络架设，这些基础设施的建设，推动了泰国电子商务的发展。此外，泰国还促成中泰海底光缆计划，该计划对泰国数字经济发展意义重大。

从国内政府层次，泰国也极为重视数字经济发展。2016年，泰国政府成立数字经济与社会部来取代之前的信息与通信技术部，新部门提出"泰国4.0"战略，聚焦十大新兴产业发展。其中，已经具备一定基础的产业有5个，分别是食品加工业、高端旅游业、智能电子业、现代汽车产业、农业和生物技术产业；亟待开拓的产业有5个，分别是全方位医疗产业、数字产业、生物化学和生物燃料产业、航空物流产业、智能机器人产业。除此之外，泰国还推行"东部经济走廊"（EEC）计划，利用该计划，在泰国境内逐步推行5G商用，为数字经济发展奠定基础。未来，泰国将围绕在线教育、在线保险销售、在线旅游、数字医疗、快递配送、电子商务等领域大力发展数字经济。根据泰国政府预计，2027年数字经济对泰国国内生产总值的贡献率将达到25%，泰国正在转型进入数字经济时代。

泰国要发展数字经济，仅仅依靠自身力量是不够的，还需要中泰携手，将中国"数字丝绸之路"和泰国"工业4.0"战略进行对接，共同推进双方数字经济领域合作，抓住数字化转型新机遇。近年来，双方已经建立了

"数字经济合作部级对话机制"，且众多中国数字经济领域的龙头企业纷纷与泰国企业强强联合，包括华为、阿里巴巴、京东等中企，推动了泰国在人工智能、现代物流、5G 通信等领域的数字经济发展。

专栏 9-2：泰国积极发展 5G 数字技术助力经济复苏

泰国电信巨头 AIS 计划在 2020 年投资 35 亿～450 亿泰铢（1.1 亿～14 亿美元）来发展泰国的数字基础设施（见图 9-3），并于 2020 年 7 月 16 日宣布了一项在 77 个省建立 5G 基础设施的计划，旨在支持泰国东部经济走廊（EEC）及各个部门的行业领导者，以带动疫情后泰国的经济和社会可持续发展。

在国际交流方面，目前 AIS 与中国华为公司正在开展 5G 技术方面的合作，重点将 5G 技术应用在泰国国家级经济特区——东部经济走廊的发展上。2020 年 7 月初，AIS 与华为合作的最新款 5G 手机在泰国上市。

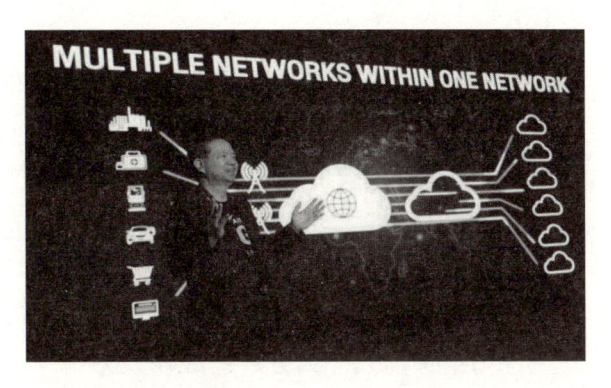

图 9-3　AIS 公司总裁许荣宗介绍 5G 等数字技术在相关行业的应用

资料来源：国家工业信息安全发展研究中心分析整理。

（六）越南——数字经济强劲增长，电商跨越式增长

目前，越南有 9600 万人口，其中有 6400 万人使用互联网，占比为

66.66%。越南政府高度重视数字经济的发展，并出台了相关政策规划以支撑数字经济基础设施方面的建设，未来，数字经济将是越南经济增长的重要支柱之一。根据美国谷歌公司及新加坡淡马锡的研究结果，越南数字经济规模在 2018 年达 90 亿美元，预计 2025 年将达到 300 亿美元。其中，电子商务是发展速度最快的领域，年增速为 30%，2018 年达到约 80 亿美元。2019 年，越南数字总额预计占 GDP 的 5%以上，比例高于整个东南亚地区的 3.7%。

越南近期发布的第 52-NQ/TW 号政治局决议表示，预计到 2025 年，越南数字经济将占 GDP 的 25%，2030 年将超过 GDP 的 30%。由此可见，越南发展数字经济的决心。随着越南 Sendo、Tiki、Shopee、Lazada 等电子商务平台的建设，数字支付也展现出强劲的发展潜力。数据显示，2018 年越南的电子商务转化率超过了东南亚的平均水平，高达 65%，是东南亚地区最高的。2019 年，越南电子商务收入占全国商品零售总额的 4.2%。2020 年，为了减少出行活动和避免出现在拥挤的地方，越南的电子商务市场规模进一步扩大。

新冠肺炎疫情给全球经济造成前所未有的影响，越南在疫情防控方面取得了一定的成功，正在逐步恢复经济活动。为把握因疫情而中断的全球供应链转移趋势的投资浪潮，越南出台多项措施发展数字经济，吸引投资机会。目前，苹果、三星、乐金、TIBCO、微软等世界大型技术集团正在越南推动再投资。

（七）老挝——引入外资，推动数字经济发展

老挝的人口数约为 700 万人，经济以农业为主，工业基础较为薄弱，是除文莱外，东盟十国中最不发达国家之一。2019 年的 GDP 为 185 亿美元，仅占东盟整体比例的 0.595%。但老挝在"一带一路"沿线经济区位优势明显，并且高度重视数字经济发展，且已将数字经济列为第 9 个国家社会经济发展计划的重点。因此，老挝在数字经济领域发展潜力巨大。其中，

电子商务在老挝的发展前景最为突出，据老挝邮政通信部统计，手机通信网络覆盖全国95%的人口，其中移动及光缆普及率达78%，第四代移动通信普及率达43%，老挝移动通信用户数量约占总人口的82%，互联网用户占总人口的40%。目前，老挝政府正不断采取措施，改善网购系统、运输体系、相关标准及法律法规问题，以解决电子商务企业在发展中遇到的各种困难和难题。

中老的数字经济领域合作也在持续进行中，两国的相关机构在2018年签署了合作协议，其中老挝三大通信运营商之一的ETL为中老合资电信企业。作为未来老挝发展数字经济的主力企业，ETL将致力于发展最先进技术，为老挝提供5G、IoT、人工智能、区块链、大数据等业务服务，助力老挝工业信息化发展，为中老数字经济合作树立风向标。

（八）缅甸——建立数字经济生态系统，发展数字经济路线图

缅甸是东盟十国中最欠发达的经济体之一，但在过去5年中，其电信产业发展迅猛，移动电话和互联网的普及率稳步提升。2018年缅甸的手机用户数为5680万户，手机渗透率超过100%，且80%的手机用户为智能手机用户，这为发展数字经济奠定了基础。

2019年缅甸成立了数字经济发展委员会（DEDC），制定了缅甸数字经济路线图。该路线图包括6个战略框架、9个优先项目，以及根据当前战略需要设计的短期和长期行动计划。缅甸计划到2020年将商业领域的数字化转型提高10%，到2025年提高到30%；中小企业将数字技术的利用率提高20%，到2025年提高50%；金融服务业在2020年达到15%，到2025年达到30%；移动通信用户覆盖率分别达到2020年总人口的50%、2025年的55%，而互联网用户数量预计分别达到总人口的45%和50%；对数字经济领域的外国直接投资到2020年和2025年分别达到80亿美元和120亿美元。此外，为促进数字经济发展，缅甸政府还开展了一系列监管工作，通过制定适宜的政策，加大对客户分层、消费者保护、网络安全、

数字经济、区域整合，以及社交媒体和垃圾邮件等方面的监管工作。

2020年中缅经济走廊进入实质规划建设阶段，中缅合作不断向前发展，这为数字经济合作提供了良好条件。缅甸未来将重点发展电子商务、数字支付、数字政务、数字农业、数字工业等领域，致力于建立创新创业生态系统，以鼓励数字经济和与技术相关的新工作的出现。

（九）柬埔寨——数字经济成为经济增长新引擎

柬埔寨虽然经济总量欠发达，但其地理位置处于东南亚的中心，且互联网连接速度较快、人口较为年轻化，故柬埔寨有望在数字经济中快速增长。近年来，在柬埔寨投资的跨国企业与日俱增，其中不乏数字巨头支付宝、华为、亚马逊等。2017年，中国的支付宝就与柬埔寨本土企业Pi Pay签署合作协议。目前，柬埔寨约13%的人会使用在线支付。柬埔寨的电商企业大约有10家，其中本土电商L192一家独大，几乎囊括了所有具有消费力和拥有网购习惯的柬埔寨用户。而电商兴起带来的物流行业发展，则吸引了阿里巴巴旗下菜鸟网络与当地"4PX递四方"的合作，计划将柬埔寨建设成一个物流交通中心，辐射东南亚市场。

目前，柬埔寨为抓住全球数字经济发展的机遇，正在努力做好各项准备，包括改善商业环境、简化工作流程、编制物流总体规划、建造基础设施、发展金融体系等。柬埔寨的数字经济发展政策框架，一是建立全面数字政府，提供高效优质的公共服务和资金，同时也为数字经济和创新创造打造机遇；二是在数字经济基础设施的投资中，给消费者和企业提供更快、更低廉的互联网服务，覆盖全国范围；三是增强数字素养和能力，尤其是通过数字技能和研究使数字领域发展最大化；四是建立相关的法律和法规框架，旨在加强数据管理的规范性标准。

（十）文莱——建立数字化，面向未来的社会和数字生态系统

文莱是东盟十国中经济体量最小的国度，总人口数为43.4万，2019年

的经济总量为 140 亿美元。根据国际货币基金组织（IMF）的预测，文莱的经济在未来几年将保持稳定增长。文莱政府也传达出了对数字经济、5G发展的强烈兴趣。

为发展数字经济，文莱成立了数字经济委员会，为数字经济发展提供战略政策指导；重组文莱的电信产业，将国内所有的通信公司进行整合，由国家统一网络有限公司（UNN）进行管理。2020 年 6 月文莱数字经济委员会公布了《数字经济总体规划 2025》，其目标是发展充满活力和可持续的经济，建立数字化、面向未来的社会和数字生态系统；将从工业数字化、政府行政数字化、促进数码产业发展，以及人力和人才开发 4 个方面推进目标实现。数字经济委员会将在物流和运输、能源、商业服务、旅游、金融服务、健康、农产品、教育及清真产业 9 个有经济发展潜力的领域开展重点项目实施。

目前，参与文莱数字经济建设的中国企业包括华为、京东等中国知名科技公司。

三、中国—东盟数字经济顶层设计与民间动态

（一）顶层设计

中国与东盟都高度重视数字经济的发展。2018 年 11 月发布的《中国—东盟战略伙伴关系 2030 年愿景》明确提出，要加强物理和规制联通，依据《东盟互联互通总体规划 2025》战略目标促进市场紧密融合，提升数字互联互通，包括支持落实《东盟信息通信技术总体规划 2020》等。此外，《东盟互联互通总体规划 2025》中也表示，实现数字互联互通的有效举措之一就是加大建设可持续基础设施的力度，并积极进行技术和方式创新，同时依托《东盟信息通信技术总体规划 2020》实现东盟竞争力的强化。

2020 年全球经济受新冠肺炎疫情影响，数字经济发展的重要性日益显现，中国与东盟国家联合发表了《中国—东盟关于建立数字经济合作伙伴

关系的倡议》，旨在加强数字经济基础合作，深化数字技术在疫情防控中的应用，推动智慧城市发展、深化网络空间合作等。2020年11月，第四次区域全面经济伙伴关系协定（RCEP）领导人会议期间，中国同其他14个RCEP成员国一道正式签署该协定，标志着我国与东盟经济合作将迈向新时代。此自由贸易区拥有最庞大的人口基数、最广阔的发展空间、最大的经贸规模，未来合作前景无限，RCEP的签署也必将进一步强化中国—东盟战略伙伴关系。

专栏9-3：2020中国—东盟数字经济合作年启动

2020年6月12日，中国—东盟以网络视频会议方式举行了中国—东盟数字经济合作年开幕式，中国国务院总理李克强和东盟轮值主席国越南总理阮春福向开幕式致贺信。东盟各成员国部长围绕"互利共赢谋发展 集智聚力共战疫"的主题展开讨论，会上就数字经济领域发展与合作展开讨论，东盟秘书长林玉辉表示，中国在发展数字经济基础设施和实现数字经济监管框架方面具有很高的专业水平，是东盟在推动本地区数字经济发展方面的珍贵伙伴。

在本次合作年期间，双方将在智慧城市、大数据、人工智能等领域共同举办一系列活动，分享在数字化防疫抗疫、数字经济基础设施建设和数字化转型等方面的经验，持续完善沟通机制、丰富交流平台、挖掘合作潜力，共享数字经济发展红利。

资料来源：国家工业信息安全发展研究中心分析整理。

中国也逐步建立起了与东盟各国的电子商务合作机制，2017年5月中国与越南签订了"电子商务合作谅解备忘录"，2017年11月继续与柬埔寨签署，这意味着我国与越南和柬埔寨在电子商务合作上达成了共识，为彼此的贸易发展创造了有利的条件；中国于2018年8月与马来西亚签署了双边跨境电子商务合作谅解备忘录；中国商务部于2018年1月在北京和杭州举行了两次"丝路电商"伙伴国政企对话，围绕电子商务合作进行了讨论，落实"一带一路"相关国家签署的电子商务合作谅解备忘录，在电子商务领域与诸多国家形成了稳定的合作关系。2019年9月，旨在实现互联网领域经贸合作的中国—东盟电子商务论坛在南宁举行，其间就如何发展共享数字经济，以及构建创新、互联的电商生态体系进行了讨论，这标志着中国—东盟电商已经进入了全新的阶段。东盟秘书长林玉辉表示，东盟正积极制定"第四次工业革命综合战略"，东盟视中国为数字经济合作的珍贵伙伴，未来东盟数字经济的进步离不开中方的鼎力支持。

（二）民间动态

近年来，随着中国—东盟政府间互动不断加强，中国企业也逐步加大对东盟数字经济市场的投入，在技术、平台、产业链、研发等层面的互通进一步提速。

《2019年东盟投资报告》显示，中国是东盟数字经济外部投资的主要来源国，助力了东盟数字经济多个领域的发展，其中包括物流配送、云服务、电子商务、城市交通、数字内容、金融科技、网络支付等。在通信领域，东盟在投资和运营ICT设施，如智慧城市、物联网、5G等方面得到了中国通信企业和三大运营商的鼎力支持；在电子商务和支付领域，互联网巨头阿里巴巴、腾讯、京东、美团、小米等都在不同领域参与和投资东盟企业。此外，启迪控股投资100亿元在南宁建设跨境电商平台，字节跳动打开了东盟短视频市场，中国企业正在一步一步有力推进中国—东盟数字合作，共享数字红利。

在区域合作方面，中新（重庆）国际互联网数据专用通道建设及中国—东盟信息港是比较具有代表性的区域合作项目，这两个项目为双方共享数据信息，构建数字经济平台创造了有利条件。南宁作为我国与东盟直接对接的窗口城市，积极参与中国—东盟信息港建设，每年举办中国—东盟博览会。其中，2020年中国—东盟博览会的主题为"共建一带一路，共兴数字经济"。今后，中国—东盟将聚焦创新合作，以数字经济引领高质量发展。目前，广西已经和印尼、老挝、马来西亚、缅甸、菲律宾、新加坡、泰国、越南 8 个国家在数字政府、数字企业、数字产业、新型通信等领域开展了近 20 个项目的对接及落地，合作推广我国互联网先进技术和成熟商业模式，助力东盟国家数字化转型。

在人才培养和数字技术研究方面，中国与东盟各国也在不断加强合作，阿里巴巴建立商学院、华为开放实验室。东盟国家将人才培养视为数字经济发展的关键，而中国企业的人才本地化培养，也是一种软实力的输出，双方各取所需，实现共赢。

东盟各国都在制定鼓励数字经济领域企业发展的政策、引进投资、开放环境，而中国企业也将东盟视为数字经济投资的重要市场。东盟有潜在的巨大市场，中国有成本低且技术优的实力，双方之间的人员流、信息流、资金流、物流交流将随着中国—东盟数字经济合作的加深而逐步活跃，成为中国—东盟经济发展的重要引擎。

四、中国—东盟数字经济发展合作遇到的问题

（一）地缘政治影响经济合作，多方势力角逐

当前国际环境复杂多变，中国与东盟国家的发展，容易受到国际地缘政治关系的影响。第一，南海争端是一个历史问题，虽然中国与东盟已签订《南海各方行业宣言》，但偶尔的小冲突，仍然会对国际关系造成影响。第二，中美贸易争端，近几年美国与中国的摩擦不断，美国对中国企业进行封杀，以安全因素为由鼓动其贸易伙伴拒绝中国企业的投资与合作。东盟各国立场不一，导致中国—东盟数字经济合作面临一些潜在风险。

东南亚 GDP 总值位于全球第四，仅次于美国、欧盟、中国。尽管东盟各国发展差距较大且相对落后，但成长潜力巨大，是各方势力竞争的主要战场。美国和欧盟近年来面临经济困境，尤其是受新冠肺炎疫情影响，经济发展受阻。因此，为促进本国经济发展，美国和欧盟积极开拓和占领

不发达国家市场，而其在数字经济领域又有众多先进企业，因此中国面临着不小的竞争。

（二）加强基础设施建设，助力各国互联互通

数字经济的发展必须依托完善的基础设施，数字经济基础设施是数字经济合作能够跨越国别的基石。所以，实现信息的互联互通是推进中国—东盟数字经济合作的先决条件。而东盟十国经济发展不均衡，导致数字经济基础设施建设水平差距较大，除文莱、马来西亚、新加坡的互联网用户数占比较高外，其他国家则相对较低，在柬埔寨、老挝等一些基础较弱的国家尤其明显。标准不统一、区域差异大、基础设施存在不兼容现象，都严重阻碍了各国之间的互联互通。

以5G为例，现阶段5G信号已经覆盖商用领域的东盟国家只有菲律宾和泰国，其他东盟国家均不具备基础条件，东盟国家面临较高的通信成本，互联互通的水平较低，严重影响了彼此的互联互通，各国无法发挥其数字经济的优势，给国家之间的数字经济合作带来阻碍。随着"数字丝绸之路"的推进和RCEP的签署，中国与东盟的数字经济合作不断加深，但各国已经存在不可逾越的"数字鸿沟"，数字经济合作模式难以广泛推广，企业开拓难度较大。现阶段，东盟各国尚未在数字经济发展规则上达成共识，各国有自己的海关监管、数据流动、数字支付等方面的标准和法律，这也对各国之间数字经济合作带来不小的挑战，也使厂商面临较大风险。

（三）技术人才待培养，科研能力待提高

数字经济的发展离不开人才的支持。尽管东盟国家政策上对数字经济极为重视，但东盟国家的人才发展明显落后。近几年，电子商务、智慧物流、大数据、人工智能等多个领域普遍面临人才短缺的问题，即便是数字经济基础较好的国家在数字人才培养上也相对乏力。

东盟数字经济人才的缺乏是制约国家间数字经济合作的瓶颈。按照阿

里研究院和 KPMG 统计的数据可知，东盟成员国中跻身数字世界科研水平前 50 的有 3 个，分别是新加坡、马来西亚、泰国，三者的科研指数分别是 0.134、0.056、0.047，排名分别是第 18 位、第 42 位、第 46 位。而美国和中国的指数分别为 0.956、0.686，排名前两位。东盟因为缺乏自主研发数字技术的能力也会影响中国和东盟数字丝绸之路的建设。

五、中国—东盟数字经济发展建议及对策

（一）加强战略对接，深化融合发展

2020 年受新冠肺炎疫情影响，实体经济遭受较大影响，但数字经济却逆势而上，成为各国经济复苏的救命稻草。中国和东盟计划通过区域间数字经济合作来助力国民经济。中国在新冠肺炎疫情期间充分发挥了 5G、物联网、人工智能、大数据等数字技术的优势，在推进疫情防控和复工复产上发挥了巨大作用，中国之所以能够成为首个成功防治新冠肺炎疫情的国家，就是因为一直坚持完善数字经济基础设施，尤其是 4G、5G 方面的设施，并且灵活运用新一代信息技术，摸索了数字经济新模式、新业态，带动了远程办公、在线教育、线上问诊、"无接触配送"服务等新业态发展。中国分享数字化在疫情跟踪、防控、检测等方面的做法和模式，将畅通中国—东盟双方沟通渠道，释放合作潜能，实现数字经济发展红利共享。

中国与东盟的合作得益于政和商通，在政治合作不断加强的情况下，通过商通注入活力，双方经贸互补，发挥各自优势，并结合各自发展需求开展合作。同时深化融合发展，开放市场，如中国—东盟自贸协定实施升级，中国—新加坡自贸协定实施升级，区域全面经济伙伴关系（RCEP）合作取得成果。并在中国与东盟国家邻海接壤的广东、香港、澳门、海南、广西、云南分别设立扩大开放的中国—东盟信息港、中国自由贸易试验区等。

（二）加强政策落实，引导企业合作

数字经济发展需要政策的引领，为推进中国—东盟数字经济发展，应加强顶层设计，将相关政策落地实施，为跨国企业营造清晰的合作框架和稳定的合作环境。另外，双方应建立顺畅的沟通渠道，对环境带来的变化随时调整政策，加强双方的沟通以随时应对突发情况。例如，中国先后与泰国、越南建立和签订了《数字经济合作部级对话机制》《电子商务合作谅解备忘录》。

同时，除在数字支付、电子商务、共享经济等较为成熟的数字经济领域外，中国—东盟应鼓励在内容和模式上创新变革发展。各国应帮助跨国投资企业在陌生的环境下开拓市场，为其提供便利的营商环境。同时，企业也应根据政策引导，结合当地需求推动经济活动的创新，拓展合作的深度和宽度。

（三）推进规则制定，创新合作内容

规则是市场发展的前提条件。中国与东盟各国应制定统一的数字经济发展规则，保障数字经济服务范围不受国度限制，保护企业和消费者合法利益。要加强区域间数字经济合作，规则的一致性至关重要。

在合作创新领域，要针对东盟人才缺口大的现状积极培养人才，引入先进技术，中国要利用得天独厚的优势，通过人才培养和输出计划，加强科技企业、高校、科研院所等的沟通和交流，搭建人才交流平台，通过政府和民间的不断互动，帮助东盟国家实现人才培养和技术研发。

参考资料

1. WeAreSocial. 2019 年数字东南亚之印尼，2019-12。
2. 华为云，白鲸出海. 2020 中国互联网企业出海白皮书，2020-06。

3. APUS 研究院. 印尼 P2P 在线借贷行业分析报告，2018-06。

4. Google, Temasek. e-Conomy SEA 2018: Southeast Asia's internet economy hits an inflection point，2018-11。

5. 唐卉. 中泰数字经济合作前景广阔. 广西日报，2020-10-04。

6. 高瞻智库. 2019 年中国与越南电子商务合作市场调研报告，2019-12。

7. 中国东盟博览会. 中国东盟开启数字经济合作新局，2019-09-23。

8. 王子晗. 北京外国语大学. "一带一路"倡议下中国—东盟两地数字经济合作研究. 商场现代化，2020，（15）：051。

9. 韦倩青，李怡凡，苏宣云. "一带一路"倡议下中国—东盟信息化合作研究. 市场论坛，2019-10-15。

10. 田原. 中国—东盟数字经济合作前景可期. 经济日报，2020-06-24。

B.10 中国—东盟工业互联网产业发展研究

王宇弘　徐然冉　陈星霓[1]

摘　要： 工业互联网合作是中国与东盟国家共同应对世界科技革命与产业变革，实现各自发展战略目标的创新实践，也是双方扩大合作领域，提升合作水平，推动"一带一路"建设在东盟走深走实的重要途径。2020年，中国—东盟工业互联网合作既具有广阔的合作空间，又面临相关合作的顶层设计不完善、数字治理滞后于合作需要、存在巨大"数字鸿沟"和其他国家激烈竞争等挑战。为此，中国与东盟应加快各方政策深度对接，共商工业互联网合作规划，创新数字人才培养模式，推进区域数字治理，防范和对冲其他国家干扰，提升双方工业互联网合作水平。

关键词： 工业互联网合作；中国—东盟；数字经济

Abstract: Industrial Internet cooperation is an innovative practice for China and ASEAN countries to jointly respond to the world's technological revolution and industrial transformation, and to achieve the goals of their respective development strategy. It is also important path for

---

[1] 王宇弘，硕士，国家工业信息安全发展研究中心高级工程师，主要研究方向国际合作、产业政策、区域经济；徐然冉，硕士，国家工业信息安全发展研究中心工程师，主要研究方向世界经济、产能合作；陈星霓，学士，国家工业信息安全发展研究中心工程师，主要研究方向中俄关系、区域合作。

both sides to expand cooperation areas, improve cooperation levels, and promote "The Belt and Road" construction in ASEAN to a further and more practical level. In 2020, China-ASEAN industrial Internet cooperation had seen a broad space for cooperation, but also faced challenges such as imperfect top-level design, digital governance lagging behind the needs of cooperation, the existence of a huge "digital divide" and fierce competition from other countries. To this end, China and ASEAN should accelerate the in-depth policy alignment, discuss the planning of industrial Internet cooperation, innovate digital talent training models, promote regional digital governance, prevent and hedge against interference from other countries, and improve the level of industrial Internet cooperation between the two sides.

Keywords: Industrial Internet Cooperation; China-ASEAN; Digital Economy

开辟信息通信技术创新发展的新空间，拓展工业创新应用的新蓝海，构筑融合产业新生态，日益成为第四次工业革命的重要基石。工业互联网是技术与制造业深度融合的产物，通过人、机、物的全面互联，构建新型生产制造和服务体系。工业互联网作为一项新的基础建设项目，能够有效赋能产业数字化转型，将信息通信技术与产业实体经济相互融合，释放数字经济动能，加速社会经济发展。

中国高度重视数字化转型，习近平主席多次提出要加快推动工业互联网创新发展，切实推动工业互联网发展战略落地，加速工业互联网基础设施建设。东盟是中国重要的外交伙伴，也是参与"一带一路"建设的重要伙伴，因此，推动与东盟的"一带一路"数字化建设对我国具有重大意义。2020年是中国—东盟数字经济合作年，工业互联网是双方合作的重要方向，具有巨大的合作空间和合作前景。在实现本地区数字经济腾飞方面，中国向东盟明确表示愿意与东盟国家在发展工业互联网、促进数字化转型等方面加强政策、技术、产业等多领域的深入交流与合作，携手释放区域数字经济潜能。

一、中国—东盟工业互联网合作基础

新冠肺炎疫情给东盟带来了更多的挑战和不确定性，东盟和中国充分发挥传统友好关系，在危机下携手合作，共同抗击疫情，推动经济复苏，诠释了中国—东盟命运共同体的深刻内涵，为全球抗疫合作树立了典范。2020年是中国—东盟数字经济合作年，工业互联网是双方合作的重要方向领域，中国作为东盟在推动本地区数字经济发展方面的合作伙伴，愿意与东盟国家在发展工业互联网方面加强政策、技术、产业等多领域的深入交流与合作，推动双方共同发展。

（一）推动数字化发展进程，加快产业转型升级

随着全球科技创新日益活跃，世界各国的经济结构也正在飞速变化。在国际分工体系的影响下，全球价值链、产业链各环节间的联系日益重要。在科技和产业变革和发展的推动作用下，数字化、网络化、创新化已成为全球产业和科技的鲜明特点，产业数字化程度将决定一国产业的竞争力或是在国际分工体系中的地位。中国是全球经济重要的一部分，也是为推动新科技革命和产业变革发展的重要一员。在新经济发展趋势之下，中国通过不断探索、调整和创新经济发展方式，逐渐从全球价值链的中低端迈向中高端。而东盟国家正在逐渐摆脱其以往的经济发展方式，即依靠低廉劳动力发展本国制造业的模式，逐渐转变为依靠数字经济、产业互联网推动国家经济产业结构变革的模式，以此改善国内投资环境，增加投资环境的包容性和经济发展的持续性，吸引更多优质外来投资。但随着近年来西方国家"逆全球化"和贸易保护主义政策、新冠肺炎疫情的影响，国际产业

链、价值链正不断遭受冲击。在此国际环境之下，中国和东盟之间的沟通合作将延伸至高科技产业和数字经济领域，这样既能充分、合理地在世界范围内配置创新资源，打造集各国、各地区为一体的产业分工体系和区域价值链体系，也可通过区域合作降低西方国家保护主义和单边主义带来的负面影响。

（二）推进制度规范化建设，夯实中国—东盟关系

东盟与中国毗邻而居，邻居大国身份定位是中国和东盟之间关系的基础。东盟重视与中国发展全方位、全面的合作关系，中国和东盟的合作可以追溯至 2003 年，中国是与东南亚地区国家首个签署了《东南亚友好合作条约》的大国，在此条约框架下，中国和东盟在各方面的合作便有了基础。2003 年 10 月，双方领导人一同签署和发表了《中国—东盟面向和平与繁荣的战略伙伴关系联合宣言》，这意味着中国和东盟之间的战略合作关系得到进一步的升级。随着双方合作关系的深入，中国不断以实际行动回应和践行彼此的合作条约，双方合作主要围绕科技、经济、政治展开，且成果斐然，贸易额也有显著提升，如自中国—东盟自贸区于 2002 年建成之后，截至 2019 年中国和东盟的贸易规模达到了 6415 亿美元，在 2002 年的基础上增加 5867 亿美元。2020 年 1—8 月，中国与东盟贸易总值达到 4165.5 亿美元，同比增长 3.8%，占中国外贸总值的 14.6%，东盟已成为中国第一大贸易伙伴。在区域经济合作的推动下，中国和东盟在多领域的合作有了更进一步的发展，双方的合作延伸至人文交流、交通运输、产业等领域，建立了多个产业园区、交通运输设施和人才交流项目，如"中国—东盟菁英奖学金"人文交流旗舰项目、"中国—东盟健康丝绸之路人才培养项目（2020—2022）"等，为双方全方位合作往来提供了更坚实的平台。随着中国和东盟合作的展开及合作制度优势的越发体现，双方的关系变得更加强韧和坚固。面对新冠肺炎疫情的袭击，中国和东盟情同手足，一同抗击疫情，互帮互助，共同开启了中国—东盟合作的新时代。

（三）紧密增强战略契合度，助力构建发展格局

数字化经济对于中国经济发展意义非凡，中国十分重视产业数字化、智能化发展方向，制定了《国家信息化发展战略纲要》，为数字化经济发展指明方向和道路，为今后数字化经济发展奠定基础，使之成为未来经济发展新动力，《中华人民共和国国民经济和社会发展第十四个五年规划和2035远景目标纲要》中提出加快数字化发展，建设数字中国。

东盟国家发展存在参差不齐现象，需要加强互联互通推动东盟经济发展的协调性和有效性。信息互联互通是构建工业互联网系统的重要部分，东盟国家为此制定了一系列的政策文件，包括《东盟互联互通总体规划2025》《东盟经济共同体蓝图2025》，各国还紧锣密鼓地制定"第四次工业革命综合战力"数字经济发展战略，以推进互联互通，实现东盟数字经济腾飞。信息互联互通建设得到东盟国家的高度关注后，中国和东盟国家合作范围也延伸到了经济和数字技术方面。双方自2020年起在5G通信技术、工业互联网、AI技术等领域进行深入的合作交流，共同寻求经济和技术发展的新节点，加速推动双方创新能力和发展速度的提升。

（四）聚焦数字经济合作，释放潜力融合互补

数字经济是中国与东盟的重要合作内容，双方的经贸合作为中国—东盟数字化经济合作提供了广阔的市场发展空间。2020年以来发表的《中国—东盟关于新冠肺炎问题特别外长会联合声明》《东盟与中日韩（10+3）抗击新冠肺炎疫情领导人特别会议联合声明》《中国—东盟经贸部长关于抗击新冠肺炎疫情加强自贸合作的联合声明》《东盟与中日韩（10+3）经贸部长关于缓解新冠肺炎疫情对经济影响的联合声明》等，均要求发展数字经济合作。中国一直注重数字经济基础设施建设，中国有着世界领先的数字经济基础设施、数字产业。根据瑞士洛桑国际管理发展学院（IMD）全球数字竞争力排名数据显示，2020年中国升至世界第14位。而数字经济在东盟国家内占比还较低，但依托于庞大的劳动人口群体、网联网用户，

东盟数字经济呈现良好发展趋势，东盟有着巨大的数字经济发展潜力。数据显示，2025年东盟数字经济规模有望达到3000亿美元，数字消费者预计突破3亿人，由此可见，东盟正在酝酿成为一个规模庞大且前景广阔的数字经济市场。

二、中国与东盟工业互联网合作进展

近年来，中国和东盟国家通过政策、经济等方面交流合作和合作机制创新，不断推动双方产业的发展阶段进程。数字化产业合作也使得双方在产业互联网合作方面有了更大的进展。在"一带一路"合作和建设下，中国和东盟在各领域合作有了更大的空间和更强的动力，也为工业互联网的发展提供了更广阔的空间。

2020年来，中国已在沿海和沿边地区规划布局了石化、电力、冶金、电子信息、林纸浆、有色金属、食品、物流等一大批重大产业项目，构建了具有更强影响力的产业集群，为双方在工业互联网领域开展合作奠定了坚实基础。

（一）发展战略持续对接

政策对于引导工业互联网发展方向有着重要作用，中国与东盟需要加强政策的对接和协调，以促进双方在工业互联网领域的合作。为了奠定工业互联网发展方向，双方在政策合作协调方面有着重大进展。自从签署《深化中国—东盟媒体交流合作的联合声明》《中国—东盟智慧城市合作倡议领导人声明》《中国—东盟关于"一带一路"倡议同〈东盟互联互通总体规划2025〉对接合作的联合声明》等文件之后，中国和东盟在工业互联网政策对接上有了更进一步的衔接。政策对接框架，一方面明确了未来双方在工业互联网领域合作的方向和核心；另一方面也为未来工业互联网发展提供了有力支撑。2020年8月，在中国—东盟工业互联网研讨会上，中国明确主要从4个方面推动中国和东盟的工业互联网合作：一是推动产业政策对接，加强中国与东盟国家在工业互联网领域的政策对接，在工业互联网发展政策、技术标准等方面分享成功经验，推动数字经济发展壮大；二是加强新基建合作，推动中国与东盟国家新型基础设施建设，强化双方在5G、工业互联网、车联网、边缘计算等领域的交流合作，支持产业各方探索数字经济的合作新模式，实现优势互补，提升发展能力，扩大合作空间；三是共研技术标准，推动双方政产学研合作，携手各方形成对接合力，促进双方政府部门、产业界、智库、商协会、金融界加强沟通，凝聚力量推动前沿技术创新合作，加强国际行业标准的联合制定；四是共享数字化发展成果，加强中国与东盟国家利用工业互联网在防疫抗疫和复工复产中的成功经验加强交流，共享数字化的防疫抗疫成果。

东盟各国有着不同的产业基础和经济发展阶段，中国和东盟国家开展工业互联网领域合作的侧重点会因合作国的不同而有所差异。与产业基础较好的国家（如新加坡、马来西亚等）合作时，合作的侧重点在数字技术、智慧城市等领域；而与产业基础较弱的国家（如泰国、柬埔寨等）合作时，合作的侧重点在于加强工业数字化转型和基础设施建设。中国与东盟国家的合作战略，具有因地制宜的性质和更强的灵活性，更体现了彼此进一步扩大合作范围的发展需求和希望。

（二）合作范围日益扩大

东盟国家经济发展速度增加，工业互联网在产业发展的过程中显得越加重要。而中国与东盟在工业互联网领域的合作也逐渐由点拓展至面，即合作领域在不断扩展、合作规模在不断扩大。中国与东盟正在智慧城市、网络安全、人工智能等多个领域进行合作交流。同时，中国在2019年上半年对东盟科技领域的投资便达到了25亿美元，超过2017年全年的投资额。国内通信技术企业通过国家层面平台，也参与到和东盟国家的合作中来，如中国电信运营商和通信企业与部分东盟国家共同建设数条跨境光缆和国际海缆。

在互联互通方面，东盟国家和中国除了在互联基础设施方面进行合作，还出台了许多政策。例如，文莱为推进 5G 技术发展及其应用设立专项小组，分别设立频谱和政策法规工作组、应用开发和基础设施工作组、教育和认知工作组。从政策、基础设施、技术技能方面入手，切实提高文莱 5G 技术水平，有利于未来加强 5G 技术和产业的结合，推动经济发展。柬埔寨政府为发展数字化经济也出台了一系列政策措施，通过颁布新《消费者保护法》《竞争法》《电子商务法》，建立数字经济法律框架；通过减免通信技术企业税收和创立相关创业基金，为国内通信行业的企业提供融资支持；通过课程教育设置和开设相应的科学技术工程项目，加强高校对数字化转型的研究，并培育相关技术人才和创新人才。

中国和东盟在互联互通方面有许多项目开展。中国设计的马来西亚—柬埔寨—泰国（MCT）海底光缆系统，全长约 1300 千米，连接马来西亚的珍拉丁湾和泰国的罗永府。该海底光缆系统自 2016 年年底投入使用以来，不仅有效推动了覆盖区域的经济发展，同时也为"一带一路"的建设提供了支持。除此之外，中新（重庆）战略性互联互通示范项目，即建设一条点对点的国际互联网数据专用通道，为中国和新加坡在数字贸易方面的便捷性提供了更好的保障。随着中新国际数据通道的运行，许多信息技术企业（如华为软件、浪潮集团、红星美凯龙集团、大华电器、九竹科技等）纷纷加入该平台，签订一系列重点项目，参与中新数字化经济的建设。截至 2021 年 3 月，双方累计签约合作项目 228 个，总金额达 320 亿美元。中新国际数据通道是坚实互联互通发展的重要平台，该平台为智慧城市、人工智能等信息技术的合作交流注入了强心剂，有效推动了中新工业互联网的建设，同时发挥其示范效应，为中国与其他东盟国家在工业互联网领域的合作开拓了更广阔的空间。

在平台建设方面，中国与东盟建成了中国—东盟信息港。信息港集成多个平台，为中国和东盟在关于基础设施、信息共享、技术合作、经贸服务和人文交流等领域的合作赋能。广西依托于中国—东盟信息港，在推进数字丝路建设中取得了重大进展。截至2021年1月，广西已建成3条国际通信海缆、12条国际陆地光缆、13个重要通信节点，并分别与9个东盟国家（如老挝、泰国等）建立政府间双边技术转移工作机制，形成了跨国技术转移协作网络，此网络覆盖2000多家企业。航天云网就工业互联网领域计划与东盟国家进行合作，以推动国家产业决策框架和监管机制，加速信息技术和产业深度融合，提高企业协同能力、表现力和竞争力。

在市场拓展方面，广西南宁跨境电商综合试验区投入运营，中国—东盟跨境电商产业集群便正式形成，为跨境电商交易提供便利。南宁市在原有基础设施的基础上，还构建了一批重点项目，如跨境电商冷链设施、跨境电商大数据中心、跨境电商孵化中心，通过升级并完善跨境电商公共服务系统，有效提高了跨境电商的交易速度，促进了区域内数字化交易系统的发展。在此合作背景下，中国数字经济领域龙头企业也随之加盟东盟国家数字经济的布局，建立了区域间的电子贸易平台，使该平台为区域跨境贸易提供服务，为新冠肺炎疫情期间应急救援物资流通提供服务。此外，中国企业投资的数字支付平台覆盖了大多数东盟国家，其中11个平台已服务超1.5亿用户。

（三）合作机制不断完善

健全的中国—东盟工业互联合作机制将促使双方扩大和加深双方在该领域的合作。中国和东盟在原有的合作体系上有着更深的合作，双方将以两大政府的沟通和交流为核心，以双方国内组织合作为补充，建立宽领域、多层次的合作机制。例如，中国和新加坡在原有的政府间合作项目框架下，针对数字领域构建多层级沟通协作机制；中国还与泰国、越南、柬埔寨分别达成了数字化领域的合作，通过建立对话机制、签署合作谅解备忘录等促成合作机制的建立。除此之外，中国和东盟还将建立更多渠道的合作机制，让更多组织参与工业互联网体系的建设，为中国和东盟国家工业互联网合作机制的完善提供多方面支持。

三、中国—东盟工业互联网合作发展机遇与挑战

中国与东盟在经济和产业方面有着极强的互补性和发展潜力，双方在推进工业互联网领域合作方面取得了一定进展，呈现出良好的发展趋势，并取得了一定进展。尽管如此，双方在展开工业互联网合作时依然会面临诸多挑战，在未来仍然有发展和改善的空间。

（一）顶层设计亟待完善

工业互联网是数字经济的重要组成部分和技术支撑。自数字"一带一路"倡议提出以来，数字"一带一路"不仅支持双方多领域互联互通，还可以促进双方资源和人力等方面的流动配置，为产业转型升级和促进创新就业赋能，构建经济共同体。数字"一带一路"是中国与东盟合作的重点，但是东盟各成员国推行的工业互联网发展战略之间缺乏相关性，项目一旦跨区域、跨领域便会寸步难行。同时，各国经济水平、产业结构的差异导致东盟工业互联网未能真正联结各国产业。东盟国家对于中国的态度也会影响工业互联网框架的建设，东盟对中国工业互联网合作持既欢迎又防范的立场，在一定程度上阻碍了双方工业互联网的建设速度。同时，东盟民营企业更多出于商业利益而参与中国和东盟的合作，这也会使双方合作规划的协调程度受到影响。

（二）发展治理亟须提升

当信息技术发展推动工业进步时，也带来了涉及安全、标准规则和治理机制等方面的挑战，从而制约中国和东盟之间工业互联网合作的进程。此外，各国税收制度、产业规则等存在较大差异，这对展开工业互联网布局而言，存在一定风险。其中，在经济方面，可能面临跨境生产的征税困境，有可能会使国家税金流失，造成一定损失，还可能引发国家之间的经

济贸易纠纷，因此，各个国家在工业互联网标准和规则方面还需要进一步完善。工业互联网的工业监管方还必须严格遵守东盟各国的监管规则，部分国家还没有完善的互联网监管制度和体系，制约了东盟工业互联网的发展和进步，更制约着中国—东盟工业互联网合作的进程。中国和东盟国家工业互联网合作存在治理滞后的问题，在发展工业互联网的框架下，在标准规范等细节方面，各国并未做好对接工作。各国在数据安全、互联网金融、互联网物流等诸多领域的标准和规范仍存在差异，这也导致在合作的过程中，由于差异而导致执行标准不同，合作结果也随之受到影响，因此，合作的进程就会受到阻碍。同时，东盟各国工业发展有着不同的侧重点，其治理水平也各有不同。

（三）"技术鸿沟"仍需跨越

工业互联网的进展还受到一国经济发展阶段、产业基础和发展环境的影响，加上东盟国家发展速度、国家经济结构、信息化水平等方面的不同，东盟成员国在技术方面存在明显差距。在世界63个实现数字化的国家中，新加坡的竞争力位居第二，其他东盟国家的排名普遍靠后，如菲律宾、印尼。此外，大部分东盟国家工业基础设施的投入水平较低，信息数据设施支撑薄弱，数字化转型障碍较多，需要耗费更多财力和精力。在此环境下，中国和东盟开展跨国跨区域的经济贸易效率较低，经济规模效应也难以扩展。

与此同时，东盟国家数字人才资源匮乏也影响着数字化的进程。人才资源作为推动工业互联网建设的关键环节之一，人才资源匮乏会阻碍中国和东盟国家工业互联网在各国的协调推进。2020年，东盟国家主要以吸引外来投资的方式，吸引国外人才参与本国工业互联网建设。但工业互联网存在复杂的属性，东盟国家的人力资源和劳动力培训体系要足够完善才能与其数据、技术、资本密集的特点相适应，受限于大部分东盟国家较为落后的人才资源体系，工业互联网企业在当地难以找到与工作岗位匹配的员工，这显然会影响东盟互联网企业的可持续发展。

四、中国—东盟工业互联网合作的未来路径

中国—东盟工业互联网建设机遇与挑战并存，双方在建设工业互联网方面本着"共享、共建、共商"的原则推动区域数字治理建设、培养人才、制定发展规划、构建政策与对接平台，从各方面推动和改善区域内合作程度。

（一）加快各方政策深度对接

中国与东盟的战略规划可以将工业互联网领域作为重点之一，明确合作发展方向，通过构建多元合作机制，如人文交流对话机制、经贸高层对话机制、战略对话机制，来增加彼此的政治信任程度，使双方能够主动维系彼此的合作关系。中国需要结合东盟国家产业发展的实际情况，明确数字化技术的定位，采取灵活务实的策略，以差异化的策略推动双方的合作发展。针对产业、互联网技术基础较好的国家（如新加坡、马来西亚等），对接机制可覆盖数字治理、知识产权、数字贸易、智慧城市、科技金融等领域，而针对产业、互联网技术基础较弱的国家（如柬埔寨、泰国、缅甸等），中方应本着拓宽合作深度和广度的考虑，积极探究新的电子商务、数字人才培养、工业互联网基础设施模式。中国还要携手区域组织推进工业互联网体系改革，实现各类机制性会议议题与互联网合作的融合，如澜湄合作、中国—东盟"10＋1"、区域全面经济伙伴关系协定（RCEP），形成效率更高、层面更多、领域更广的工业互联网体系。中国还需推动工业互联网企业参与更加开放、更加多元化的数字化合作项目，打造具有示范效应的工业互联网项目成果，并且完善数字化经济方面的规范、法律和标准，提高中国与东盟间工业互联网的适应能力和协调能力。

（二）共商工业互联合作规划

中国和东盟国家需要健全合作体系，从明确合作目标和定位出发，结合差异化的工业互联网建设战略，形成精准性更高的行动路径。首先，中国应在人工智能、智能制造、电子商务等领域与东盟国家进行广泛合作，切实提高资源要素的配置效率。在明确发展蓝图的前提下，通过制定相应的政策、标准、合作框架，并增强这些框架间的联系，推动工业互联网技术合作发展，实现四链协同效应的最大化，为区域内价值链、产业链、工业链、创新链赋能，要尽快实现新兴产业合作和传统产业优化升级与工业互联网规划的整合，最终达到优化升级双方产业的目的。中国还需要对东盟国家的产业、工业互联网现状和需求进行分析，推进政策创新与精准施策，以推动差异化合作策略的实施。例如，可进一步加大对老挝、缅甸、柬埔寨等周边国家工业互联网技术和产业基础的援助力度。此外，工业互联网还应沿着多元化的方向推进，要主动与国际组织合作，如金砖银行、世界银行、亚洲开发银行等，共同参与东盟产业建设，提高工业互联网建设的效率和可行度。

（三）创新工业人才培养模式

中国与东盟国家围绕工业互联网和数字经济合作期间需要主动培养复合型人才，携手建立强大的知识体系，推动相关领域人才的培养，推进人才链与产业链、创新链协同配合。中国还可以通过与相关国际组织和各类教育服务机构合作，加强在数字化经济领域的研究和教育资源配置，共同建设多层次的培训教育体系，加强教育培训在东盟各国的本地化程度，提高数字化知识素养和应用能力。同时，在数字化课程研发和知识框架构建的过程中，需要因地制宜，根据东盟国家的现状和发展特点，创新人才培养模式。同时，让信息技术企业参与人才资源培养，一同为建设工业互联网人才体系做贡献。此外，要向相关培训企业采取优惠措施，如减免税收、信贷优惠等，这样才能使企业高度重视培养工业互联网人才的工作。

中国需要与东盟形成更高层次的合作关系，才能创造条件吸引更多互联网尖端人才，使中国科研机构与东盟国家在技术研发和转移中心的支撑下，围绕区块链、人工智能、大数据技术进行更深层次的合作，推动其成为高端人才集聚地和龙头企业研发策源地。双方还可以就工业互联网人才的沟通进行合作，通过彼此认证和关联双边或多边学历学位、技术职业资格来降低东盟人才进入相关行业和市场的门槛，以提高中国和东盟在工业互联网人才方面的培养能力。

（四）推进区域协同治理水平

中国—东盟工业互联网建设需要彰显"寓发展于治理"的精神，才能按照治理理论实现数字化技术的发展。在治理框架和治理模式上，双方可通过建立双边、多边综合性协调机构，为治理框架和治理模式提供支持，有利于工业互联网以高标准、高适配性融入区域经济及世界经济体系中。双方在工业互联网方面制定的合作规则应该体现出开放性、安全性、和平性，在保障产业、工业信息安全的前提下，实现工业互联网国际治理模式的创新。在冲突管控上，中国与东盟各国可对工业互联网信任和安全机制进行更深一步的建设，对冲突进行有效管控，保护好知识产权和隐私数据，协调好贸易矛盾，并妥善解决技术犯罪等问题。

工业互联网在不同的发展阶段有不同的治理重点和难点，这需要双方携手努力，缩小技术与政策的差距，加强政策与技术的协调，推动工业互联网在双方之间发展的一致。双方可以借助外部组织，如携手国际组织，包括世界知识产权组织、经济合作与发展组织（OECD）、联合国等，建设互联互通的治理体系和国际标准体系。在制定工业互联网国际规则方面，中国与东盟各国要友好协商，达成共识，使得发展中国家也有权制定有关工业互联网规则。

（五）防范和对冲其他国家干扰

中国与东盟各国关系发展要体现"亲、容、惠、诚"的理念，对于东盟提出的合作请求和经济需求要及时予以回应，防范和降低其他国家及外部因素对中国与东盟国家在工业互联网领域合作的负面影响。中国和东盟国家间的产业有着强大的互补效应和潜力，需要紧抓这一主线，推动中国与东盟国家的合作。对于其他国家干扰，可以采取灵活策略，通过调查研究寻找各国利益的契合点，争取形成由竞争向合作转变的良性互动，有利于中国和东盟工业互联网的合作进程。

参考资料

1. Dell'Oro Group 发布前三季度 5G 通信设备市场报告 5G 竞争激烈，设备商排名波动较大. 人民邮电报，2020-12-17。

2. 中国—东盟智慧城市示范产业园在南宁建设. 南宁日报，2020-09-07。

3. 工业和信息化部国际合作司. 深化国际合作 积极构建新发展格局. 中国电子报，2021-01-08（003）。

4. 邓聪. 工业互联网发展步入快车道. 人民邮电，2019-12-22（001）。

5. 中新互联互通项目累计签约 228 个合作项目. 人民网，2020-09-15。

6. 中国国际工业互联网创新发展大会开幕. 智能制造，2019（9）：7。

7. 中国—东盟关系（2020 年版）. 中国东盟中心，2020-02-26。

8. 闫志君，翟崑. 中国东盟共建数字经济"一带一路"核心区. 中国经济时报，2019-05-08（005）。

9. 卢青，曾剑飞. 新加坡网络安全人才培养模式研究及启示. 网信军民融合，2019（4）：54-57。

10. 李泾东，陶耀东. 共筑工业信息安全的"命运共同体". 电气时代，

2019（4）：28-30。

11. 吴吉庆，韦有双. 智能制造带来的工业信息安全思考. 信息技术与网络安全，2018，37（3）：24-27。

12. 王勤. 东盟跨入共同体时代：现状与前景. 厦门大学学报（哲学社会科学版），2016（5）：80-89。

13. 姜志达，王睿. 中国—东盟数字"一带一路"合作的进展及挑战. 太平洋学报，2020，28（9）：80-91。

B.11 中国—东盟工业信息安全发展研究

刘丽珊　彭静怡　王宇弘[1]

摘　要： 工业互联网合作是中国与东盟国家共同应对世界科技革命与产业变革，实现各自发展战略目标的创新实践，也是推进双方合作进程，实现合作领域延伸，实现"一带一路"倡议在东盟落地的重要手段。2020年，中国—东盟工业互联网合作具有广阔的合作空间，但面临相关合作的顶层设计不完善、数字治理滞后于合作需要、存在巨大"数字鸿沟"和其他国家激烈竞争等挑战。为此，中国与东盟应加快各方政策深度对接，共商工业互联网合作规划，创新数字人才培养模式，推进区域治理数字化，同时防范其他国家干扰，提升双方工业互联网合作水平。

关键词： "一带一路"倡议；东盟国家；工业信息安全

Abstract: Industrial Internet cooperation is an innovative practice for China and ASEAN countries to jointly respond to the world's technological revolution and industrial transformation, and to achieve the goals of their respective development strategy. It is also an important means

---

[1] 刘丽珊，硕士，国家工业信息安全发展研究中心工程师，主要研究方向一带一路、数字经济、产业合作；彭静怡，硕士，国家工业信息安全发展研究中心工程师，主要研究方向战略规划、政策法规、信息技术；王宇弘，硕士，国家工业信息安全发展研究中心高级工程师，主要研究方向国际合作、产业政策、区域经济。

to promote the process of cooperation between the two sides, extend the cooperation fields, and implement the measures under "The Belt and Road" Initiative in ASEAN. In 2020, China-ASEAN industrial Internet cooperation had seen a broad space for cooperation, but also faced challenges such as imperfect top-level design, digital governance lagging behind the needs of cooperation, the existence of a huge "digital divide" and fierce competition from other countries. To this end, China and ASEAN should accelerate the in-depth policy alignment, discuss the planning of industrial Internet cooperation, innovate digital talent training models, promote regional digital governance, prevent interference from other countries, and improve the level of industrial Internet cooperation between the two sides.

Keywords: "The Belt and Road" Initiative; ASEAN Countries; Industrial Information Security

21世纪以来，工业与信息化融合浪潮席卷全球，以人工智能、云计算、大数据、物联网为代表的新一代信息技术与制造业深度融合，传统的工业控制系统开始转变控制方式，新一代信息技术逐渐应用于大型工程控制系统，并且随着工业生产环节对管理和控制智能化、一体化的要求不断升级，孤立的生产环境逐步要求更高层次的开放互联，原本封闭的制造系统纳入计算机终端程序的控制，专有的工业新技术打破人工控制边界，网络与工业之间的隔阂日渐消弭，物力成本与人力成本不断降低，工业发展质量与效率稳步提升，万物互联的时代即将来临。未来，ICS系统（工程控制）与IT系统持续对接将是不可逆转的潮流。现代工程控制系统大多采用普及较广的通用操作系统，遵循相对应的TCP/IP标准协议，随着工企业务不断升级，大量工业系统与IT系统需要进行更为频繁的信息交换，导致原来相对封闭且较为安全的工程控制系统网络环境日渐开放，工程控制系统暴露与日俱增，面临的安全风险进一步加大。

一、中国—东盟工业信息安全发展特点

近年来，中国和东盟坚持务实合作、多方参与，在探索网络空间治理之道上取得丰硕成果。《"一带一路"数字经济国际合作倡议》指出，支持互联网创业创新，推进国际标准化合作，鼓励共建和平、安全、开放、合作、有序的网络空间。东盟作为"一带一路"核心区域，不仅在地理位置上有着得天独厚的优势，在经济和人口发展上也有着不小的潜力。根据一带一路经济数据库数据显示，2019年东盟十国国民总收入之和为3.14万亿美元，人口总数为6.55亿，是除欧盟外全球最成熟的区域经济体。东盟地区在工业信息安全领域，具备极大的合作空间与潜力。回首过往，中国与东盟积极探索建立网络安全合作机制、共同打击网络犯罪，持续深化网络安全能力建设，形成了《中国—东盟非传统安全领域合作谅解备忘录》《中国—东盟关于建立数字经济合作伙伴关系的倡议》等合作框架。除此之外，中国与东盟国家的工业信息安全合作也在逐步加深。中国与老挝签署了《网络空间合作与发展谅解备忘录》，在互联互通安全、网络空间安全等领域展开合作；与越南、缅甸联合展开打击网络赌博执法行动；与柬埔寨联合成立"协调办公厅"，合作联办网络安全研修班，共同提升打击网络犯罪能力，打击网络诈骗等犯罪行为。

（一）着力健全体制机制，强化网络安全战略规划

自东盟成立以来，东盟各国协同发展进程逐渐加快，经济一体化取得实质性进展。2020年，在世界政治经济形势仍充满不确定性的情况下，中国与东盟国家坚定数字经济开放合作发展方向，颁布相关政策法规、建立区域合作机制，通过合作研发、应用推广、组建联盟等方式，持续推进工

业信息安全建设，并探索建立"全方位、一体化、多层次"的工业信息安全维护机制，设立信息协调部门、网络监督管理、网络犯罪打击等网络空间治理机构，以面对与日俱增的工业信息安全风险事件。

目前，东盟各国网络治理机构大致分为两类，一是打击互联网犯罪的机构，主要职责在于跟踪监控可疑网站，分析不利信息安全网络情况，对于危害工程控制系统、泄露安全信息的网站给予严厉打击；二是行政主管部门，主要职能是制定互联网安全发展政策，对网络空间发展规划实施行政管理职能。

新加坡工业信息化发展较快，较为重视国家网络安全问题，设立了多个监管机构以确保信息网络安全建设，如通信安全委员会（NISC）、通信科技安全局、网络安全局（CSA）及国家网络安全中心。其中，通信科技安全局负责维持互联网空间安全秩序；通信安全委员会负责制定互联网安全策略；网络安全局负责监督互联网安全政策执行、监察网络安全产业合规运营；国家网络安全中心则设立关键互联网监测系统及其他必要设施，负责对网络威胁予以严厉打击。

马来西亚负责工业信息安全的国家机构主要有3个，分别是国家网络危机委员会、马来西亚网络安全局（CSM）及马来西亚计算机应急响应小组。其中，国家网络危机委员会负责为互联网安全制定政策规划；马来西亚网络安全局的职能是监测国家互联网政策的具体落实，处理互联网应急事件及其他信息取证工作；马来西亚计算机应急响应小组的职责在于通过计算机安全算法程序处理网络用户面临的潜在威胁，将互联网风险暴露降至最低。

泰国负责维护工业信息安全的组织包括国家网络安全委员会（NCSC）、数字经济与社会部及国家警察网络工作队。其中，泰国新成立的国家网络安全委员会具有访问个人或私人公司的计算机和制作信息副本的权限。泰国数字经济与社会部设立打击假新闻中心，其主要任务是辨别网络信息的客观性，并及时反馈和更新核查结果，提高民众防骗意识。此外，国家警察局下设的警察网络工作队职能在于接收打假新闻中心的举报，对散布谣言、违反网络安全治理的行为实施制裁。

印尼对于工业信息安全更侧重于国防和军事管理，它将互联网信息安全机构设立在国防部门之下。例如，国防部门设立的网络防御部队，主要对国家军事基础设施和军事网络进行安全防护。除此之外，印尼还设立并行的互联网基础设施协调中心进行常规网络安全工作，协调中心下设安全事故响应团队，对存在的互联网威胁进行事故警报、紧急处理。2017年6月，印尼建立国家密码网络局（BSSN），通过收集、开发和整合与网络安全相关的所有元素，有效地保障网络安全。

由于越南互联网发展起步较晚，网络普及率较低，所以越南负责工业信息安全的部门也较为分散，主要由3个职能部门负责，分别是公安部后勤和技术综合部、国家网络安全技术中心及国家计算机应急响应小组。其中，公安部后勤和技术综合部负责对确定的网络犯罪进行处罚；国家网络安全技术中心的职责在于开发互联网安全系统，通过安全系统实现对网络的安全监测、危机预警及事件响应。

菲律宾主管工业信息安全的部门为信息和通信技术部（DICT），但是在网络安全领域，菲律宾缺少必要的关注和资金投入，2019年1月，菲律宾政府加大对网络犯罪的打击力度，DICT推出一个以网络威胁情报平台为核心的"网络安全管理系统项目（CMSP）"，菲律宾本国企业集成计算机系统公司（ICS）与以色列企业锐特（Verint）共同创办了一家合资企业，这家企业预计利用3年时间完成该项目的一期建设工作，以加强菲律宾在执法、国防、政治和选举等领域的网络安全建设。

（二）加强政策法规保障运行，规范化管理工业信息安全

随着新一代信息技术的快速发展，国家安全边界已从原本的地理空间限制拓展到网络空间，不少国家工业控制系统都曾遭受复合手段的攻击，攻陷的IoT、IT节点成为后续勒索和间谍行动的支点或跳板。2020年上半年，一些国家关键基础设施、非PC目标、SCADA/ICS/IoT、车联网、无

人机，甚至卫星基础设施均成为主要攻击目标。2020年2月，美国天然气管道及澳大利亚一航运和物流公司持续遭受勒索软件攻击；2020年3月，全球最大的跨国垂直整合炼钢和采矿制造商也遭受勒索软件攻击；2020年4月，以色列水利基础设施遭受重大网络攻击，葡萄牙能源巨头遭勒索软件攻击；2020年5月，伊朗霍尔木兹海峡的重要港口遭受网络攻击，瑞士铁路机车制造商遭勒索攻击，全球性、地域性的工控安全事件层出不穷。

工业网络安全公司CyberX在《2020年全球物联网/ICS风险报告》中指出，大多数工业企业信息技术和OT安全专业人员感受到了网络安全威胁的增加，而《2020年漏洞和威胁趋势报告》指出，自2015年至2020年上半年，新的漏洞在大幅增加，2020年上半年工控漏洞数量为9799份，相较于2019年同期增幅34%（见图11-1）。

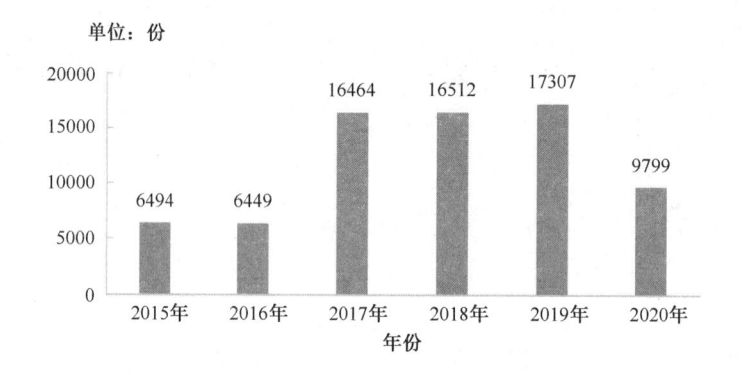

图 11-1 工控漏洞数量逐年增加

而在漏洞等级分布上，2020年存在高危漏洞4115个，严重漏洞1495个，占总工控漏洞数目的57%（见图11-2）。统计结果显示，最容易受工业信息安全威胁的行业包括制药、油气、电力、制造及建筑管理，这些行业在国计民生方面有着举足轻重的地位。在此局势下，严防工控漏洞，维护工业信息安全是每个国家面临的十分严峻的问题。近年来，东盟各国工业信息化建设初显成效，但不可避免地会遭受控制漏洞威胁及信息泄露危机，工业信息安全事件时有发生。通过对东盟地区3年来的工业信息安全风险水平进行整理发现，东盟面临网络安全攻击的困扰，且主要面临网络系统遭遇黑客破坏、客户信息泄露等风险（见表11-1）。

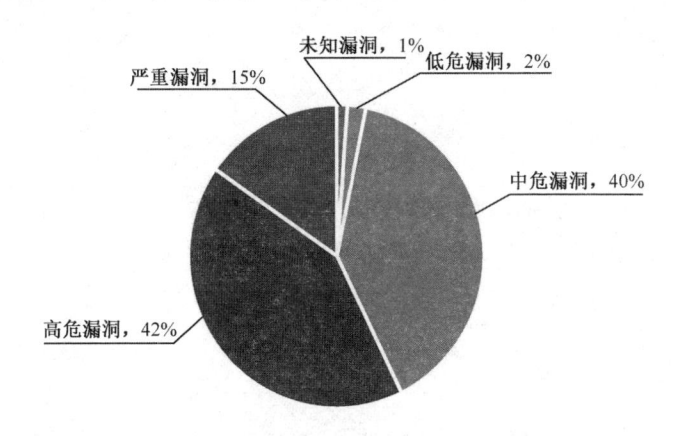

图 11-2 漏洞等级分布

表 11-1 东盟国家工业信息风险暴露事件

时间	事件
2018年7月	新加坡遭受有史以来最大规模的网络安全攻击，150万名到新加坡保健服务集团下属医院和诊所看病的门诊病患个人资料遭网络黑客盗取
2019年2月	菲律宾金融服务公司市场营销部门的电子邮件服务器被攻击，致使大约90万名客户数据在未经授权的情况下遭到黑客窃取
2019年9月	黑客入侵了马印航空公司的服务器（总部位于马来西亚），窃取了数百万名乘客的个人信息，主要包括电话、地址和护照信息
2020年4月	福特和大众的两款畅销车被爆存在严重安全漏洞，黑客可利用该漏洞发动攻击，窃取车主的个人隐私信息，甚至操控车辆，对车主的信息安全和生命安全产生极大威胁
2020年5月	泰国最大的GSM移动运营商，AIS拥有约4000万人的用户规模，因允许公开访问数据库，导致大约83亿条记录被泄露，且泄露6天后才被安全研究人员发现，泄露时间长达3周之久，其中包含NetFlow数据和DNS查询日志，容量约为4.7Tb
2020年6月	含23万印尼公民新冠病毒检测结果的政府数据库疑似遭黑客窃取，印尼政府随后展开调查

资料来源：国家工业信息安全发展研究中心分析整理。

在信息通信产业高速发展的窗口期，东盟各国逐渐认识到工业信息安全规范化管理的重要性，开始制定法律政策、拓宽管理渠道、规范管理流程，以维护国家工业基础设施安全稳定运行，提升工业发展的有序性、可持续性（见表 11-2）。

表 11-2　东盟各国近 3 年工业信息安全法律法规汇总

国家	颁布时间	法律法规
柬埔寨	2019 年	2019—2023 年国家发展战略计划
	2020 年	柬埔寨 ICT 总体规划 2020
印尼	2019 年	个人数据保护法案（草案）
	2020 年	IMEI 管理法规
菲律宾	2020 年	国家网络安全规划 2022
新加坡	2019 年	个人数据保护法
	2020 年	物联网网络安全指南
越南	2019 年	网络安全法
老挝	2020 年	国家数字经济总体规划 2021—2025
文莱	2020 年	MTIC 2025 战略

资料来源：国家工业信息安全发展研究中心分析整理。

印尼于 2020 年 1 月初向其立法机关提交了《个人数据保护法案（草案）》，以推进对个人数据的保护，并且在保护数据、维护数据主权的同时，确保创新及商业投资机会的开放；新加坡于 2020 年 5 月发布《个人数据保护法案（修订）》草案；柬埔寨在《柬埔寨 ICT 总体规划 2020》中明确要通过建设网络安全来确保互联性；老挝也制定了网络安全政策和规划，在其 2020 年 9 月通过的数字经济宏观规划中涉及了关于建设网络安全框架和数字经济基础设施等具体举措；菲律宾也在《国家网络安全规划 2022》中设定了提升社会网络安全教育程度的目标，并开展多项相关培训活动。

此外，早在 2019 年泰国就已经推出《网络安全法》，以维护工业互联网信息安全。马来西亚也计划推出强制性数据泄露通知法案，并积极协同伙伴国展开关于工业信息安全的交流合作，2020 年 8 月，华为与马来西亚数字经济发展局（MDEC）签订谅解备忘录，双方约定通过华为的主导技术及咨询服务解决该国跨国网络安全问题，打造东盟数字枢纽。

（三）工业信息安全区域合作加强，东盟国家高层对话频繁

工业信息安全应急处置尤其需要各国加强合作，因此东盟内外也纷纷建立健全信息安全通报和共享机制，共同打造联防联治平台，健全信息安全组织架构，强化对工控系统安全风险漏洞的监督，及时通报工业信息安全风险事件，并集中治理跨国互联网工业信息安全事件。

首先在区域合作上，东盟各国除建立自身防控机制外，在整体上，通常采用以声明、宣言、总体规划和行动计划等为主的制度形式，并在此基础上建立了一些非正式合作机制，这些非正式合作机制通常以会议论坛形式开展双多边交流，如针对网络安全问题建立的东盟网络安全部长会议（AMCC）。

其次，在国际合作上，东盟国家积极展开成员国之外的合作交流，开展网络安全技术方面的培训及安全演练。2019年，印尼加入CCRA（共同准则互认协定组织），成为CCRA认证的成员国之一，开启与美国、加拿大、日本、韩国等多个国家有关IT产品认证和国际化的交流之旅。2020年3月，新加坡与澳大利亚续签网络安全合作谅解备忘录，备忘录涉及信息交流和共享、联合网络安全演习、网络安全培训、经验分享与创新、建立区域信任措施、区域网络安全能力建设等方面内容。2020年10月，东盟开展以"利用疫情开展的恶意软件活动"为主题的网络安全应急演练，参与演练的国家需要迅速识别网络黑客攻击，并联合本国网络安全平台协助信息安全部门对受攻击的服务系统进行修复和防范。

此外，我国也同东盟国家积极开展双多边交流。在2020中国—东盟博览会上，我国与东盟国家以"工业控制与信息安全"为主题，对网络空间防御、关键信息基础设施及工控安全等问题进行深入交流，并以此为基础加强工业互联建设，提升工控信息安全等级。2020年5月，中国与东盟

在《关于抗击新冠肺炎疫情加强自贸合作的联合声明》中强调，稳定区域经济，并借力技术和数字贸易手段，遵守负责任的商业实践，引导和帮助相关方继续开展经营。2020年11月，中国—东盟领导人会议召开，会上就如何发展数字经济展开了讨论，本次会议的成果为《中国—东盟关于建立数字经济合作伙伴关系的倡议》，双方以互信互利、共赢、创新、包容为原则打造数字经济合作关系，彼此都充分肯定了新冠肺炎疫情防控期间数字技术的价值，将共建跨境网络安全事件响应平台（内容来源于国家互联网应急中心）。

（四）工控标准影响力深远，东盟沿用西方标准成为常态

当前，关于工业信息安全发展的工作重点集中体现在监测预警、认证评估等服务方面。而对于是否达到安全建设标准，各个国家存在一些差别。因此统一工业信息安全标准建设是检测预警、认证评估等服务的前提。当前东盟在工业信息安全认证标准上，由于欧美发达国家较早开始制定标准法规，且在技术上占据主导地位，并建立标准组织凝聚力量（见表11-3），因此目前普遍采用西方国家认证标准。

表11-3　国际知名工业信息安全组织

区域/国家	制定相关标准组织
国际	国际电工委员会（IEC TC 65）
	国际自动化协会（ISA99）
	国际电信联盟（ITU）
美国	美国国家标准与技术研究院（NIST）
	美国国家标准化协会（ANSI）
英国	信息安全管理委员会（ISO）
德国	德国技术监督协会
新加坡	信息技术标准委员会（ITSC）
中国	工业过程测量和控制委员会（TC124）
	信息安全标委会（TC260）

资料来源：国家工业信息安全发展研究中心分析整理。

在工程控制系统安全标准化研发上,美国是第一个出台具体指南的国家,美国国家标准与技术研究院于2015年出台了《工业控制系统安全指南SP800-82》,对工业信息安全体系架构进行了具体说明;以德国为代表的欧洲国家,早已开始基于信息安全管理体系依据ISO系列进行工控安全的建设;以日本为代表的亚洲国家基于国际电工委员会IEC的认证规定,在工程控制产品的生产上必须通过IEC62443标准才能在国内使用,并把IEC标准运用到重点行业工控安全检查中;东盟国家仅新加坡存在一套工业信息认证标准,即I-sprint企业部署的凭证管理和通用身份认证,目前在美国、日本、马来西亚等15个国家沿用。ISA/IEC622442系列标准则出自国际化自动协会ISA委员联合会与国际电工委员会IEC技术小组,旨在使系统集成商、产品供应商和服务提供商可以通过使用该标准来评估他们的产品和服务。不难发现,针对信息安全标准建设与实施,国际上更侧重于工业领域,如石油化工、航天航空、机械制造及电力通信等,并且各个国家依据自身不同的工业发展情况,各自的重点实施领域也有所差异。

东盟工业信息安全标准化工作整体处于起步阶段或尚未开发阶段,因而存在体系建设不足、落地应用困难等问题。在工业信息安全标准建设上,除新加坡有安全建设标准外,其他国家尚未开启工业信息安全标准的研制,目前在工业生产上主要沿用国际通用标准,且东盟国家内部未形成专业的工业信息安全标准管理组织。此外,东盟国家在生产安全标准方面存在交叉、重复、新旧标准关系不清、衔接性差、关联性不强等问题;在引入的国外标准中,国外引进通用标准和具备工业特色的本国标准还未有效衔接互补。另外受文化差异及工业制造水平等因素影响,信息安全术语定义与东盟国家实际理解内涵稍有偏差,而通用性国家标准难以较好地满足行业需求,导致标准实际落地应用不顺畅。

(五)东盟国家工业信息安全建设差异化,新加坡龙头地位明显

在工业信息安全建设上,由于东盟国家互联网发展程度参差不齐,且受经济发展水平影响,总体呈现差异化发展趋势。其中新加坡在工业信息

安全领域的优势地位明显。新加坡的国土面积及人口数量在东盟国家中都不占优势，但是新加坡在东盟国家中的经济发展水平最高，人均国民总收入遥遥领先，经济总量在东盟 10 个国家中位居前列。不仅如此，新加坡注重科技兴国，高科技产业发达，是国际上公认的创新型经济体。高水平的经济与科技实力使新加坡在东盟中扮演着"领头羊"的角色，地位举足轻重。近年来，新加坡政府部门通过打击网络犯罪，旨在创造更加安全的网络空间，推动新加坡成为可信数据中心；积极建立强健的基础设施网络以保障能源、水利、信息、银行业在网络攻击的情况下免受损害；加强网络安全方面的国际合作，建立基于规则的国际化多边网络安全秩序，共同应对跨国网络威胁。与此同时，新加坡还不遗余力地增加本国对国际优质互联网安全公司的吸引力，专门针对工业信息安全行业的发展构建了配套的网络安全专业技能人才库，推动工业信息安全行业发展。

2020 年前，在东盟整体层面，互联网用户以 18% 的年均增速增长，并且互联网用户人增速一直保持着上升态势。在互联网建设上，若以每百人互联网用户数表示东盟工业运用数字技术的能力及工业信息基础设施的完善情况，就可从图 11-3 中发现，文莱百人均互联网用户数 91.4 人、马来西亚百人均互联网用户数 79.4 人和新加坡百人均互联网用户数 81 人，这 3 个国家互联网分布程度较高，在东盟国家处于领先水平。

就高速互联网建设成本而言，新加坡是东盟经济体中成本最低的国家，费用为 0.33 元/月/兆比特，其他国家如泰国、印尼、越南、菲律宾及马来西亚互联网建设成本分别为 2.73 元、9.04 元、15.67 元、17.49 元及 20.54 元，而东盟欠发达国家如缅甸、柬埔寨、印尼和老挝绝大多数人口甚至根本无法访问互联网。在享有工业信息安全服务上，以东盟各个国家每百万人安全互联网服务器数量衡量，新加坡每百万人安全互联网服务器数量约 12.2 万台、互联网安全建设设施数量位居东盟首位，而不少发展相对落后的东盟国家如缅甸、老挝每百万人安全网络服务器数量不足百台，整体差距十分明显（见图 11-4）。

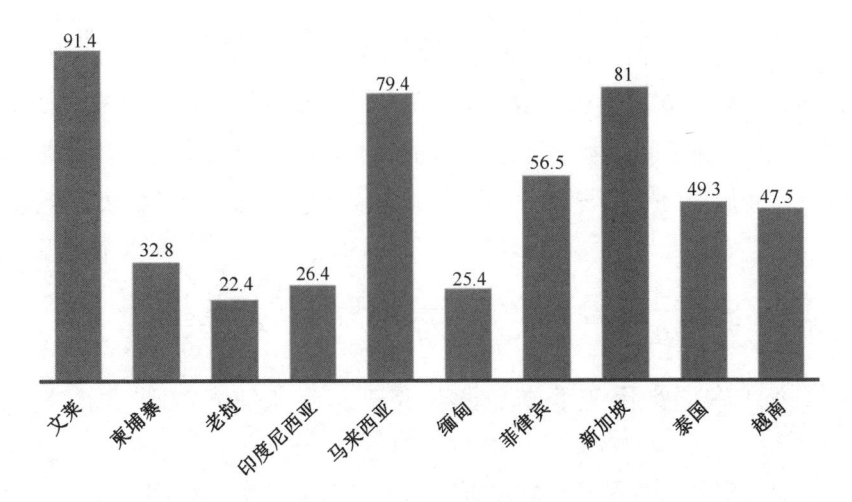

图 11-3　东盟每百人互联网用户数（单位：人）

资料来源：世界银行。

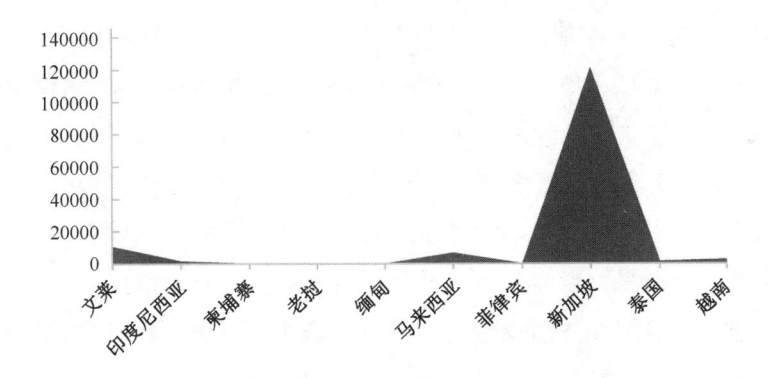

图 11-4　每百万人安全互联网服务器数量

资料来源：世界银行。

在互联网安全指数层面上，ITU组织发布的《全球网络安全指数》报告指出，东盟国家的网络安全指数有较大差距，新加坡被评为世界上网络安全指数最高的国家。在网络安全方面，新加坡、马来西亚较为重视互联网安全建设，并取得了较好的成果；一些国家摸索出了适合自己的网络安全保障模式，而且进行了安全治理工作，如菲律宾、老挝、印尼、文莱、泰国，其他东盟国家还处于摸索阶段。

综上所述，东盟不同国家工业信息安全发展各异，总体差异化较大，东盟地区目前存在较大的"数字鸿沟"。这虽然在东盟内部形成的帮扶机制下，为国与国之间技术交流提供了合作的机会，但在一定程度上，由于工业信息化发展的巨大差异也加剧了工业信息安全建设差异的扩大化趋势。

二、中国—东盟工业信息安全合作机遇与挑战

（一）东盟地区工业布局逐步完善，工业信息市场需求较大

东盟国家处于太平洋、印度洋、大西洋与亚洲大陆之间，历来是域外国家争相合作的重点对象，也是我国推进"一带一路"建设的重点发展区域。随着经济开放程度的提高，东盟各个国家工业化布局日渐加深，在电力通信、交通运输等基础设施上取得很大进步，如泰国提出"泰国 4.0"战略，未来将聚焦于航空物流、数字产业、全方位医疗产业等有待开拓的领域；2020 年 10 月，新加坡举办第五届国际网络安全周，包括全部东盟国家在内的 60 多个国家参与，活动中，新加坡把加速东盟数字化转型进程作为主要议题，东盟各国集体承诺，未来将采取实际措施以提高区域网络安全水平。但是，当前东盟在互联网普及程度上，东盟国家当前总人口数量超过 6 亿，网民数量仅接近 2 亿，互联网普及率不足三成。在网络安全建设上，东盟国家工业信息化建设发展差距大且不均衡，各个国家存在较大数字鸿沟，整体处于不协调不均衡状态。虽然东盟地区发展中国家在战略上重视网络安全产业，但是由于网络安全基础设施依旧需要继续强化建设，同时在工业信息技术发展层面也体现出了较为薄弱的一面。东盟地区除新加坡工业信息化较为发达外，其余大部分国家工业互联网布局往往更多依赖于国际技术合作来进行提升。东盟地区发展中国家安全产业原生动力仍有待进一步增强。

研究发现，东盟地区工业体系建设逐渐完备，互联网普及程度日益加深，但是工业化与信息化融合却并不成熟，在国际社会工业信息发展日新

月异，同时东盟国家对于工业信息安全发展、技术研究、安全管理与设备引进有急切需求。而近年来我国在工业信息化发展建设尤其是在工业信息漏洞挖掘、技术认证上取得了较大进步，我国安全企业的国际参与度和认可度在逐年提升。未来我国与东盟国家携手共建工业信息安全必将迎来新曙光。

首先，我国与东盟国家交流频繁，建立了多重对话机制。在《网络安全合作声明》中，东盟国家都认可工业信息安全产业发展布局的需要，并愿意加强与中方的交流合作。2019年，中国—东盟信息港数字经济产业联盟启动，51家东盟各国政府机构、国际组织、科研机构与行业企业协商，共同致力于信息安全产业合作及稳定的基建联系，如深信服在马来西亚、印尼、新加坡等东盟国家设立子公司，逐步渗透形成海外市场的共建网络；绿盟科技公司成功中标马来西亚运营商网络安全项目，为其提供集合网络威胁攻击检测（NTA）、流量清洗（ADS）及ADS-M集中管理的抗DDoS解决方案。在工业互联网合作建设方面，我国同东盟为打造工业互联网开放合作的生态体系，中国东信于2020年先后与航天云网、杭州迈迪等工业互联网应用领域领头企业建立基于标识解析及定制化服务的合作运营模式。截至2020年12月，中国—东盟工业互联网标识解析节点累计标识解析量超过4.37亿次，累计标识注册量1.58亿个，当月标识日均解析量超过60万次，标识日均解析量位居全球第3，标识注册量位居全球第13。其次，我国可以借助"一带一路"的机遇通过与东盟合作来提升国际影响力，东盟作为"一带一路"沿线重要合作伙伴，可以借"一带一路"合作机制积极开展多边交流，扩大与东盟国家工业信息安全的有效沟通，设立灵活的总体规划和行动计划，从而加强中国—东盟工业信息建设，共同制定易于遵守的工业安全准则以促进区域间互信程度。

（二）我国工业信息安全研发需加强，技术输出存在挑战

虽然同东盟国家展开工业信息安全建设有着广阔的前景，但是也面临

着不小的挑战。一方面，我国工业信息安全建设程度不如欧美发达国家，欧美标准体系对我国工业信息安全标准的影响十分深远，如美国国家标准与技术研究院制定的 IEC-63443 标准及 SP-800-82 指南在指导全球工业控制系统安全生产上具备足够的权威性，并已涵盖电力、水利、石化、交通等工业的各个方面。近年来，我国加快以标准规范指引，正逐步形成涵盖安全管理、系统安全防护、产品安全评估的工控信息安全标准体系，未来稳步推进与东盟发达国家共同完善工业信息安全技术标准建设，进一步规范、引领网络治理，构建安全的网络空间。

另一方面，我国工业企业涉及行业众多且数量庞大，工业信息安全市场主要集中在工业专用隔离装置及工业防火墙等领域，硬件、服务业务占比较低，特别是在芯片、核心软件等关键领域，我国仍处于"跟跑"阶段，与欧美市场正面对抗难度较大。我国企业在应对互联网高端威胁防护及检测响应等细分领域还需不断提升自身实力，逐步形成以核心技术为基础，以综合网络安全企业、IT 专业化企业为抓手的综合解决网络安全问题的网络安全产业，在尽可能广的范围内实现技术输出。

此外，东盟国家工业信息安全发展存在较大的市场需求，但受政治、经济、文化价值差异的影响，且来自不同国家、不同行业、不同规模、不同类型的工业互联网企业信息化发展程度不一，承载业务类型相异，所属行业安全保护规则差异化明显，网络安全风险程度和防护重点存在较大区别。在合作发展中将不可避免地面临发展不平衡、管理难统一的现象。因此，我国在与东盟地区建立工业信息安全产业合作上，存在来自内部的行业标准模糊、信息发展创新不足的问题，来自外部的竞争激烈、技术输出困难，以及来自东盟国家的政治互信等问题。

三、我国与东盟国家工业信息安全产业合作对策

当下，我国可携手东盟国家共建工业信息安全产业，打造区域工业信息安全命运共同体，这不仅顺应工业互联网时代的发展趋势，也有利于重

塑我国对外工业信息安全产业建设格局。下面将从国内加强产业研究规划和国际上优化同东盟的伙伴关系两个维度提出相关产业建议，以期待在强化我国工业信息安全发展的同时促进同东盟的国际合作，共同打造中国—东盟工业信息安全合作新时代。

（一）加快我国传统安全产业转型，促进工业信息安全研发规划

2020年3月，我国工业和信息化部发布《关于推动工业互联网加快发展的通知》。我国要加快建设工业信息安全保障体系，无论是在安全管理制度、技术监测体系还是在安全工作机制等领域都亟须加强安全技术创新。针对工业互联网发展战略的全面启动，我国更需要对工业互联网安全发展保驾护航。

盘点我国国内的工业信息安全企业，大都是实力深厚的传统信息安全企业，这些企业成立时间较早，总部地点集中分布在长江三角洲或者珠江三角洲经济高度发达城市。工业信息安全企业起初以创新型产业立足并迅速占领市场，还有一些知名度较高的信息安全企业大都由科技企业转型改制，如蓝盾科技、绿盟科技都是以强劲的技术实力涉足工业信息安全领域并飞速发展。可以发现，无论是国内老牌工控厂商还是信息安全厂商都把发展战略转移到工业信息安全领域，并投入大量资金、人员等研发力量，力求在工业信息安全领域占有一席之地并获得先发优势，这也体现了工业信息安全建设不仅是行业转型方向，同时也蕴藏着巨大的经济效益。

展望未来，世界工业信息安全风险暴露种类和数量还将持续增加，下游企业对发生信息安全风险事件的解决方案需求势必不断升高，因此把网络安全贯穿于工业互联网安全建设各个环节，已成为当前工业信息化转型的行业共识。2020年，我国工业信息安全市场整体规模突破122.81亿元，这意味着工业信息安全有强大的市场潜力，加强我国的工业信息安全研发规划势在必行。

另外，企业是落实网络安全主体责任、构建工业互联网安全保障体系的主力军，但目前工业互联网企业网络安全防护意识有待提升，防护能力

仍显薄弱，还需要明确企业安全主体责任制，推动工业互联网企业的网络安全建设从被动的合规驱动向主动的能力建设迈进。

再者，还需增强信息安全产业后背支撑能力。这就需要依托大型科研机构、高等院校等组织及产业联盟进行要素积累。通过建立安全产业园区使工业互联网保持研发产业化和应用规模化趋势，提升工业互联网安全防护能力，探索形成信息安全防护解决方案。最后，出台相关鼓励信息安全企业自身发展的激励性政策，培育一批工业信息安全骨干企业，均衡大、中、小微企业融通发展的产业格局。

（二）建立与东盟国家良好的伙伴关系，积极布局工业信息安全网络

除新加坡在工业信息安全领域有一定基础外，其余大多数东盟国家的经济水平较弱，科技实力不足，工业信息安全建设存在"数字鸿沟"，难以自身建立起工业信息安全防护体系。我国应重视东盟国家发展工业信息化的市场需求，以"一带一路"工业信息化建设为导向逐步向东盟国家辐射，为其带来工业化网络发展的新契机，形成主管部门、专业机构、企业等多方主体联动合力的新格局，在工业互联网安全方面展开深入宣贯对接交流、探索构建试点示范合作项目、优化工业互联网安全产业生态等方面协同发展，逐步形成示范带动效应。

我国要保持与东盟工业信息化建设的交流常态，可以尝试加快工业信息安全建设的"援助式"输出。首先，遴选高质量的工业互联网网络安全产品、服务及解决方案，推动形成工业互联网产品和服务供给资源池，加强经验总结和方法提炼，进一步梳理总结可参考、可借鉴的示范案例，并充分利用现有双多边对话机制，在交流座谈中加以推广，为各国树立可参考的行业标杆。其次，重视我国同东盟工业信息安全领域的人才培养问题，多派遣科研人员赴东盟各国交流安全技术、实地考察东盟互联网安全建设情况等。最后，大力支持具有代表性、成效性的企业、案例，赴东盟国家投资建厂、建立合资合营的工业信息安全企业，并尝试给予资金、税收优

惠，以推动建设独具特色且安全的"工业信息高速公路"。

参考资料

1. 闫志君，翟崑. 中国东盟共建数字经济"一带一路"核心区. 中国经济时报，2019-05-08（005）。

2. 卢青，曾剑飞. 新加坡网络安全人才培养模式研究及启示. 网信军民融合，2019（4）：54-57。

3. 李泾东，陶耀东. 共筑工业信息安全的"命运共同体". 电气时代，2019（04）：28-30。

4. 吴吉庆，韦有双. 智能制造带来的工业信息安全思考. 信息技术与网络安全，2018，37（3）：24-27。

5. 王勤. 东盟跨入共同体时代：现状与前景. 厦门大学学报（哲学社会科学版），2016（5）：80-89。

6. 董爱先. 国际网络空间治理的主要举措、特点及发展趋势. 信息安全与通信保密，2014（1）：36-41。

7. 高世伟，张玉强，李潇，高丰功. 工业网与企业内网数据传输安全防护技术框架. 2018中国自动化大会（CAC2018），2018。

8. 朱柳融. 中国—东盟信息港数字经济产业联盟启动 51家机构加入. 中国新闻网，2018-09-13。

9. 工业和信息化部办公厅关于推动工业互联网加快发展的通知，工信厅信管〔2020〕8号。

10. 2020年全球工业信息安全行业发展现状分析："三增一新一短板". 中商产业研究院，2020-06-22。

11. 东盟十国的GDP各是多少？其中超过千亿美元的国家有几个？网易网，2020-11-28。

12. 工信部发文推动工业互联网加快发展 含六方面20项措施，中国工业报。

… IV 政策篇

Policy Article

B.12
2020年"一带一路"产业合作政策

王宇弘[1]

1月

6日 经国务院批准,中国与老挝两国央行签署了本币合作协议。中国人民银行与老挝银行签署了双边本币合作协议,允许在两国已经放开的所有经常和资本项下交易中直接使用双方本币结算。

7日 为提升哈萨克斯坦在国际旅游业中的影响力,满足游客赴丝绸之路沿线城市旅游的需求,哈萨克斯坦政府日前颁令,将对中国公民和印度公民的72小时中转免签入境政策延长至2020年12月31日。

8日 泰国投资委员会宣布,增加东部经济走廊外商投资项目优惠待遇,泰国东部沿海差春骚府(Chachoengsao,旧名北柳府)、春武里府(Chonburi)及罗勇府(Rayong)的所有外商投资项目,现时可享受投资优

---

[1] 王宇弘,国家工业信息安全发展研究中心高级工程师,硕士,主要研究方向为国际合作、产业政策、区域经济。

惠。这些新增优惠计划于 2020 年 1 月 2 日开始正式接受申请，并于 2021 年最后一个工作日结束。

9 日 自 2020 年 6 月 1 日起，所有在马来西亚交易所（Bursa Malaysia）主板（Main Market）和创业板（ACE Market）上市的公司及其附属公司，必须按照《2009 年反贪污委员会法》第 17A 节制定反贪污措施。上市公司必须建立明确的举报程序，以针对贪污或其他企业违法行为，并在公司网站上提供资讯，详细介绍其总体反贪污制度。公司至少每 3 年便要检讨这些政策和程序的成效，同时在年度风险评估报告中列出贪污风险的详细资料。

10 日 越南政府签发越南特别优惠进口关税表第 07/2020 号/ND-CP 号法令，以实施《东盟—中国香港自由贸易协定》（2019—2022）（AHKFTA 协定）。规定进口货物必须完全满足以下条件才能享受 AHKFTA 协定优惠关税：在与本法令一起发布的特别优惠进口关税表范围内；从东盟—中国香港自由贸易协定成员国进口；直接从 AHKFTA 协定和越南工贸部规定的出口国运输。另一个条件是，进口货物必须符合原产地规则，并具有根据 AHKFTA 协定和越南工贸部规定的 AHK 模板的原产地证书。该法令自 2020 年 2 月 20 日起生效。在 2019 年 6 月 11 日至 2020 年 2 月 20 日之前登记且满足享受特别优惠进口税条件的报关单，如已缴纳高于该法令的关税，海关将根据税收管理法处理多缴的税款。

14 日 马来西亚中央银行，即马来西亚国家银行（Bank Negara Malaysia，BNM）公布了有关发出数码银行牌照的建议草案《数码银行许可框架（征求意见稿）》。BNM 表明，在审批数码银行牌照申请时，将优先考虑由马来西亚居民持有控制性股权的公司。除其他准则外，获发牌者还必须证明最少持有 20 亿令吉（折合 4.8928 亿美元）的资产，以确保在开业首 3~5 年有能力维持服务。还必须在初始经营阶段保持最低资本金（不计亏损）1 亿令吉（折合 2446 万美元），其后为 3 亿令吉（折合 7339 万美元）。此外，此类银行必须遵守《2013 年金融服务法》或《2013 年伊斯兰金融服务法》，包括有关审慎营商行为、消费者保护、反洗钱和防止恐怖主义融资的条款。数码银行不得设立实体分行，但估计可获准接入该国现有的自动柜员机（ATM）网络。

17日 中国财政部、国家税务总局发布公告，公布了境外所得有关个人所得税政策。公告介绍，来源于中国境外的所得包括：因任职、受雇、履约等在中国境外提供劳务取得的所得；中国境外企业以及其他组织支付且负担的稿酬所得；许可各种特许权在中国境外使用而取得的所得；在中国境外从事生产、经营活动而取得的与生产、经营活动相关的所得；从中国境外企业、其他组织以及非居民个人取得的利息、股息、红利所得；将财产出租给承租人在中国境外使用而取得的所得；中国境外企业、其他组织以及非居民个人支付且负担的偶然所得；等等。

2月

19日 外汇局修订并发布《个人本外币兑换特许业务试点管理办法》（以下简称《办法》），在保持现有个人本外币兑换特许业务许可范围和个人结售汇管理原则不变的基础上，完善相关管理政策，便利个人本外币兑换。《办法》将为兑换特许机构开办业务提供3个方面的便利：一是简化行政审批；二是优化办事流程；三是进一步减证便民。

21日 国务院联防联控机制就指导落实新冠肺炎疫情防控各项工作要求，推动企事业单位稳步有序复工复产，印发《企事业单位复工复产疫情防控措施指南》。该指南提出，各单位一要加强员工健康监测。切实掌握员工流动情况，按照当地要求分区分类进行健康管理，对来自疫情严重地区的人员实行居家或集中隔离医学观察。对处在隔离期间和入住集体宿舍的员工，每日进行2次体温检测。设立可疑症状报告电话，员工出现发热、呼吸道症状时，要及时向本单位如实报告。每天汇总员工健康状况，向当地疾控部门报告。

23日 泰国投资委员会宣布一系列优惠措施，以提振该国放缓的经济，尤其是旅游业。此举基本上是 Thai Plus 计划的延伸，现时享受豁免企业所得税 5~8 年的所有高额投资项目，如果承诺到 2020 年年底至少投入 5 亿泰铢（折合 1605 万美元），或到 2021 年年底投入 10 亿泰铢（折合 3210 万美元）的额外投资，可获多 5 年减免企业所得税 50%优惠。有关方面必须在 2020 年 12 月 30 日之前提交申请。

28 日 商务部、国家开发银行联合印发《关于应对新冠肺炎疫情发挥开发性金融作用支持高质量共建"一带一路"的工作通知》，对受疫情影响的高质量共建"一带一路"项目和企业给予开发性金融支持。通知提出，对于符合条件的高质量共建"一带一路"项目和企业，国家开发银行将通过提供低成本融资、外汇专项流动资金贷款，合理设置还款宽限期，开辟信贷"绿色通道"和提供多样化本外币融资服务等方式给予支持。

3 月

3 日 2020 年 8 月 12 日起，柬埔寨约有 20%产品将失去欧盟"除武器外所有产品皆可"（Everything But Arms）计划的优惠关税待遇。除非这项决定遭欧洲议会或欧盟个别成员国否决，否则柬埔寨对欧盟出口的约 11 亿美元商品将受影响，其中包括旅行用品，以及低增值的服装和鞋类。这些商品将须缴纳欧盟的标准最惠国关税。欧盟指出，为支持柬埔寨的出口多元化，所有新兴产业及高增值服装、鞋类和自行车将继续享有免关税和免配额待遇。此外，欧盟表示，将继续与柬埔寨当局合作，同时也会监察该国的人权和劳工权利状况。如果这方面取得重大进步，欧盟将考虑重新向柬埔寨给予各项关税优惠。

4 日 印度工业和内部贸易促进部（DPIIT）宣布，从该国经济特区采购的货品，须符合外资单一品牌零售商的强制性国内采购规定。根据该国的海关规定，经济特区作为出口加工区，通常视为境外地区，而在区内生产的产品一般视为海外制造，因此这些产品"进口"到印度时应缴纳关税。在此之前，该部收到有关澄清该国外商直接投资规定的请求。根据相关规定，外资持股逾 51%的单一品牌零售商，其用于内销或作为全球业务一部分的货品，以价值计至少需要有30%在本土采购。在目前的制度下，外商独资公司可通过自动途径（无须政府事先批准）经营单一品牌零售业务。

5日 柬埔寨首相宣布多项舒缓措施，其中之一是豁免受影响公司的企业所得税，为期6个月至1年不等。因缺乏原材料或进口关税提高而被迫暂停经营的企业，可豁免国家社会保障基金的雇主供款。企业可向现职员工支付薪资40%，国家则另外负担20%。遭遇财务困难的企业解雇的工人，可参加由国家资助的再培训计划，为期4个月，其间将获得资助，金额相当于该国现行最低工资（190美元）的60%。旅游业方面，暹粒省是柬埔寨主要景点和联合国教科文组织世界遗产吴哥窟的所在地，省内各家酒店和旅馆获豁免企业所得税，为期4个月。此外，所有价值不足70000美元的住宅物业，豁免4%的房地产销售/转让印花税，截至2021年1月为止。

6日 商务部办公厅、财政部办公厅印发《关于用好内外贸专项资金支持稳外贸稳外资促消费工作的通知》，要求充分发挥中央财政资金效益，把各地商务发展的巨大潜力和强大动能充分诠释出来。全力支持稳住外贸外资基本盘，促进国内消费。

11日 菲律宾众议院通过《第59号众议院法案》，预期菲律宾甚有可能于2020年年底前大幅降低外国公司在菲律宾设立零售企业所需的最低实缴资本。该法案对《2000年开放零售业法案》提出修订，若最终实施，最低资本要求将从250万美元降低至200000美元。菲律宾参议院将于2020年5月复会后审议相应法例，顺利通过后，该法案就会得到正式批准。该法案如果获得采纳，还将取消若干限制措施，让有意踏足该国零售业的海外投资者面对较少掣肘。限制包括要求投资者在零售业拥有5年业绩，以及在全球其他地方拥有/经营至少5家店铺。该法案预料也会下调海外零售商的最低本土采购比例要求，由30%降低至10%。

17日 泰国政府公布经济刺激方案：确保企业可在未来两年获得高达1500亿泰铢（47.7亿美元）的软贷款。银行以2%的利率向企业提供信贷，每家企业的贷款上限为2000万泰铢。所有在社会保障局注册的企业家均可获提供高达 300 亿泰铢（9.5465 亿美元）的贷款，利率为 3%。银行将暂停要求客户偿还贷款本金，并会延长还款期。中小企业可重组现有贷款，此类安排不会影响其信用纪录。企业还可直接向某些特殊金融机构借贷，包括政府储蓄银行及农业和农业合作社银行（BAAC）。从 2020 年 4 月 1 日起，泰国的预扣税率将从 3%降至 1.5%，为期 6 个月。自同日起，中小企业可按发薪的相关支出，申请最多 300%的税项扣减，为期 4 个月。

31 日 商务部、海关总署、国家药监局发布《关于有序开展医疗物资出口的公告》，要求出口新型冠状病毒检测试剂、医用口罩、医用防护服、呼吸机、红外体温计 5 类产品的企业向海关报关时，须提供书面或电子声明，承诺出口产品已取得我国医疗器械产品注册证书，符合进口国（地区）的质量标准要求。

4月

8 日 《重庆市西部陆海新通道建设实施方案》（以下简称《实施方案》）由市政府正式印发实施。《实施方案》放眼于西部地区合作和国际互联互通，对未来 5~15 年重庆市建设西部陆海新通道做出了总体部署。2019 年 8 月，国家发展和改革委员会正式发布《西部陆海新通道总体规划》，西部陆海新通道上升为国家战略。重庆作为西部陆海新通道建设的发起者和倡导者之一，按照国家规划，结合重庆实际，制定了《实施方案》。

9 日 为了加强安全合作和促进贸易，越南已与美国签署《海关互助协定》。美国海关及边境保护局发出声明确认这项新安排，《海关互助协定》将使美国和越南能够更有效地打击恐怖主义和跨国犯罪，并促进合法贸易量。美国海关及边境保护局指出，《海关互助协定》由两国海关执行，将提供法律框架，以便交换有关遵守海关法规的资讯，包括与逃税、贩运、扩散、洗黑钱和恐怖主义等相关活动的数据。双方签署该协定是担心第三方经越南出口货品到美国，以逃避更高的进口关税和反倾销/反补贴措施。

10 日 财政部发布《关于暂免征收加工贸易企业内销税款缓税利息的

通知》，为稳定加工贸易发展，减轻企业负担，自2020年4月15日起至2020年12月31日，暂免征收加工贸易企业内销税款缓税利息。

27日 云南省人民政府办公厅印发《云南省参与中缅经济走廊建设实施方案（2020—2030年）》（以下简称《实施方案》），《实施方案》明确了云南省参与中缅经济走廊建设的近期（2020—2025年）、远期（2026—2030年）发展目标，确定了共商共建，成果共享；政府引导，市场运作；项目带动，重点突破；生态优先，持续发展的4项原则。

25日 商务部、海关总署、国家市场监督管理总局于25日联合发布《关于进一步加强防疫物资出口质量监管的公告》（以下简称《公告》）。《公告》指出，自4月26日起，出口的非医用口罩应当符合中国质量标准或国外质量标准。在全球疫情持续蔓延的特殊时期，为更有效支持国际社会共同应对全球公共卫生危机，需进一步加强防疫物资质量监管、规范出口秩序。

5月

6日 国务院发布《关于同意在雄安新区等46个城市和地区设立跨境电子商务综合试验区的批复》，同意在雄安新区、大同市、满洲里市等46个城市和地区设立跨境电子商务综合试验区（以下简称"跨境电商综试区"）。自2015年起，国务院已分4批设立59个跨境电商综试区。至此，经过多次扩围，我国跨境电商综试区数量已达105个，覆盖30个省、自治区、直辖市，形成了陆海内外联动、东西双向互济的发展格局。

11日 国家市场监管总局、国家发展和改革委员会、工业和信息化部、公安部、商务部、海关总署和国家药监局联合对外发布《全国防疫物资产品质量和市场秩序专项整治行动方案》。根据该方案规定，将突出防疫物资产品全种类整治，全面梳理本区域口罩、防护服、呼吸机、红外体温计（额温枪）、新型冠状病毒检测试剂5类防疫物资及其重要原辅材料生产企业清单，认真深入开展排查。

13 日 根据《国务院关税税则委员会关于试行开展对美加征关税商品排除工作的公告》（税委会公告〔2019〕2号），经国务院批准，国务院关税税则委员会12日公布第二批对美加征关税商品第二次排除清单，对第二批对美加征关税商品，第二次排除其中部分商品，自2020年5月19日至2021年5月18日，不再加征我为反制美301措施所加征的关税。对已加征的关税税款予以退还，相关进口企业应自排除清单公布之日起6个月内按规定向海关申请办理。第二批对美加征关税的其余商品，暂不予排除。未列入第一批、第二批对美加征关税商品排除清单的商品，企业可根据《国务院关税税则委员会关于开展对美加征关税商品市场化采购排除工作的公告》（税委会公告〔2020〕2号），申请市场化采购排除。

13 日 海关总署发布《关于进口美国大麦植物检疫要求的公告》称，根据我国相关法律法规和《中华人民共和国海关总署与美利坚合众国农业部关于美国大麦输华植物检疫要求议定书》（以下简称《议定书》）规定，自本公告发布之日起，允许符合相关要求的美国大麦进口。《议定书》指出，输华大麦是指产自美国、输往中国仅用于加工、不作种植用途的大麦籽实。输华大麦出口前须按照国际标准进行熏蒸，采用规范的操作程序防止熏蒸剂残留对大麦造成污染，以确保不携带活虫，特别是仓储害虫，并随附含有熏蒸内容的官方植物检疫证书。

13 日 为进一步规范海关特殊监管区域，深圳市商务局发布《深圳市海关特殊监管区域管理办法》（以下简称《办法》），扩大对外开放和统筹国际国内资源，推动保税产业转型升级，创新监管模式，培育国际化、法治化的营商环境，服务外向型经济的科学发展，建设高标准、与国际惯例接轨的海关特殊监管区域。《办法》适用于经国务院批准在深圳市设立的海关特殊监管区域，包括福田保税区、深圳出口加工区、前海湾保税港区、盐田综合保税区及未来转型或新设的海关特殊监管区域。

14 日 中国国家知识产权局通过官网公布，国务院知识产权战略实施工作部际联席会议办公室关于《2020年深入实施国家知识产权战略加快建设知识产权强国推进计划》共部署100项工作任务，其中包括6项深化知识产权国际交流合作内容。2020年知识产权强国推进计划的100项任务，内容涵盖深化知识产权领域改革、加大知识产权保护力度、促进知识产权创造运用、深化知识产权国际交流合作、加强顶层设计和组织实施五大领域，具体由中央和国家机关38个部门单独承担或分工合作实施。

6月

1日 中共中央、国务院印发了《海南自由贸易港建设总体方案》，并发出通知，要求各地区各部门结合实际认真贯彻落实。在海南建设自由贸易港，是推进高水平开放，建立开放型经济新体制的根本要求；是深化市场化改革，打造法治化、国际化、便利化营商环境的迫切需要；是贯彻新发展理念，推动高质量发展，建设现代化经济体系的战略选择；是支持经济全球化，构建人类命运共同体的实际行动。

11日 《国务院关于落实〈政府工作报告〉重点工作部门分工的意见》（国发〔2020〕6号）（以下简称《意见》）正式发布。国务院常务会议已将《政府工作报告》提出的45个方面51项重点任务逐一分解到相关部委。此次《意见》的发布则意味着各项重点任务有了完成时间表。按照《意见》明确的完成时间表，6月底前，新的外资准入负面清单将完成修订，支持企业增订单稳岗位保就业的相关措施也将出台；2020年年内，首张跨境服务贸易负面清单将会出台，中国还将在中西部地区增设一批自贸试验区；此外，高质量共建"一带一路"、中日韩自贸协定谈判、RCEP签署等工作将在年内持续推进。

12日 国家版权局、工业和信息化部、公安部及国家互联网信息办公室发出《关于开展打击网络侵权盗版"剑网2020"专项行动的通知》（以下简称《通知》），表示根据《中共中央办公厅、国务院办公厅印发〈2020—2021年贯彻落实《关于强化知识产权保护的意见》推进计划〉的通知》部署，定于2020年6月至10月联合开展第16次打击网络侵权盗版"剑网"专项行动。

15日 为加强商标执法指导工作，统一执法标准，提升执法水平，强化商标专用权保护，国家知识产权局根据《商标法》《商标法实施条例》制定《商标侵权判断标准》（以下简称《标准》）。《标准》共包含38条文，对商标的使用、同一种商品、类似商品、相同商标、近似商标、容易混淆、销售免责、权利冲突、中止适用、权利人辨认等内容进行了细化规定。

18日 《教育部等八部门关于加快和扩大新时代教育对外开放的意见》（以下简称《意见》）正式印发。《意见》指出，要着力破除体制机制障碍，加大中外合作办学改革力度；优化出国留学工作布局，做强"留学中国"品牌，深化教育国际合作，鼓励开展中外学分互认、学位互授联授。

22日 为深入贯彻中央决策部署、做好"六稳"工作和落实"六保"任务，在鼓励企业拓展国际市场的同时，支持适销对路的出口产品开拓国内市场，着力帮扶外贸企业渡过难关，促进外贸基本稳定，国务院办公厅印发《关于支持出口产品转内销的实施意见》（国办发〔2020〕16号），要求各地政府部门、国务院各部委及直属机构发挥政府引导作用，支持出口产品转内销，帮助外贸企业纾困，确保产业链供应链畅通运转，稳住外贸外资基本盘。

23日 国家发展和改革委员会、商务部发布了《外商投资准入特别管理措施（负面清单）（2020年版）》和《自由贸易试验区外商投资准入特别管理措施（负面清单）（2020年版）》。外商投资准入特别管理措施（负面清单）（2020年版）将于7月23日起施行。国家发展和改革委员会将会同商务部等部门及各地方，严格按照《外商投资法》及其实施条例要求，切实做好外商投资准入负面清单落实工作，确保新开放措施及时落地，提高各项政策一致性。负面清单之外的领域，给予内外资企业平等待遇，任何单位不得设置单独针对外资的准入限制。

28日 为支持海南全面深化改革开放，推动中国（海南）自由贸易试验区试点政策落地，国务院决定，即日起至2024年12月31日，在中国（海南）自由贸易试验区暂时调整实施《中华人民共和国海关事务担保条例》《中华人民共和国进出口关税条例》《中华人民共和国国际海运条例》《中华人民共和国船舶和海上设施检验条例》《国内水路运输管理条例》5部行政法规的有关规定。

7月

2日 博鳌亚洲论坛携手亚洲金融合作协会，在北京大学数字金融研究中心的支持下，举办了普惠金融生态建设与数字化发展线上圆桌会，并发布旗舰报告《亚洲金融发展报告——普惠金融篇》（以下简称《报告》）。《报告》首次推出亚洲普惠金融生态体系指标，对27个亚洲样本国家普惠金融生态体系进行客观评估，总结了中国、日本、韩国、印度、蒙古国、沙特阿拉伯等国家普惠金融发展的生动案例，并提出包括构建健康的数字普惠金融生态体系、利用好"一带一路"等区域和全球化倡议协同发展等政策建议。

6日 为规范对海南离岛旅客免税购物的监管，海关总署对外公布了重新修订的《中华人民共和国海关对海南离岛旅客免税购物监管办法》，自2020年7月10日起施行。其中明确，对于以牟利为目的为他人购买免税品或将所购免税品在国内市场再次销售的；购买或者提取免税品时，提供虚假身份证件或旅行证件、使用不符合规定身份证件或旅行证件，或者提供虚假离岛信息的行为均属违规，将自海关做出处理决定之日起，3年内不得享受离岛免税购物政策，并可依照有关规定纳入相关信用记录。

7日 国务院发布《关于做好自由贸易试验区第六批改革试点经验复制推广工作的通知》指出，自贸试验区所在地方和有关部门结合各自贸试验区功能定位和特色特点，全力推进制度创新实践，形成了自贸试验区第六批改革试点经验，将在全国范围内复制推广。其中，包括在全国范围内复制推广的改革事项31项，在特定区域复制推广的改革事项6项。分析指出，此次自贸试验区改革试点经验复制推广工作，更加聚焦制度创新实践，涉及37个改革事项，为近年来数量最多的一次。

16日 为贯彻落实《粤港澳大湾区发展规划纲要》,《民航局关于支持粤港澳大湾区民航协同发展的实施意见》(以下简称《实施意见》)印发。《实施意见》中明确了两个阶段的发展目标。第一阶段是筑基成长期。到2025年,基本建成粤港澳大湾区世界级机场群,大湾区民航整体规模、综合竞争力和创新能力持续保持国际领先。第二阶段是全面提升期。到2035年,全面建成安全、协同、绿色、智慧、人文的世界级机场群,为全面建成宜居宜业宜游的国际一流湾区发挥战略性、基础性作用。

21日 中国国务院办公厅印发《关于进一步优化营商环境更好服务市场主体的实施意见》(以下简称《意见》)。为更多采取改革的办法破解企业生产经营中的堵点痛点,强化为市场主体服务,加快打造市场化法治化国际化营商环境,《意见》提出了6个方面的政策措施。一是持续提升投资建设便利度;二是进一步简化企业生产经营审批和条件;三是优化外贸外资企业经营环境;四是进一步降低就业创业门槛;五是提升涉企服务质量和效率;六是完善优化营商环境长效机制。

25日 亚太经合组织(APEC)召开贸易部长抗击新冠肺炎疫情视频会议。商务部部长钟山表示,APEC各经济体要全面加强合作,同舟共济,降低疫情影响,稳定亚太区域贸易投资,构建人类卫生健康共同体。会议发表了《APEC贸易部长联合声明》和《APEC贸易部长关于促进抗疫关键物资流通的宣言》。会议一致认为,APEC各经济体应共同努力,更加紧密协作以尽早战胜疫情;同时,要求保持自由、公平、非歧视、透明、可预测的区域贸易投资环境,努力推动亚太地区尽快实现经济复苏。

25日 证监会宣布,为落实2020年3月1日起施行的新证券法,持续加强信息披露监管,中国证监会起草了《上市公司信息披露管理办法(修订稿)》(征求意见稿),向社会公开征求意见。此外,证监会宣布,证监会会同工业和信息化部、司法部和财政部,在广泛听取各方意见的基础上,研究制定了《证券服务机构从事证券服务业务备案管理规定》,自2020年8月24日起施行。

8月

5日 国家发展和改革委员会、财政部、交通运输部、商务部、国务院国有资产监督管理委员会、海关总署、国家市场监督管理总局7部门联合印发《清理规范海运口岸收费行动方案》，全面部署清理规范海运口岸收费工作。

5日 中国银行保险监督管理委员会等7部门于印发了《关于做好政府性融资担保机构监管工作的通知》（以下简称《通知》），明确将对此类机构实施名单制管理。此次《通知》提出，各地开展政府性融资担保机构确认工作，建立政府性融资担保机构名单。各地应当高度重视政府性融资担保机构确认工作，优先将实力较强、经营规范的机构纳入名单，担保能力不足、违法违规经营、出现重大风险的机构暂不纳入名单。原则上开展住房置业担保、发行债券担保等特定业务的机构不纳入名单。

12日 国务院办公厅日前印发《关于进一步做好稳外贸稳外资工作的意见》（以下简称《意见》）。《意见》指出，当前国际疫情持续蔓延，世界经济严重衰退，我国外贸外资面临复杂严峻形势。为深入贯彻习近平总书记关于稳住外贸外资基本盘的重要指示批示精神，落实党中央、国务院决策部署，做好"六稳"工作，落实"六保"任务，进一步加强稳外贸稳外资工作，稳住外贸主体，稳住产业链供应链。

18日 商务部印发《全面深化服务贸易创新发展试点总体方案》（以下简称《方案》），旨在进一步推进服务贸易改革、开放、创新，促进对外贸易结构优化和高质量发展。据了解，全面深化试点地区为北京、天津、上海、大连、厦门等28个省市（区域），试点期限为3年，试点任务集中在全面探索完善管理体制、全面探索扩大对外开放、全面探索提升便利水平、全面探索创新发展模式、全面探索健全促进体系、全面探索优化政策体系、全面探索完善监管模式、全面探索健全统计体系八大方面。

20日 为了更好地将临港新片区大胆创新探索理念与商事主体登记改

革相结合，更加高效便捷地开展商事主体登记，上海自贸区临港新片区管理委员会和上海市市场监督管理局对标国际，推出了《中国（上海）自由贸易试验区临港新片区商事主体登记确认制实施办法（试行）》，由2020年9月7日起至2022年9月6日在临港新片区试行商事主体登记确认制，以落实《中国（上海）自由贸易试验区临港新片区总体方案》中关于投资贸易自由化改革任务的重要措施，接轨国际商事通行规则，大幅降低市场主体准入的制度性成本，加快商事主体进入市场开展商事活动的速度。

22日 交通运输部海事局、香港海事处、澳门海事及水务局共同签署《粤港澳大湾区海事合作协议》，三方将建立稳定的协同机制，通过创新监管服务模式、加强能力建设、开展文化交流等，共同维护粤港大湾区水上交通安全、促进绿色航运发展、优化营商环境，为粤港澳大湾区经济社会发展提供卓越的海事服务，打造国际先进的海事管理示范区。

24日 上海自贸试验区临港新片区在挂牌一周年之际，出台了《关于以"五个重要"为统领加快临港新片区建设的行动方案（2020—2022年）》，明确将加大金融业支持力度，打造高端金融资源配置高地，推动金融服务实体经济，推动跨境金融集聚发展。另外，山东、广西、海南等多地也在出台支持举措，加大金融创新力度，增强金融服务实体经济功能，为产业聚集发展创造更好条件。

9月

2日 海关总署日前发布公告，自9月1日起新增上海、福州、青岛、济南、武汉、长沙、拱北、湛江、南宁、重庆、成都、西安等12个直属海关开展跨境电子商务企业对企业出口（跨境电商B2B出口）监管试点，新增试点关区企业可以适用一次登记、一点对接、允许转关、优先查验、便利退货管理等改革措施，可以享受海关改革创新释放的政策红利。

5日 中国信保与江苏银行、南京银行在南京签署全面业务合作协议，通过此次全面业务合作协议的签署，三方就各产品下的全面合作达成了共识，完善了全方位合作对接机制。中国信保有关分支机构将进一步加大与两家地方法人银行的沟通对接力度，深化业务合作，充分发挥出口信用保险融资增信作用，更大力度支持和服务地方开放型经济发展。

9日 据《先驱报》报道：9月8日晚间，津巴布韦新闻部长穆茨万格瓦在内阁会议后的新闻发布会上宣布，津巴布韦政府将禁止在国家公园和河床进行采矿活动，该禁令立即生效。她表示，内阁禁止在国家公园区域内进行任何采矿活动，同时正在采取措施立即取消在国家公园的所有采矿权。

10日 外交部发布《中国关于联合国成立75周年立场文件》，就联合国作用、国际形势、可持续发展、抗疫合作等问题阐述中方立场和主张。立场文件指出，各国应共同维护世界反法西斯战争胜利成果，反对任何开历史"倒车"行为，抵制单边主义、霸权主义和强权政治，坚定支持多边主义，坚定捍卫联合国宪章宗旨和原则，维护以联合国为核心的国际体系和以国际法为基础的国际秩序。中国愿同世界各国一道，坚持和弘扬多边主义，共同推动联合国重整行装再出发，共同构建人类命运共同体！

11日 欧盟委员会推出了新的区域贸易便利化一揽子改革措施，重点通过对现有"原产地规则"进行调整，促进区域内供应链更有效整合。欧盟委员会经济事务委员根蒂洛尼表示，欧盟希望通过此次改革进一步扩大欧盟与区域国家间的经贸往来，提升区域经济一体化程度，这有助于为欧盟企业开辟更大的海外市场，也有利于地区国家加快经济恢复和重建。

14日 中国商务部部长钟山与德国驻华大使葛策、欧盟驻华大使郁白正式签署了《中华人民共和国政府与欧洲联盟地理标志保护与合作协定》。从商务部官网和欧盟委员会新闻公报透露的信息看，纳入协定的欧盟地理标志产品包括帕尔玛火腿、菲达奶酪、爱尔兰威士忌等，纳入协定的中国地理标志产品包括郫县豆瓣、安吉白茶、盘锦大米、赣南脐橙、贺兰山东麓葡萄酒等。该协定将于2021年3月1日起生效，生效4年后，范围还将扩大，届时将新增双方各175个地理标志。

16日 中国信保宋曙光董事长与陕西省省长赵一德会谈，并出席中国信保与陕西省人民政府（以下简称"陕西省政府"）战略合作协议签署仪式。宋曙光董事长与赵一德省长见证签约，中国信保副总经理张辉、陕西省副省长徐大彤代表双方签约。根据战略合作协议，双方将围绕推动陕西打造内陆改革开放高地，在把握新一轮西部大开发机遇、积极融入"一带一路"大格局、建设高水平自贸试验区、提升跨境贸易投资自由化和便利化、提升金融服务水平等方面开展合作。

17 日 中国外交部发布《中国关于联合国成立 75 周年立场文件》，就联合国作用、国际形势、可持续发展、抗疫合作等问题阐述中方立场和主张。立场文件指出，各方要着眼"后疫情时代"，厘清人类将面对什么样的世界、世界需要什么样的联合国等重大问题，共同为子孙后代勾画出一幅新的美好蓝图。立场文件提出了一系列中国立场与中国主张，让世界再次看到中国的责任与担当。中国对联合国的贡献以及关于"后疫情时代"世界何去何从的思考，也赢得国际社会的广泛认可。

21 日 为深入推进"放管服"改革，进一步优化口岸营商环境，提升贸易便利化水平，海关总署发布《关于调整进口原油检验监管方式的公告》（公告〔2020〕110 号）（以下简称《公告》），决定将进口原油检验监管方式调整为"先放后检"，《公告》自 2020 年 10 月 1 日起施行。"先放后检"的具体释义及操作如下："先放"是指进口原油经海关现场检查（信息核查、取制样等）符合要求后，企业即可开展卸货、转运工作；"后检"是指对进口原油开展实验室检测并进行合格评定。实施"先放后检"的进口原油经海关检验合格、出具证明单据后，企业方可销售、使用。检验监管中发现存在安全、卫生、环保、贸易欺诈等重大问题的，海关将依法进行处置，并适时调整检验监管方式。

24 日 国务院印发《中国（北京）、（湖南）、（安徽）自由贸易试验区总体方案》和《中国（浙江）自由贸易试验区扩展区域方案》（以下简称《方案》）。《方案》指出，在北京、湖南、安徽设立自由贸易试验区，扩展浙江自由贸易试验区区域，是党中央、国务院做出的重大决策，是新时代推进改革开放的重要战略举措。要以习近平新时代中国特色社会主义思想为指导，全面贯彻党的十九大和十九届二中、三中、四中全会精神，坚持新发展理念，坚持高质量发展，以供给侧结构性改革为主线，主动服务和融入国家重大战略，建设更高水平开放型经济新体制，以开放促改革、促发展、促创新，把自贸试验区建设成为新时代改革开放新高地。

10 月

5 日 据报道，印度政府限制了中国和其他与中国有土地边界的国家参加商业性煤矿拍卖。印度煤炭部已对 2020 年 6 月发布的用于煤炭商业开采的招标文件发布了勘误表。印度政府已审查了现有的外国直接投资政策，并修订了《2017 年外国直接投资合并政策》中该政策的 3.1.1 段。根据修订后的内容，"任何一个与印度接壤的国家的实体或者对印度投资的实益拥有人所在的实体或者居民都只能在政府规定的范围内进行投资。" 2020 年 6 月，印度总理纳伦德拉·莫迪启动了 41 块用于商业采矿的煤块的拍卖程序。印度议会 2020 年 3 月通过了一项商业开采法案，该法案将为所有国内和国际矿业公司开放煤炭行业。2020 年 1 月，印度环境部批准了 10 个年产能为 160 百万吨/年的煤矿项目。

12 日 为进一步推进纳税缴费便利化改革、持续提升服务市场主体水平、加快打造市场化法治化国际化税收营商环境，税务总局等 13 个部门近日联合印发《关于推进纳税缴费便利化改革优化税收营商环境若干措施的通知》（税总发〔2020〕48 号），推出便利纳税缴费措施，包括持续推进减税降费政策直达快享、不断提升纳税缴费事项办理便利度、稳步推进发票电子化改革促进办税提速增效、优化税务执法方式维护市场主体合法权益和强化跟踪问效确保各项措施落实落细，坚持以纳税人缴费人感受为导向，评价和改进纳税缴费便利化各项工作。加大监督力度，统筹运用多种监督方式和资源。

16 日 《信使邮报》2020 年 8 月 18 日报道，巴布亚新几内亚矿业部长约翰逊·图克代表巴新政府发布地热资源政策。这一政策的制定由新西兰政府资助,是巴新首次就地热资源制定专门政策。在政策出台前征求了有关地区土地主、省政府、中央政府相关部门及巴新采矿和石油商会的意见。根据政策,巴新地热资源归国家所有,作为一项单独资源种类纳入《1992年矿业法》监管框架。对地热资源的任何勘探和开发行为都被界定为采矿行为。地热资源开发商须向国家缴纳土地使用费,收费标准将由巴布亚新几内亚政府依据《1992年矿业法》、参照《2004年矿产资源政策手册》,并考虑地热资源直接产出能源的特殊性质另行制定。

18日 缅甸计划、财政和工业部下属的公私合作(PPP)中心发布了一份命令(1/2020),涉及对未经政府邀请的未经请求的项目提案的投标过程。政府与私营机构合作中心发言人表示,发出这项命令是为了方便和澄清分析私营机构和公司向政府部门提交的未经请求的项目建议书的程序。价值超过20亿缅元未经请求的项目提案,将按照订单(1/2020)中列出的程序处理;价值低于20亿缅元的资产将按照总统办公室发布的现有程序进行。所有拟议的项目必须符合缅甸的国家战略计划。

28日 国务院关税税则委员会近日发出《关于给予老挝人民民主共和国97%税目产品零关税待遇的公告》(税委会公告〔2020〕9号),按照中国给予最不发达国家97%税目产品零关税待遇的有关承诺,根据中国与老挝人民民主共和国换文情况,自2020年12月1日起,对原产于老挝人民民主共和国的97%税目产品,适用税率为零的特惠税率。97%税目产品为《中华人民共和国进出口税则(2020)》(税委会公告〔2019〕9号)特惠税率栏中标示为"受惠国LD"的5161个税目,"受惠国1LD1"的2911个税目,以及"受惠国2LD2"的184个税目,共计8256个税目。

11月

4日 国务院办公厅日前印发《关于加强石窟寺保护利用工作的指导意见》(以下简称《意见》)。《意见》指出,要以习近平新时代中国特色社会主义思想为指导,深入贯彻落实习近平总书记关于文物工作系列重要论述精神，坚持统筹规划，不断完善体制机制；坚持保护第一，运用先进科学技术提高保护水平；坚持广聚人才，建设高素质、专业化的科研和文物修复队伍；坚持传承创新，挖掘弘扬石窟寺文化艺术魅力；坚持交流互鉴，服务"一带一路"建设，走出一条具有示范意义的石窟寺保护利用之路。

5日 为加强网络直播营销活动监管，保护消费者合法权益，促进直播营销新业态健康发展，国家市场监督管理总局广告监督管理司发布《关于加强网络直播营销活动监管的指导意见》（国市监广〔2020〕175号）。网络平台为商品经营者或网络直播者提供付费导流等服务，对网络直播营销活动进行宣传、推广，构成商业广告的，应按照《广告法》规定履行广告发布者或广告经营者的责任和义务。

9日 普华永道与上海国际问题研究院签订战略合作协议，共同发布"一带一路"倡议专题系列首份报告——《新形势下全球化转型与"一带一路"倡议的驱动力》研究报告。该报告指出，"一带一路"倡议已从中国倡议变成全球共识，得到越来越多国家、国际机构和企业的认同与支持。中国已是"一带一路"倡议参与国中25个国家的最大贸易伙伴，并已连续11年成为全球第二大进口市场，进口额占世界进口总额的10%以上，在全球贸易中扮演重要角色。2019年，中国与"一带一路"倡议参与国的进出口总值为9.27万亿元，增长10.8%，高出中国外贸整体增速7.4%，中国对"一带一路"倡议参与国的贸易呈现了良好的发展态势。

12日 中国出口信用保险公司（以下简称"中国信保"）与辽宁省人民政府签订《深化合作共赢　促进高水平开放战略协议》。该协议内容涵盖服务共建"一带一路"、对外贸易、贸易投资便利化、自由贸易试验区建设等重点内容，符合辽宁省打造中国向北开放的重要窗口和东北亚地区经贸合作中心枢纽的新要求及中国信保履行政策性职能、服务高水平开放的新使命，有助于中国信保支持辽宁省政府构建全面开放新格局、打造对外开放新前沿，实现辽宁跨越式发展、高质量发展，助推辽宁全面振兴、全方位振兴。

18日 科技部部长王志刚与马来西亚科技创新部部长凯里·贾马鲁丁分别代表两国政府,以视频形式签署了《中华人民共和国政府与马来西亚政府关于疫苗开发和可及性的合作协定》。该协定是新冠肺炎疫情暴发以来,我国政府与外国政府签订的第一个政府间疫苗合作协定。根据协定,中马双方将支持和鼓励在疫苗尤其是新冠疫苗领域开展科研等合作。

20日 中国信保与中信银行股份有限公司(以下简称"中信银行")签署了《全面业务合作协议》。此次协议签署有利于中国信保进一步发挥保单融资等政策性职能,有利于双方携手共担抗击疫情和推动经济社会发展的重要职责,推动双方合作不断迈上新台阶。建议双方继续强化对接协作,提升合作质效,积极探索新领域、新形式的合作,为我国企业"走出去"提供更加有力的金融支持,为我国开放型经济发展做出更大贡献。

27日 为做好常态化疫情防控工作,严防新冠肺炎疫情输入风险,按照国务院应对新型冠状病毒感染肺炎疫情联防联控机制部署,市场监管总局会同海关总署制定了进一步做好冷链食品追溯管理工作措施。有关联防联控机制综合组就有关事项日前发出《关于进一步做好冷链食品追溯管理工作的通知》(联防联控机制综发〔2020〕263号),要求各地相关疫情联防联控机制建立和完善由国家级平台、省级平台和企业级平台组成的冷链食品追溯管理系统,以畜禽肉、水产品等为重点,实现重点冷链食品从海关进口查验到贮存分销、生产加工、批发零售、餐饮服务全链条信息化追溯,完善人物同查、人物共防措施,建立问题产品的快速精准反应机制,严格管控疫情风险,维护公众身体健康。

30日 继财政部、海关总署、税务总局于11月11日印发《关于海南自由贸易港原辅料"零关税"政策的通知》(以下简称《通知》)(财关税〔2020〕42号),海关总署日前发布《海南自由贸易港进口"零关税"原辅料海关监管办法(试行)》的公告(〔2020〕121号),以贯彻落实《海南自由贸易港建设总体方案》关于"对岛内进口用于生产自用或以'两头在外'模式进行生产加工活动(或服务贸易过程中)所消耗的原辅料,实行'零关税'正面清单管理"的要求,支持海南自由贸易港建设。《通知》已自 2020 年 12 月 1 日起施行。

12 月

17 日 国家发展和改革委员会主任与非洲联盟委员会主席签署《中华人民共和国政府与非洲联盟关于共同推进"一带一路"建设的合作规划》（以下简称《合作规划》）。《合作规划》是我国和区域性国际组织签署的第一个共建"一带一路"规划类合作文件，围绕政策沟通、设施联通、贸易畅通、资金融通、民心相通等领域，明确了合作内容和重点合作项目，提出了时间表、路线图。《合作规划》的签署，将有效推动共建"一带一路"倡议同非盟《2063 年议程》对接，促进双方优势互补，共同应对全球性挑战，推进共建"一带一路"高质量发展，为全球合作创造新机遇，为共同发展增添新动力。中方将与非盟委员会建立共建"一带一路"合作工作协调机制，推动《合作规划》实施落地。

19 日 经国务院批准，2020 年 12 月 19 日，国家发展和改革委员会、商务部发布《外商投资安全审查办法》。对影响或者可能影响国家安全的外商投资进行安全审查，是国际通行做法。2011 年，我国建立外商投资安全审查制度。近 10 年来，外商投资管理体制历经大幅改革，特别是今年起施行的《中华人民共和国外商投资法》在法律层面正式确立准入前国民待遇加负面清单管理制度，建立外商投资信息报告制度，大幅提升外商投资便利化程度。同时，为统筹积极促进外商投资和有效维护国家安全，《外商投资法》规定国家建立外商投资安全审查制度，对影响或者可能影响国家安全的外商投资进行安全审查。

21 日 国务院新闻办公室发布《新时代的中国能源发展》白皮书，并于下午举行新闻发布会，介绍和解读白皮书的主要内容。国家发展和改革委员会党组成员、国家能源局局长章建华表示，在国家共建"一带一路"的倡议引领下，中国的能源国际合作已经取得了丰硕成果，一批重大能源合作项目落地实施，能源合作多边、双边的机制也不断完善，能源政策还有技术交流日益频繁，对"一带一路"相关国家的经济和社会的发展起到了积极作用。

22日 国务院新闻办发布《中国交通的可持续发展》白皮书，并于下午举行新闻发布会。交通运输部副部长刘小明表示，如今中国已经建成了交通大国，正加快向交通强国迈进。

28日 经党中央、国务院同意，国家发展和改革委员会、商务部于2020年12月28日公开发布第38号令，全文发布《鼓励外商投资产业目录（2020年版）》，自2021年1月27日起施行。《鼓励外商投资产业目录（2019年版）》同时废止。修订出台《鼓励外商投资产业目录（2020年版）》，是贯彻落实党中央、国务院决策部署，进一步稳外资的重要举措。在保持已有鼓励政策基本稳定的基础上，坚持促增量、稳存量、提质量并举，进一步扩大鼓励外商投资范围，重点增加制造业、生产性服务业、中西部地区条目，引导外资投向，提振外资信心，促进外资基本盘稳定和产业链供应链稳定。

Ⅴ 大事记篇
Big Events Article

B.13
2020年"一带一路"产业合作大事件

彭静怡[1]

1月

1日 由我国自主研发、全覆盖137个签约国家（地区）的"一带一路"沿线重要城市天气预报服务专网正式开通上线，公众可登录中国一带一路官网、中国气象局网，实时获取目标城市未来5天天气预报。该项举措填补了国家级"一带一路"气象服务产品空白，标志着我国全球精细化气象预报产品的研发与应用进入实质性阶段。"一带一路"沿线国家（地区）重要城市天气预报服务专网由国家气象中心、中国气象报社和中国一带一路官网共同研发，服务产品包括未来5天天气现象、气温、风向、风速、降水量等要素，逐12小时更新。

2日 重庆铜梁高新区与广州开发区合作共建"广铜合作项目"集中签

---

[1] 彭静怡，国家工业信息安全发展研究中心工程师，硕士，主要研究方向为战略规划、政策法规、信息技术。

约仪式在铜梁区举行，首批签约12个项目，总投资108亿元。作为第二届重庆铜梁中华龙灯艺术节的重点项目，广铜"一带一路"高新技术产业合作区（以下简称"广铜合作区"）将重点围绕新一代信息技术、先进装备制造等战略性新兴产业开展深度合作，标志铜梁与广州开发区全面合作开启加速度，将打造新时代东西部区域合作新典范。

2日 山东省参与"一带一路"经贸合作成效明显。一是对外贸易保持较快增长。1—11月，全省与沿线国家实现进出口5367.4亿元，同比增长15.4%，高于全省进出口整体增速10个百分点，占全省的29.2%。其中，出口2912.1亿元，增长14.1%，占全省的29.1%；二是投资合作继续深化。对沿线国家实际投资105.1亿元，增长9.6%，占全省的27.5%，占比提升4.5个百分点；三是基础设施合作不断推进。对沿线国家地区承包工程完成营业额410.6亿元，增长12.2%，占全省的57.6%，占比提升7.3个百分点。

6日 中国与基里巴斯签署共建"一带一路"谅解备忘录。国家主席习近平在人民大会堂同基里巴斯总统马茂会谈后共同见证两国共建"一带一路"谅解备忘录的签署。这标志着中国同所有10个建交太平洋岛国都签署了共建"一带一路"合作文件。

11日 中国国家电网公司承建的缅甸北克钦邦与230千伏主干网连通工程竣工仪式在缅甸实皆省瑞博市举行。缅甸电力与能源部部长吴温楷、实皆省省长敏奈博士，中国驻缅甸大使馆经商参赞谭书富出席仪式。中国国家电网有限公司所属中国电力技术装备有限公司以工程总承包（EPC）模式建设实施该项目。缅甸北克钦邦与230千伏主干网连通工程于2017年11月开工建设，业主为缅甸电力与能源部，合同金额1.3347亿美元。工程新建两座230千伏变电站和两条总长约300千米的230千伏双回输电线路，起点位于缅甸克钦邦境内的太平江水电站，终点位于缅甸第二大城市曼德勒附近。工程优质高效建设和成功投运，得到了业主的高度认可和赞赏。

13日 山东省政府批复同意设立胶州、临沂"一带一路"综合试验区。

胶州"一带一路"综合试验区以胶州湾国际物流园为核心，以上合示范区、临空经济示范区、经济技术开发区、大沽河省级生态旅游度假区为试验载体，覆盖胶州市全域，着力发展多式联运、提升贸易投资水平、探索金融创新模式、深化人文交流合作，打造国际多式联运物流大通道、贸易制度创新试验区、国际产能合作引领区和国际贸易金融中心。

15日 以"丝路亚蓉欧·全球共合作"为主题的第二届"亚蓉欧"全球合作伙伴大会在成都举行。来自波兰、新加坡、泰国、巴基斯坦、意大利、捷克等国家驻川驻渝领事馆高层，省、市、区政府部门代表、物流领域专家、物流企业负责人等来自16个国家的300多名嘉宾会聚一堂，一起探讨和分享了成都国际班列带来的发展与合作新机遇。在本次大会上，举行了"一带一路"产业园区联盟成立仪式。据了解，"一带一路"产业园区联盟由成都国际铁路港联合中白产业园、罗兹产业园、泰国产业园、天津东疆保税港区、中马产业园等共同参与组建。该联盟的各个成员将发挥各国园区产业优势，借助亚蓉欧通道串联供应链上下游环节，共同促进通道经济转化为产业经济。

16日 中国铁建所属中国土木与哥伦比亚昆迪纳马卡省政府区域铁路公司正式签署哥伦比亚波哥大西部有轨电车项目特许经营合同。该项目是连接哥伦比亚首都波哥大市与昆迪纳马卡省各城市的通勤通道，主要包括设计、融资、修建、运营、维护并移交全长约39.64千米的双线有轨电车线路等工作。特许经营项目需提供投建营全套资质，资源整合涉及不同国别、行业和标准。中国土木联合中铁十九局、中铁建电气化局、铁建投资等中国铁建所属各单位，以及长春轨道、中车长客等合作单位，实现了优势互补，资源整合，成功竞得该项目。

17日 由中国企业承建的格鲁吉亚重点能源项目格达巴尼联合循环天然气电站二期工程17日举行竣工仪式。格鲁吉亚总理加哈里亚、经济与可持续发展部长纳提娅·特尔纳瓦、中国驻格鲁吉亚大使李岩等格中官员和代表出席了当天的竣工仪式。项目业主、格鲁吉亚石油天然气总公司董事长吉维·巴赫塔泽表示，格达巴尼联合循环电站二期工程投产后将使格鲁吉亚的电力供应增加11%，从而显著减少对进口电力的依赖。

2月

7日 中国公司承建的玻利维亚埃尔埃斯皮诺公路项目重要节点工程——帕拉佩蒂大桥通车仪式在东部圣克鲁斯省举行。埃尔埃斯皮诺公路项目在施工期间创造大量就业，带动了当地经济发展，预计项目全部完工并投入使用后，将有效提升玻跨省联通水平和国内优势资源的出口效率，为其经济注入更多活力。中国与拉美和加勒比国家的经济互补性强，发展战略契合，合作潜力巨大。正如阿根廷经济学家豪尔赫·马奇尼所说，"一带一路"倡议对拉美至关重要，拉美同中国的合作与其自身发展战略不谋而合。中拉以基础设施建设为契机，共建"一带一路"的合作正朝更多元、更深层次方向发展。

14日 "一带一路"重要建设项目中老铁路正在积极防控疫情，有序推进。中老铁路项目正处于线下土建工程全面收尾、线上轨道工程全面展开的关键阶段。目前，老中铁路有限公司已对各参建单位布置了近期建设和疫情防控任务，尽可能减少疫情影响。

20日 X8031次中欧班列缓缓驶出卧里屯车站，哈欧国际物流作为大庆沃尔沃汽车制造有限公司的承运方，克服疫情期间的种种困难，顺利开行春节后的第一列中欧班列。这趟装有123台沃尔沃商品车，满载41组的集装箱班列目的地为欧洲比利时根特站。随着此趟欧洲去程沃尔沃运输中欧班列的顺利开行，标志着哈欧国际物流克服疫情的影响，全面恢复哈欧班列各线路的常态化运行。在抗击疫情关键时期，哈欧国际物流在组织货源、运输协调及班列开行过程中，始终把疫情防控工作放在第一位，坚持把各项防控措施做实做到位，秉承服务于黑龙江，按照"一带一路"总体要求，积极做好中欧班列开行工作，为龙江经济发展做出自己的贡献。

23日 斯里兰卡南部高速公路延长线通车仪式在斯里兰卡帕拉图瓦镇举行，斯总统戈塔巴雅等出席通车仪式。南部高速公路延长线全长96千米，连接首都科伦坡、马特拉市、高勒市和汉班托塔市，将斯里兰卡两大港口和两大机场之间的车程从原来的四五个小时缩短到两小时，极大促进了斯里兰卡全国交通骨干网络和物流与旅游的发展。

25 日 广州地铁集团联合体与巴基斯坦旁遮普省公共交通管理局 25 日签订巴基斯坦拉合尔轨道交通橙线运营及维护服务合同。记者当日从广州地铁集团获悉，这是广州地铁首次走出国门获得境外地铁运营项目。本次中标联合体由北方国际合作股份有限公司、广州地铁集团有限公司和大宇巴基斯坦快速巴士服务有限公司组成，承担拉合尔橙线 8 年的运营及维护工作。拉合尔轨道交通橙线运营项目是广州市轨道交通产业"走出去"的标志性项目。广州地铁集团表示，将全力运营好拉合尔轨道交通橙线，为"一带一路"发展提供优质服务。

25 日 由中国、泰国两国企业建设运营的孟加拉国高架快速路项目 25 日在孟加拉国首都达卡举行协议签署仪式。该项目由山东高速集团下属的山东对外经济技术合作集团有限公司与中国水电建设集团国际工程有限公司及泰国一家公司合作投资、建设和经营。据介绍，项目拟建的孟加拉国达卡国际机场高架快速路项目全长近 20 千米，为双向四车道，大致成南北走向，从机场纵穿达卡市老商业区，至达卡市南部，连接吉大港公路。项目总投资 12.63 亿美元。项目建成后，将大幅减少当地居民出行时间，缓解达卡市区交通拥堵，有利于促进当地经济发展，对建设孟中印缅经济走廊具有重要意义。

28 日 商务部、国家开发银行联合印发《关于应对新冠肺炎疫情发挥开发性金融作用支持高质量共建"一带一路"的工作通知》，对受疫情影响的高质量共建"一带一路"项目和企业给予开发性金融支持。通知明确，对于符合条件的高质量共建"一带一路"项目和企业，国家开发银行将通过提供低成本融资、外汇专项流动资金贷款，合理设置还款宽限期，开辟信贷"绿色通道"和提供多样化本外币融资服务等方式给予支持。商务部、国家开发银行、省级商务主管部门、各中央企业建立联合工作机制，加强横向协作、纵向联动。

3月

2日 由中国企业承建的玻利维亚帕拉佩蒂新桥贯通、斯里兰卡南部高速公路延长线通车，由中国提供优惠贷款支持建设的柬埔寨58号公路通车，中欧班列运力逐渐回升。许多参与共建"一带一路"的中国企业克服疫情影响等不利因素，保障项目正常施工，共建"一带一路"平稳有序推进，赢得当地各界肯定。

2日 中国人民银行发布公告称，"一带一路"银行间常态化合作机制（BRBR）近日发布《支持中国等国家抗击新冠肺炎疫情的倡议》，呼吁"一带一路"金融机构为全球抗击疫情、保持经济稳定增长做出积极贡献。倡议肯定了中国抗击疫情的巨大努力和有力措施，对中国战胜疫情和保持经济发展长期向好充满信心。同时呼吁和支持国际社会加强团结合作，携手应对这一共同挑战。并倡导国际社会在世界卫生组织框架内加强协作，共同维护地区和国际公共卫生安全。

6日 重庆市涪陵区和中新南向通道（重庆）物流发展有限公司举行合作共建"西部陆海新通道"签约仪式。截至2020年2月29日，西部陆海新通道国际铁海联运班列（重庆—广西北部湾）已开行94列，累计开行1674列，目的地已覆盖全球6大洲中92个国家和地区的220个港口。

11日 近日，中国能建国际公司、广东院与乌克兰Karsa公司签署了乌克兰基辅Karsa 1500吨/天垃圾电站项目EPC合同。该项目拟在乌克兰基辅Oblast地区建设2台750吨/天的垃圾焚烧发电站，电站容量约为40兆瓦。合同内容包括建设2台750吨机组及电站设计、采购、建设和运行维护等，合同金额约2.38亿美元，工期为36个月。

16日 中国重型机械制造领域的核心骨干企业北方重工已正式签订巴基斯坦PIBT的陆域及港运码头输送系统项目，合同总额将达3000万美元。该项目由巴基斯坦国际散货码头有限公司发起，涉及土建施工、产品设计、生产以及安装调试等，为总包项目。投产后，将服务于巴基斯坦的电厂和水泥厂等基础设施建设。预计产能提升一倍，有效支援巴基斯坦国内的经济建设，改善其民众的生活水平。巴基斯坦作为"一带一路"沿线国家举足轻重。北方重工相关负责人表示，北方重工也将不遗余力持续装备"一带一路"技术服务全球。

19日 中国平安保险（集团）股份有限公司（以下简称"中国平安"）宣布正式签署"一带一路"绿色投资原则，是全球首家签署该原则的保险集团。该原则由中国金融学会绿色金融专业委员会和伦敦金融城"绿色金融倡议"发起，并联合责任投资原则、可持续银行网络、"一带一路"银行家圆桌会、世界经济论坛、绿色"一带一路"投资者联盟和保尔森基金会等共同制定。该原则旨在将低碳和可持续发展议题纳入"一带一路"沿线国家的项目中，确保"一带一路"的新投资项目兼具环境友好、气候适应和社会包容等属性，共同推动和实现"联合国2030年可持续发展目标"，落实《巴黎协定》各国承诺，促进"一带一路"国家共建繁荣未来。据官方介绍，截至目前，全球已有37家机构签署了该协议。

23日 重庆两江新区获悉，位于两江新区两路寸滩保税港区内的"一带一路"商品展示交易中心（以下简称"交易中心"）已正式复工迎客。2020年内，交易中心还将新增5个国家馆，特色商品种类也将由目前的5万个增加到5.5万个。重庆海关副关长李玉此前通报，疫情期间重庆空运进出口创历史新高，2020年2月重庆跨境电商一线进口增长22.5%，其中休闲食品、化妆品增长较快。随着新冠肺炎疫情形势趋于平稳，疫情暴发期间被抑制的消费进口需求或将释放。

30日 "一带一路"新闻合作联盟秘书处日前在北京面向全球成员单位发出《共筑抗疫防线 共建健康丝路》公开信，倡议联盟成员单位积极发挥媒体作用，继续报道准确可靠的抗疫信息、多向公众传递团结和支持的信息、秉持媒体责任和人类道义，推动"一带一路"共建国家在这场全人类与病毒的斗争中风雨同舟、团结合作，最终共同战胜疫情。公开信在"一带一路"新闻合作联盟网站以中、英、法、西、阿、俄6种语言版本发出，在联盟移动端平台以英文版本发出。公开信指出，疫情面前，没有任何一个国家能够独善其身。这场战斗再次证明，世界各国命运相连、休戚与共，人类社会本就是命运共同体。"一带一路"合作所强调的和平合作、开放包容、互学互鉴、互利共赢，既有未来长远性，也有现实紧迫性。

4月

1日 经国家税务总局领导批准，中国国际商会（ICC）、中国国际税收研究会（CITRI）和国际税收与投资中心（ITIC）联合举办中国"走出去"企业"一带一路"税收座谈会，邀请部分行业（包括电子商务、工程建设、能源采掘）和部分企业代表座谈在"走出去"过程中主要遇到的税务问题和困难，并认真听取了企业代表的诉求和建议。中国税务主管部门依托BRITACOM这一沟通交流的平台，着眼长期目标，侧重中短期目标，根据难易程度和轻重缓急，分步骤、分阶段提出具体实施方案，切实解决"走出去"企业遇到的税收政策确定性和稳定性、政策执行一致性及税务分歧协调和争议解决效率等问题，充分发挥BRITACOM在构建合作共赢的新型税收关系中的作用。

8日 75019次列车从西安新筑车站驶出，这趟满载50车太阳能板的中欧班列一路向西，驶往西班牙巴塞罗那，全程约12000千米，这是首次开行（西安—巴塞罗那）中欧班列。西安也逐步成为全国中欧班列的集结地，先后开行襄西欧、蚌西欧、徐西欧、冀西欧、厦西欧国际货运班列，中国铁路西安局集团有限公司西安西新筑车站货运量逐年提升，今年以来累计货运吞吐量157.8万吨，较2019年同期增长48.9%。

8日 216辆由武汉本地企业生产的小汽车在武汉大花岭火车站陆续装车启运，将从新疆霍尔果斯车站出境发往乌兹别克斯坦。这是武汉首次开行中亚国际联运汽车班列，也是铁路部门助力武汉汽车生产企业整车出口，服务"一带一路"建设开辟的国际物流新通道。这次通过班列出口乌兹别克斯坦的汽车，是公司首次将汽车整车经铁路运输到"一带一路"沿线中亚国家。

13日 为高质量推进"一带一路"建设，加快构建全面开放新格局，合力打造更通更强更顺的"一带一路"重要枢纽，浙江近日印发《浙江省打造"一带一路"枢纽构建全面开放新格局督查激励措施配套实施办法》，以五大激励助力打造"一带一路"枢纽。具体而言，按《中共浙江省委浙江省人民政府关于以"一带一路"建设为统领构建全面开放新格局的意见》《浙江省打造"一带一路"枢纽行动计划》提出的目标任务，围绕"一区、一港、一网、一站、一园、一桥"总体格局和十大标志性工程，浙江对各地打造"一带一路"枢纽构建全面开放新格局工作按督查激励评价指标体系开展评价。

16日 公布第一季度厦门市外贸进出口数据，2020年一季度，厦门市货物贸易进出口1442.2亿元，增长3.7%。其中，厦门市对"一带一路"沿线国家进出口469.8亿元，增长9.5%，占32.6%，保持对"一带一路"沿线国家进出口增势。其主要出口目的国为菲律宾、越南、马来西亚、印度尼西亚；主要进口来源国为印度尼西亚、马来西亚、越南和俄罗斯，对蒙古国、乌克兰、捷克等部分国家增势强劲。

20日 中老铁路首座通信铁塔成功组立，中老铁路建设在新冠肺炎疫情防控期间再获新进展。中老铁路万象站40米四管通信铁塔3月31日开始浇筑，拉开中老铁路全线通信信号工程建设序幕。老铁路是中国"一带一路"倡议与老挝"变陆锁国为陆联国"战略对接项目，北起老中边境口岸磨丁，南至老挝首都万象，全长414千米。该铁路全部采用中国管理标准和技术标准建设，设计时速160千米，为电气化客货混运铁路。工程于2016年12月全面开工，计划2021年12月建成通车。

20日 西安市政协主席、西咸新区党工委书记岳华峰主持召开丝绸之路科技创新谷规划建设专题会。他强调，要围绕陕西建设创新型省份和西安关于科技创新重点工作的部署要求，充分发挥中国西部科技创新港等创新平台作用，坚持创新是实现新区高质量发展的根本要求，坚持解放思想、实事求是、大胆探索，高水平规划建设丝绸之路科技创新谷。

22日 62柜俄罗斯进口锌精矿从四川自贸试验区青白江片区报关出

区,这标志着全国首列参与中欧班列"一单到底、两段结算"运费机制改革专列试点取得成功。通过参与该项改革,宜海供应链公司整列货物实现了中欧班列境内段运费不计入完税价格,共节省进口环节税费近4万元。此前已有多家企业参与改革,享受到了不同程度的税费优惠。试点货物品类拓展至进口汽车、肉类、复合地板等,试点线路覆盖蒂尔堡、罗兹、纽伦堡三大主线及北线相关定制化线路。

24日 由中共中央对外联络部发起成立的"一带一路"智库合作联盟以"携手应对公共卫生安全挑战,共同建设健康丝绸之路"为主题举办云端专题论坛,并召开"一带一路"智库合作联盟国际顾问委员会会议。本次论坛由中联部当代世界研究中心和中国人民大学重阳金融研究院共同承办,以网络视频连线形式召开。来自10多个国家的30多位政要和智库学者参加论坛。

27日 首班"齐鲁号"欧亚班列上合快线从位于青岛胶州的上合示范区多式联运中心出发,将于8天后到达哈萨克斯坦阿拉木图。首趟班列共有45个集装箱,总货值约2000万元,主要装载山东临工集团出口的挖掘机和平地机等货物。班列将经霍尔果斯口岸出境开往中亚。"齐鲁号"欧亚班列上合快线目前计划一月一班,以上合示范区多式联运中心为货源集结中心,西经霍尔果斯和阿拉山口口岸出境可到达中亚及西亚地区,北线经二连浩特和满洲里口岸出境可到达俄罗斯、白俄罗斯,辐射上合组织相关国家的30多个城市。

5月

3日 阿根廷从3月20日开始实行"全民隔离"政策,目前许多政府和私有部门都处于停摆状态。特殊时期,在阿南部圣克鲁斯省,中阿员工仍然在孔多克里夫与拉巴朗科萨水电站(以下简称"孔拉水电站")施工现场忙碌着。这一世界最南端水电站由中国能建葛洲坝集团承建,该项目既是中阿之间最大的合作项目,也是阿根廷迄今为止最大的能源项目。水电站建成后不仅将明显提升阿根廷发电水平，每年还可为该国节约 11 亿美元燃油进口外汇。孔拉水电站承载了一代又一代阿根廷人希望摆脱能源对外依赖的愿望。因为中阿员工在疫情下的共同坚守，阿根廷离实现电力自给自足的"百年梦想"又近了一步。

4 日 义新欧中欧班列（义乌—维尔纽斯）中国邮政专列 8026/5 次从义乌西站首发启程，最终将抵达立陶宛首都维尔纽斯。这是义新欧中欧班列第 12 条国际货运班列线路，标志着打通了中国通往欧洲波罗的海又一条绿色、高效的国际运输新线路。此趟中欧班列满载着来自浙江、上海、江苏、福建和山东五省（市）集结的 100 个标准集装箱、353.77 吨国际邮件，经由新疆霍尔果斯口岸出境，途经哈萨克斯坦、俄罗斯、白俄罗斯，列车抵达立陶宛后，国际邮件将被分拨至西班牙、丹麦、瑞士、法国等 36 个欧洲国家。

12 日 两列苏州自贸片区专列启程，分别驰往俄罗斯和德国，满载 172 个标箱，涉及数控机床、通信基站等数十个工业产品，货重超过 1100 吨，货值近 1 亿元。这是苏州中欧班列精准支持苏州本地企业首次开出的自贸区专列。12 日，江苏（苏州）国际铁路物流中心海关监管区揭牌投入运营。

18 日 迪拜当地时间 18 日 13 时 45 分，由哈电集团总承包的"一带一路"重大项目阿拉伯联合酋长国迪拜哈斯彦 4×600MW 清洁燃煤电站项目 1 号机组一次并网成功，机组各系统参数正常，设备运行平稳，运行质量优良。作为中东首个清洁燃煤电站，哈斯彦成功并网发电标志着世界第一个实现双燃料满负荷供电的电站建设取得重大突破，宣告了"一带一路"框架下中东地区首个中资企业参与投资、建设和运营的电站项目取得重大成果，是中国海外电力项目建设史上的重大里程碑。

20 日 中共中央、国务院印发《关于新时代推进西部大开发形成新格局的指导意见》（以下简称《意见》），其中提出以共建"一带一路"为引领，加大西部开放力度。在强化开放大通道建设方面，《意见》明确，积极实施中新（重庆）战略性互联互通示范项目。完善北部湾港口建设，打造具有国际竞争力的港口群，加快培育现代海洋产业，积极发展向海经济。积极发展多式联运，加快铁路、公路与港口、园区连接线建设。强化沿江铁路通道运输能力和港口集疏运体系建设。依托长江黄金水道，构建陆海联运、空铁联运、中欧班列等有机结合的联运服务模式和物流大通道。支持在西部地区建设无水港。优化中欧班列组织运营模式，加强中欧班列枢纽节点建设。进一步完善口岸、跨境运输和信息通道等开放基础设施，加快建设开放物流网络和跨境邮递体系。加快中国—东盟信息港建设。

21日 联合国教科文组织与中国联合国教科文组织全国委员会联合举办"一带一路"沿线国家青年在线对话活动。对话以视频会议形式召开，全球68个国家100多名青年注册参会。外交部发言人赵立坚在例行记者会上回答，这是"一带一路"青年创意与遗产论坛框架下的一次特别对话。该论坛秉持"传承遗产、激发创新"的理念，为"一带一路"国家青年提供交流互鉴平台。这次特别对话的主题是"全球新冠肺炎疫情背景下的青年担当"。这是新冠肺炎疫情暴发以来，联合国教科文组织在青年领域举办的一次重要活动。

6月

4日 中国铁建所属中铁十八局卡塔尔公司中标卡塔尔格湾岛第三标段房建及室外工程项目，中标金额10.98亿卡塔尔里亚尔，约合人民币21亿元，合同工期28个月。卡塔尔格湾岛第三标段房建及室外工程项目是珍珠岛的附属工程，包括20栋独立别墅、15幢商住两用住宅楼、1座清真寺和1个俱乐部，以及室外基础设施，是集娱乐、零售、住宅用途于一体的高端社区。格湾岛项目业主UDC集团是卡塔尔最具实力的公共持股公司之一，是卡塔尔领先的房地产开发企业。此次中标是中铁十八局卡塔尔公司与UDC集团的首次合作，双方将以此为契机，开展多领域深度合作。

6日 尼泊尔电力局日前发布新闻公告说，中国企业承建的光伏电站开始发电，正式进入运营。该光伏电站位于尼中部努瓦果德县，由东方日升新能源股份有限公司以工程总承包方式建设，于 2018 年 4 月动工，装机容量为 25 兆瓦，是尼泊尔最大的光伏电站。该公司尼方代表桑贾亚·什雷斯塔认为目前发电站已经完成部分光伏设备安装，预计今年年底完成全部建站工作。

7 日 搭载着三星电子产品配件和半成品的 KE279 货机落地西安咸阳国际机场，装卸货后于 5 时许飞往美国洛杉矶，这标志着陕西首条洲际第五航权全货运航线顺利开通。这条由陕西西咸新区空港新城开通的新航线，由大韩航空采用 B747F 型货机执飞，每周 1 班，大约 10 个小时便可将货物运至大洋彼岸，全年将为陕西进出口企业提供近 10000 吨航空运力。

10 日 中国（宁波）—"一带一路"国家商会商务合作对接会在浙江省宁波市举行，30 多个国家商会会长通过线下线上结合的方式，共探"一带一路"沿线国家和地区投资贸易与合作交流，呼吁打造线上商务合作平台，助力企业有效应对新冠肺炎疫情影响。中国国际贸易促进委员会宁波市委员会与西班牙萨拉曼卡大区商会、宁波市奉化区贸促会（宁波市奉化国际商会）与柬埔寨宁波商会、宁波市玩具和婴童用品行业协会分别与马来西亚批发商总会、马来西亚巨盟玩具婴童展厅进行了商会合作签约，涉及定制工具、电力五金、美妆工具、服装加工、酒店家具、户外玩具等 8 个贸易项目签约，贸易成交额达 2100 万美元。

11 日 中国共产党同斯里兰卡主要政党成立中斯"一带一路"政党共商机制并通过视频方式举行第一次会议，会议主题为"共建'一带一路'，共促经济民生"。中共中央对外联络部部长宋涛，斯里兰卡人民阵线党、统一国民党、自由党、共产党、人民联合阵线等政党主要领导人出席并致辞。宋涛表示，近日习近平主席与戈塔巴雅总统通话，就两国共抗疫情、推动高质量共建"一带一路"达成重要共识。中国共产党愿同斯各政党落实好两国元首重要共识，加强治国理政经验交流，夯实两国关系政治和民意基础，促进双方各领域合作，为高质量共建"一带一路"贡献政党力量。会议通过了《中斯政党支持高质量共建"一带一路"共同倡议》。

17 日 山东高速集团承建的塞尔维亚瓦列沃（伊维拉克）至拉伊科瓦

茨快速路项目正式开工。该项目是山东高速集团成功实施塞尔维亚 E763 高速公路项目之后，在塞尔维亚中标的第二个大型交通基础设施项目。项目采用工程总承包（EPC）方式，合同额 1.58 亿欧元（约合人民币 12.5 亿元），全长 18.3 千米，双向 4 车道，设计速度为 100 千米/小时。这是山东高速集团深耕"一带一路"大市场的一个缩影。近年来，山东高速集团相继在非洲、亚洲以及中东欧、拉美等多个国家和地区建设 180 多个大型国际承包工程和民生项目，累计合同额达 345 亿元，所属国际合作公司、山东路桥连续多年入选 ENR 全球最大 250 家国际工程承包商榜单。山东高速集团，正在"一带一路"市场上跑出"高速度"。

7 月

3 日 首列开往中俄合建的莫斯科别雷拉斯特物流中心的中欧班列自辽宁沈阳发出，这标志着别雷拉斯特物流中心正式实现了与中国间中欧班列的双向开行，将有力推动中俄经贸往来和"一带一路"建设。首列"辽宁沈阳—莫斯科别雷拉斯特"中欧班列装载了 42 个 40 英尺（1 英尺≈0.3048 米）集装箱的货物，以汽车零部件、化工品、机械设备为主。班列预计在 13~15 天后抵达莫斯科别雷拉斯特物流中心。

7 日 国家发展和改革委员会下达中央预算内投资 2 亿元，支持郑州、重庆、成都、西安、乌鲁木齐 5 个中欧班列枢纽节点城市开展中欧班列集结中心示范工程建设。为推动中欧班列高质量发展，国家发展和改革委员会在 2020 年中央预算内投资中安排专项资金，支持区位条件优越、设施基础良好、运营规范有潜力的中欧班列枢纽节点城市开展中欧班列集结中心示范工程建设，促进中欧班列开行由"点对点"向"枢纽对枢纽"转变，加快形成"干支结合、枢纽集散"的高效集疏运体系。

8 日 以"优化营商环境，落实'六保'任务，助推全球产业链畅通"为主题的第六届"一带一路"园区建设国际合作峰会暨第十七届中国企业发展论坛营商环境研讨会开幕。"疫情对世界经济的巨大冲击仍然存在，外部风险挑战明显增多,全球部分产业链供应链面临中断危机,国内经济恢复仍面临压力。"十二届全国政协副主席王钦敏说,当前,要做好"六稳"工作、落实"六保"任务,要突出保市场主体,保产业链供应链稳定,保居民就业。

17日 中老铁路班纳汉湄公河特大桥于日前完成架梁施工,中老铁路两座跨湄公河特大桥架梁施工任务全部完成,为中老铁路如期建成通车奠定坚实基础,中老铁路是中国"一带一路"倡议与老挝"变陆锁国为陆联国"战略对接项目,其中老挝段北起老中边境口岸磨丁,南至老挝首都万象,全长400多千米。中老铁路全部采用中国技术标准和管理标准建设,设计时速160千米,为电气化客货混运铁路。

18日 土耳其首都安卡拉光伏产业园厂区内,首台切片设备入场仪式举行。由中国电子科技集团有限公司(中国电科)与土耳其卡隆集团共同建设的500兆瓦光伏项目取得又一标志性进展。安卡拉光伏产业园项目对提升土耳其光伏领域研发能力、促进该国新能源产业发展具有重要意义。从2020年7月初第一件组件成品成功下线,到首台切片设备入场,项目全产业链投产正式进入倒计时。土耳其能源和自然资源部部长登梅兹参观组件车间时,对中方技术和产品给予高度评价。预计2020年9月项目将迎来全产业链开通,届时将为土耳其提供年产500兆瓦的绿色新能源,在该国光伏产能中占比近10%。此次项目将成两国共建"一带一路"的示范工程。

24日 由中铁二院设计、中铁八局施工的中老铁路磨丁至万象段重点控制性工程会富莱隧道顺利贯通,标志着磨万铁路建设取得重大进展。中老铁路是泛亚铁路中通道的重要组成部分,承载着老挝由"陆锁国"变为"陆联国"的梦想,中老两党、两国政府对该铁路高度重视,它的修建具有非常重要的意义。中老铁路由中铁二院承担全线勘察设计,中老磨万铁路全长约422.441千米,隧道75座196.755千米,桥隧比重62.5%,设计时速160千米,项目通车后将实现中国昆明至老挝首都万象朝发夕至。

27日 阿布扎比国家石油公司(ADNOC)宣布,同意中国石油天然气集团公司（CNPC）向中国海洋石油总公司的子公司中海油有限公司（CNOC）转让其下扎库姆和乌姆沙伊夫及纳斯尔的海上特许经营权。这项转让已得到阿布扎比最高石油委员会（SPC）的批准，这标志着中国一家专注于海洋石油和天然气的公司首次获得了阿布扎比国家石油公司的特许经营权。将特许经营权转让给另一家重要的中国公司，加强了阿联酋与世界第二大经济体中国之间强有力的战略性双边关系。

8月

3日 我国自主研制出口海外的首台超大直径泥水平衡盾构机，打通了孟加拉国历史上第一条水下隧道——卡纳普里河河底左线隧道。孟加拉大桥局总工程师艾哈迈德曾表示："修建隧道一直是孟加拉国人民的梦想，我们希望把吉大港建设得像上海一样好。"隧道完工，吉大港机场至工业园的车程将从4小时缩短到20分钟。孟加拉国卡纳普里河底隧道工程是中孟印缅经济走廊的重要一环，是国家"一带一路"倡议中的重要组成部分，对完善亚洲公路网，促进孟加拉国与周边国家的互联互通，推动孟加拉国国际化发展有着重要意义，也是使用中国技术、中国装备的又一个合作典范。该项目一直受到两国领导人的高度重视，是中孟两国基础建设领域合作项目的代表，也是两国人民友谊的象征。

8日 缅甸投资与公司管理局日前颁发证书，正式批准皎漂特别经济区深水港项目合资公司注册成立，标志着皎漂项目取得重大进展。皎漂项目是共建"一带一路"重点项目和中缅经济走廊的支点项目。2018年11月，中国与缅甸签署皎漂深水港项目框架协议。根据协议，双方将由共同投资的公司以特许经营方式开发建设和运营皎漂深水港。据悉，深水港项目将分4期进行，一期暂定为2个泊位。预计该项目将为缅甸创造约10万个就业机会，推动缅甸西部地区经济、社会发展，全面改善当地人民交通和居住环境。

19日 来自"一带一路"沿线的斯洛文尼亚、保加利亚、阿尔巴尼亚、斯洛伐克等13个中东欧国家与中国吉林相聚"云端",对接项目合作。"一带一路"沿线国家商协会吉林行·吉林—中东欧国家商协会国际经贸合作交流会在长春举行。公开资料显示,2020年1—7月,吉林省进出口额721.5亿元人民币,其中,与中东欧16国进出口贸易实现114.7亿元,特别是在汽车产业领域合作取得了长足的发展。

21日 哈尔滨国际集装箱中心站内,编组41辆的哈尔滨至俄罗斯班列正在进行最后的吊运工作。班列满载着化工品、小商品,将经由满洲里口岸出境,预计15至18天后抵达莫斯科。批运往俄罗斯的货物以哈尔滨国际集装箱中心站为枢纽,主要集货地包括富锦、北安、大连、鲅鱼圈等地,以机械设备、化工原料、生活用品为主。工作人员告诉记者,货物通过班列,从黑龙江省运达俄罗斯中部,运费较空运节省四分之三,运输时限较公路缩短三分之二以上。

23日 由中国企业承建的斯里兰卡首都科伦坡北部地下排水项目新穆特瓦尔工程盾构隧道全线贯通,斯里兰卡城市发展部国务部长戈德赫瓦等多名斯方官员与中国驻斯里兰卡大使馆临时代办胡炜共同见证。戈德赫瓦在隧道贯通庆祝仪式上确保隧道如期贯通,这标志着科伦坡在提升控制泄洪能力方面走出重要一步。这一工程是斯里兰卡政府关注的重要民生项目,科伦坡北部5万多名居民将从中受益。新穆特瓦尔工程是公司进入斯里兰卡市场的首个工程,旨在帮助解决科伦坡城市内涝问题。面对新冠肺炎疫情影响,企业采取科学防控措施,积极推进复工达产,确保隧道按期贯通。

28日 第三届21世纪海上丝绸之路博览会暨第二十二届海峡两岸经贸交易会举办,活动以线上集中展览为主。来自80多个国家和地区的1100多家企业报名,近25000件商品将在线上展示。福州市贸促会会长潘威介绍,由于新冠肺炎疫情影响线下办会条件,本届海丝博览会暨海交会充分发挥"数字中国"实践地优势,在危机中寻新机,实现展会线上发展,将其打造成突破时空限制,集投资合作、先行先试、商品贸易为一体的重要平台。

29日 首列"永西欧"国际货运班列从山西永济火车站驶出,奔向西安，货物到达西安港后再经过集结中转，搭乘中欧班列"长安号"，运抵中亚主要站点城市。截至目前，中欧班列"长安号"先后开通了西安至亚洲、欧洲的15条干线通道，覆盖"一带一路"沿线45个国家和地区，成为助力我国向西开放、畅通国际贸易的物流大通道。

9月

6日 "一带一路"生态产业合作与发展圆桌会议在西宁举行，副省长杨逢春、中国贸促会副会长陈建安、商务部外贸发展局局长吴政平出席会议并致辞。杨逢春在致辞中表示，生态产业是青海实现绿色发展的重要支撑，也是青海未来高质量发展的重要载体。以此次圆桌会议为契机，加快生态价值向人文价值、经济价值、生活价值和品牌价值的转换。期待进一步深化与国内外生态产业领域的合作，寻求合作的新契合点、发展的新增长点，共同创造生态产业蓬勃发展的美好明天。会上，部分国家（地区）驻华使节，相关国际组织驻华组织机构代表发言。会议还签署了2项合作框架协议。

11日 粤港澳大湾区暨"一带一路"（广州·南沙）法律服务集聚区10日正式启用。广州市南沙区政府将依托该集聚区，融合诉讼、仲裁、公证、司法鉴定等高端法律服务资源，加强与港澳规则衔接，打造一站式涉外法律服务平台，建设粤港澳法律服务业创新高地。在活动现场，大湾区（广州）商事和公益诉讼审判中心、大湾区（广州）海事法律审判中心、大湾区（广州）知识产权法律审判中心、大湾区（广州）行政法律审判中心、大湾区（广州）互联网法律审判中心和大湾区（广州）公益诉讼协调指挥中心正式揭牌成立。广州南沙区委政法委员会、广东外语外贸大学和北京融商一带一路法律与商事服务中心共同签署了《"一带一路"域外法查明（广州）中心战略合作备忘录》。

14日 国家发展和改革委员会（推进"一带一路"建设工作领导小组办公室）日前在福建泉州召开共建"一带一路"2020年重点工作推进会。

会议指出，推进"一带一路"建设取得重要进展和明显成效，截至目前，中国已与 138 个国家和 30 个国际组织签署了 200 份共建"一带一路"合作文件，"六廊六路多国多港"互联互通架构基本形成。

16 日 第七届丝绸之路国际电影节新闻发布会暨电影嘉年华启动，以"丝路连接世界、电影和合文明"为主题的第七届丝绸之路国际电影节在陕西省西安市举办。本届电影节设置了欢迎活动、影片特别推荐、电影展映、电影论坛、电影市场、陕闽交接活动六大主体活动和电影嘉年华配套活动，着力彰显"一带一路"特色。电影节面向全球征集优秀影片 3500 余部，其中 90%以上为国际影片。在电影展映单元，500 余部国内外优秀影片将在线下与线上同步展映。其中，影院展映影片 102 部，70%以上来自"一带一路"沿线国家和地区。

24 日 广东 21 世纪海上丝绸之路国际博览会 24 日在广州开幕，以"高水平、开放、高质量发展"为主题，博览会搭建中外交流合作新平台。为期 3 天的博览会展览面积 6 万平方米，展位 1600 个，设有国际品牌、国际文化旅游两个综合展区及三个专业展区，吸引 51 个国家和地区的近 900 家国际知名品牌企业参展。约 30 家世界 500 强和知名企业参与国际品牌展。与"一带一路"沿线国家和地区紧密的合作关系是海丝博览会不断发展的基础和支撑。2020 年 1—8 月，广州与"一带一路"沿线国家和地区进出口 1644.7 亿元，同比增长 11.5%；"一带一路"沿线国家和地区在穗实际投资同比增长 70.9%。

28 日 我国企业在"一带一路"沿线对 54 个国家非金融类直接投资 827.9 亿元，同比增长 35.2%（118 亿美元，同比增长 31.5%），占同期总额的 17.2%，较 2019 年同期提升 4.8 个百分点，主要投向新加坡、印尼、老挝、越南、柬埔寨、马来西亚、泰国、哈萨克斯坦、阿联酋和缅甸等国家。对外承包工程方面，我国企业在"一带一路"沿线的 61 个国家新签对外承包工程项目合同 2936 份，新签合同金额 5118.1 亿元，占同期我国对外承包工程新签合同额的 54%。

10月

10日 山东省务实推进与"一带一路"沿线国家经贸合作,取得积极成效。一是与沿线国家贸易合作实现稳步增长。与沿线国家实现外贸进出口4030.6亿元,同比增长7.5%,占全省的30.2%。其中,出口2271.9亿元,增长12.4%,占全省的30%;二是对沿线国家投资合作有序推进。对"一带一路"沿线国家实际投资124.4亿元,增长89.8%,占全省的30.1%。其中,产能合作领域实际投资47.4亿元,增长39%,占对沿线国家投资的38.1%;三是与沿线国家基础设施合作不断推进。对沿线国家地区承包工程完成营业额203.2亿元,占全省的54.5%。新签千万美元以上大项目73个。

13日 由中车南京浦镇车辆有限公司与安徽省市场监督管理局、芜湖市人民政府、中国单轨交通发展研究中心联合主办的安徽省2020年"世界标准日"纪念活动暨"一带一路"跨座式单轨系统国际标准联盟成立大会安徽芜湖召开。轨道交通院士专家代表、安徽省芜湖市政府相关代表、单轨研发生产企业单位代表等300多人参加。本次活动以"标准联通'一带一路',标准引领合作发展"为主题,该联盟汇集了来自中国、泰国、菲律宾、埃及、巴西、法国、德国等"一带一路"沿线和海内外单轨系统设计、咨询、生产、施工、运营等单位,以及高校、科研院所、标准化研究机构等,致力于推动跨座式单轨国际标准化工作。推动"单轨标准"走出去,提升国际项目执行"中国标准"的话语权,助力轨道交通产业发展。

14日 中国和乌兹别克斯坦举行"丝路电商"交流对接会。此次交流对接会以视频方式举行,以"塔什干—上海:电子商务的前景"为主题,中乌两国政府、商协会、企业界代表等50余人在线参会。本次交流对接会由中国国际电子商务中心和乌兹别克斯坦驻上海总领事馆主办。在交流对接会上,两国参会人员就如何推进电子商务合作、强化区域合作及提升跨境电子商务合作的质量和水平等开展了交流和探讨。

15 日 第三届"一带一路"中意企业投资对接会于 15 日以线上方式举行，与会的中国和意大利代表就如何更好地参与"一带一路"建设、寻找合适的商业投资机会进行探讨交流。新华社秘书长宫喜祥在会上表示，本次活动旨在加深中意两国企业交流，进一步促进合作，为世界经济复苏做出贡献。展望未来，深入交流、加强合作、互利共赢将继续作为中意携手发展的主旋律，为共建"一带一路"走深走实添上浓墨重彩的一笔。

16 日 首批 21 个来自中亚班列的集装箱从广州港南沙港区二期码头装船出海，发往印度尼西亚。广东中亚班列首次以"铁路—驳船运输—海运"的铁水联运方式走出国门，打通"中亚—广州—东南亚"出海物流通道，实现了"丝绸之路经济带"和"21 世纪海上丝绸之路"的无缝联运。广州南沙港和中欧班列优势互补，打出多式联运"组合拳"进一步延伸国际物流通道，为"一带一路"沿线国家和地区提供了更多跨境物流选择。

23 日 在科技部举行的新闻发布会上，塞尔维亚共和国驻华大使馆一等参赞碧莲娜·斯坦科维奇-伊万尼奇（Biljana Stankovic-Ivanic）表示，作为首批 28 个加入"一带一路"倡议的国家之一，以及作为中国中东欧"17+1"合作机制的主要国家之一，塞尔维亚邀请中国共同建设创新生态体系。碧莲娜·斯坦科维奇-伊万尼奇提出，"一带一路"创新生态系统和人工智能影响评估中心也即将成立。这个项目意味着将组建固定的团队，对那些有着共同创新目标的国家研究其创新活动。

27 日 随着"金星佐伊"轮靠泊天津港联盟国际集装箱码头，今年天津港集团第四条"一带一路"新航线正式开通运营。此举进一步增强了天津北方国际航运枢纽辐射带动作用，有力推动国内国际双循环相互促进发展新格局的形成。此次开通的"一带一路"新航线由东方海外、中远海运、宏海箱运、金星轮船联合运营，共投入 7 艘 8500～9500 标准箱集装箱船舶进行周班运营。航线从天津港出发，沿中国沿海南下而后到达新加坡港、科伦坡、那瓦西瓦、皮帕瓦沃、巴生等港口。此航次从天津港共计出口 718 标准箱，主要是来自京津冀及周边地区生产的机械设备、医疗器械、化工品和日用品等货物。这条新航线开通后，不仅增加了班期的可选择性，并且实现了舱位数量更多，为进出口企业，降低了综合物流成本，增强了国际市场竞争力。

28日 由亚洲基础设施投资银行、欧洲复兴开发银行、中国工商银行（阿拉木图）股份公司及全球绿色基金共同支持的中亚最大在建风电项目——哈萨克斯坦扎纳塔斯风电项目贷款签约仪式在亚投行总部举行。上述4家机构将共同为扎纳塔斯风电项目提供9530万美元贷款支持。该风电项目位于哈萨克斯坦南部江布尔州扎纳塔斯地区，主要由中国电力国际控股有限公司投资建设，是中哈两国务实合作的最新成果。项目规划建设40台2.5兆瓦的风电机组，总装机容量达100兆瓦。亚投行将为该项目提供最高达3430万美元的融资支持。该风电项目全部投产后，预计每年可发电约3.5亿千瓦时，将大大缓解哈萨克斯坦南部地区电力短缺的现状，为"一带一路"项目提供融资支持，通过互赢合作促进项目所在国经济及社会发展。

11月

3日 中国国际贸易促进委员会山西省委员会以线上直播的方式，重点面向全省涉外企业举办"山西与东盟合作的机遇与挑战"专题培训。许宁宁分析了当前东盟国家经济和抗"疫"形势、中国—东盟经贸合作形势、东盟商机，就当前省市、产业、企业发展与东盟经贸合作提出有关建议。他表示，作为中部省份的山西应积极开展与东盟国家经贸合作。数据显示，2020年1—9月，中国与东盟贸易逆势增长，达4818.1亿美元，同比增长5%，东盟历史性成为中国第一大贸易伙伴。中国与东盟贸易额比中国第二大贸易伙伴欧盟多205.9亿美元。

6日 由中国人民对外友好协会、国家市场监督管理总局、丝路规划研究中心和国际食品法典委员会共同主办的"一带一路"生态农业与食品安全论坛在上海国家会展中心举行。第十二届全国政协副主席、丝路规划研究中心理事长、中俄友协会长陈元和国际食品法典委员会主席科斯塔分别为论坛开幕式发来视频致辞。国家市场监督管理总局副局长田世宏、中国人民对外友好协会会长林松添、上海市副市长陈通、上合组织秘书长诺罗夫、山西省政协副主席李正印出席论坛开幕式并致辞。吉尔吉斯斯坦、塔吉克斯坦、新西兰、孟加拉国、卢旺达、乌拉圭驻华大使和来自德国、英国、马达加斯加等国家代表，以及有关部委、地方政府、企业和商协会代表等130余人出席。

15日 经过8年磋商谈判的艰苦努力之后，区域全面经济伙伴关系协定（RCEP）在东亚合作领导人系列会议期间正式签署，其所包括的区域将成为世界最大的自由贸易区。作为世界上参与人口数量最多、成员结构最多元、发展潜力最大的自贸区，这是东亚区域合作极具标志性意义的成果，必将为促进地区发展繁荣增添新动能，为世界经济实现恢复性增长贡献新力量。

17日 招商局港口控股有限公司、交通运输部管理干部学院和吉布提大学联合承办的"2020年'一带一路'启航班吉布提专班"在招商局港口大厦、吉布提大学会场通过视频形式同步开班。本次启航班创新性地开展线上授课模式，由吉布提大学选拔出25位优秀在校本科生和研究生，参加一系列港航、物流和管理课程，包括疫情影响下的全球供应链、中国电子商务新经济、数字经济智慧港口等内容。

19日 中老铁路中国段玉溪研和至峨山区间与老挝段万象北至万象区间同步开始架设电气化接触网，全线共计需要架设电气化接触网1679.6条千米。中老铁路全长1000多千米，是中国"一带一路"倡议与老挝"变陆锁国为陆联国"战略的对接项目。建成通车后，中国昆明至老挝万象有望夕发朝至。

24日 "健康丝绸之路"建设暨第三届中国—东盟卫生合作论坛在广西南宁开幕。论坛倡议继续支持世界卫生组织在全球卫生治理中发挥领导作用，完善和深化中国—东盟疾病防控长效合作新机制，强化中国与东盟各国联合应对新冠肺炎疫情等突发公共卫生事件的合作。本届论坛由国家卫生健康委员会、国家中医药管理局和广西壮族自治区政府共同主办，主题为"团结合作,共建中国—东盟卫生健康共同体"。受新冠肺炎疫情影响,本届论坛采取"线上+线下"相结合的形式进行。

30 日 香港特区政府和香港贸易发展局合办的第五届"一带一路"高峰论坛开幕,来自世界各地的与会者聚焦"一带一路"发展机遇,共同探讨如何在后疫情时代推动经济复苏。为期两天的论坛以"洞悉商机 共建可持续及共融的未来"为主题。受新冠肺炎疫情影响,本届论坛于线上举行。

12 月

3 日 位于青岛的中国—上合组织地方经贸合作示范区内,总投资567亿元的20个重点项目集中开工,总投资456亿元的6个项目签约落地。本次集中开工的20个项目,涵盖基础设施、装备制造、国际物流、现代贸易、双向投资、商旅文化交流、生物医药7个领域,具有上合元素丰富、业态分布广泛、规划建设高标等特点,包括装备制造项目4个,国际物流、现代贸易、双向投资、商旅文和基础设施建设项目各3个,生物医药项目1个。其中,外资项目占5个。

10 日 "一带一路"国际商事调解中心厦门海沧法院调解工作室投用。此举旨在从司法层面探索建立多边多元化纠纷解决机制,为厦门打造和提升全方位的"一带一路"服务机制、持续开拓法治化营商环境新格局添砖加瓦。据悉,这是全省投用的首家"一带一路"国际商事纠纷调解室。"一带一路"国际商事调解中心是在最高人民法院司法改革办公室的指导下,共同推进的多元化解纠纷解决机制的一项新成果。为促进商事纠纷的多元化解,为商事主体提供更便捷、高效的矛盾纠纷化解服务,海沧法院与"一带一路"法律与商事服务中心几经磋商,就商事纠纷诉调对接机制达成共识。

11 日 "中国(烟台)'一带一路'对话东盟专场活动",中国和东盟商界人士纷纷表示,《区域全面经济伙伴关系协定》(RCEP)未来将与

"一带一路"倡议一起为双方产业对接提供更广阔空间。活动上，烟台市商务局与中国新加坡商会签署了合作备忘录。截至目前，烟台累计吸引东盟国家投资项目540个，实际使用东盟资金26亿美元；烟台在东盟投资企业73家，中方协议投资额20.9亿美元。中国新加坡商会会长王子元表示，RCEP的签署将为烟台进一步深化与东盟国家经贸合作带来更加广阔的发展平台、提供更加有利的历史机遇。烟台与东盟国家经贸互补性强，将有益于开发这一互补性利于实现共同发展。

14日 中国和白俄罗斯政府间合作委员会第四次会议期间，在中共中央政治局委员、中央政法委书记郭声琨和白俄罗斯第一副总理斯诺普科夫见证下，商务部副部长、国际贸易谈判副代表俞建华与白俄罗斯经济部长切尔维亚科夫通过视频方式正式签署《中华人民共和国商务部和白俄罗斯共和国经济部关于启动<中国与白俄罗斯服务贸易与投资协定>谈判的联合声明》。下一步，中白双方将围绕相关议题开展谈判，以期达成全面、高水平、与世界贸易组织规则相一致的协定。

15日 印度尼西亚雅万高铁1号隧道12月15日顺利贯通，标志着该项目建设取得重要进展。雅万高铁是"一带一路"建设和中国印尼两国务实合作的标志性项目，连接雅加达和印尼第四大城市万隆，全长142千米，最高设计时速350千米，是我国高铁首次全系统、全要素、全产业链在海外落地的典范工程。

16日 长三角"一带一路"国际认证联盟在上海成立，"一带一路"认证信息服务平台上线开通。联盟成立和平台上线集聚长三角区域优势，推动中国认证机构携手优势领域生产制造企业，共同开拓国际市场，为加快构建国内大循环为主体、国内国际双循环相互促进的新发展格局，高质量共建"一带一路"提供质量认证的实践探索。联盟将着力推动政策支持一体化、管理机制一体化、平台信息一体化，合力打造更优营商环境。

17日 中国建筑承建的中巴经济走廊最大交通基础设施项目——巴基斯坦PKM高速公路项目（苏库尔—木尔坦段）正式移交通车。"中巴友谊之路"的再次升级，是当前中国与"一带一路"相关国家务实合作的缩影。

20日 "携手应对挑战·合作促进共赢"为主题的2020年全国上市公司共建"一带一路"国际合作论坛在深圳开幕。本届论坛围绕"开展全球抗疫合作,推动构建人类命运共同体""强化国际产业协同,助力粤港澳大湾区建设"等议题展开研讨。来自"一带一路"沿线国家和地区政府部门、工商界、专业机构、企业等的400余人参加论坛。中央统战部副部长,全国工商联党组书记、常务副主席徐乐江表示,希望广大上市公司拓展国际视野,主动参与高质量共建"一带一路";抓住发展机遇,继续加大基础设施建设和优势产能合作,加强科研和产业合作,使"一带一路"成为创新合作的高地。

Ⅵ 前沿趋势篇
Frontier Trend Article

B.14
2020年"一带一路"产业合作前沿趋势

刘丽珊[1]

一、Gartner：2021年的全球主要战略技术趋势

2020年，新冠肺炎疫情加速了一些原本比较平稳的趋势，人与人之间被迫保持物理距离，企业与客户、企业内部，以及企业与伙伴之间保持虚拟连接的需求显得更加迫切。基于此，Gartner对2021年的热门技术趋势做出了如下预测。

（一）行为互联网

随着许多技术捕获并利用了人们日常生活中的"数字尘埃"，行为互联网（IoB）正在兴起。Gartner在报告中称，当新冠病毒大流行迫使工厂暂时关闭后，那些回到工作场所的员工发现，自己已经被传感器或RFID

---

[1] 刘丽珊，国家工业信息安全发展研究中心工程师，硕士，主要研究方向为一带一路、数字经济、产业合作。

标签盯上了，这些技术被用来确定他们是否定期洗手。计算机视觉还可以确定员工是否佩戴口罩，并且用喇叭来警告违反规程的工人。采集和分析这种行为数据来影响员工在工作中的行为方式，这被称为行为互联网（IoB）。

IoB 可以收集、组合并处理多种来源的数据，包括商业客户数据，公共部门和政府机构、社会媒体及位置跟踪处理的市民数据。处理这些数据的技术不断创新，让这种趋势在 2021 年蓬勃发展。但关键要注意隐私法律对技术的影响，不同的地方对隐私的要求会很不一样，这将影响 IoB 的采用和规模。

（二）全面体验

Gartner 公司 2020 年将多元化体验作为一种主要的战略技术趋势，并将其在今年以全面体验（TX）向前迈进了一步，该战略将多元体验与客户、员工和用户体验联系在一起。随着人们之间的互动变得更加移动化、虚拟化和分布化，企业由于疫情应该部署全面体验（TX）策略。全面体验（TX）希望改善多个组成部分的体验，以实现转变后的业务成果。对于那些希望通过利用新的经验颠覆者来实现差异化的企业来说，这些体验是从疫情中恢复过来的关键。

（三）隐私增强计算

在以人为本方面，Gartner 预测 2021 年最重要的技术趋势之一是隐私增强计算。这种隐私增强计算趋势将利用 3 种技术，它们可以在数据被利用时做好对数据的保护。一是提供可信任的环境，然后在这个环境下处理或分析敏感数据；二是以去中心化的方式进行处理和分析；三是在处理或分析之前对数据和算法进行加密。Gartner 预测，这种趋势使组织能够在不牺牲机密性的情况下，跨地区及跟竞争对手一起安全地开展研究合作。隐私增强计算是在专门满足不断增长的共享数据需求的同时，为了维护好隐私或安全而设计的。

（四）分布式云服务

分布式云服务是将公共云服务分发到不同的物理位置，而服务的运营、治理和演进仍然是公共云提供商的责任。它为具有低延迟、降低数据成本需求和数据驻留要求的方案提供了灵活的环境。它还满足了客户使云计算资源更靠近发生数据和业务活动的物理位置的需求。

Gartner 把分布云定义为分布在不同地理位置，但是运营、治理和演进仍然是公共云提供商负责的云服务。过去几年，众多组织已经或正在将部分应用和数据迁移到公共云上，这种趋势一直在发展。到 2025 年，大多数云服务平台将至少提供一些在需要时执行的分布式云服务。分布式云服务可以取代私有云，并为云计算提供边缘计算和其他新用例，它代表了云计算的未来。

（五）无处不在的运营

随处运营从新冠病毒中成功涌现。Gartner 表示，到 2021 年，随处运营模式对于企业成功摆脱新冠病毒的影响将至关重要。随处运营这一趋势的核心是无论客户、员工和企业合作伙伴处在什么地方，企业都能运营下去。根据 Gartner 的报告，到 2021 年及以后，随处运营模式将是"数字优先，远程优先"。

（六）网络安全网格

网络安全网状网是一种具备伸缩性、灵活性及可靠性的分布式网络安全控制架构方案。越来越多的资产不在传统安全范围之内，这种安全趋势正在日益加强。强大的网络安全网状网可以根据人与物的身份来界定安全范围。通过中心化的策略编排及分布式的策略执行，这种安全策略可促进模块化、响应性更强的安全方案。Gartner 表示，2021 年，随着边界保护的意义减弱，围墙城市的安全方案将不断演进，以满足每家企业对现代网络安全的需求。

（七）智能可组合业务

智能业务组合是指可以适应当前情况和环境，并"从根本上重组"公司。智能可组合业务可以通过访问更好的信息并对其做出更灵活的响应来重新制定决策。2020 年的趋势是组织一边加速自己的数字业务战略，一边推动更快的数字化转型，让自己变得更加敏捷，并可根据当前已有的数据更快地做出商业决策。Gartner 表示，这仍将是 2021 年的最大趋势之一，要实现这一目标，企业必须能够更好地获取信息，用更好的洞察力增强这一信息，并要具备对这种洞察的隐含影响做出快速响应的能力。这种趋势还将包括提高整个组织的自治度及民主化程度，使得部分业务部门能够迅速做出响应，而不会因为效率低下而陷入困境。

（八）人工智能工程

对可靠的人工智能工程战略进行投资的作用在于，在确保建立 AI 模型的性能、可伸缩性、可解释性及可靠性的同时，还可以实现 AI 投资的全部价值。Gartner 表示，很多 AI 项目经常会面临可维护性、可扩展性及治理方面的问题，这对大多数组织而言都是一个挑战。

AI 工程则提供了一条途径，可以让 AI 成为主流 DevOps 流程的一部分，而不是一系列专门的、烟囱式的项目。根据 Gartner 的说法，AI 工程汇聚了各种学科来"驯服 AI 炒作"，同时在管理多种 AI 技术组合时提供更为清晰的实现价值的路径。在 AI 工程治理方面，负责任的 AI 在 2021 年也会成为一种新兴趋势，信任、透明性、道德、公平性、可解释性及合规性问题要靠 AI 来尽责。Gartner 表示，这是 AI 问责制的具体实施。

（九）超级自动化

2021 年有一个趋势将加速发展，那就是对尽可能多的事情进行自动化。超级自动化就是指这样一种想法，也就是组织中可以自动化的任何事情都应该自动化。

推动超级自动化这一趋势的，是那些存在尚未流水化的遗留流程的企业，这种流程会产生巨大的成本及引发广泛的问题。按照 Gartner 的说法，2020 年很多组织都是靠一些打补丁式的技术来获得支撑的。这种技术的缺点是不精益、未优化，缺乏关联，不够明确。与此同时，企业数字化的加速对效能、速度和大众化都提出了要求。Gartner 表示，不注重效率、效能及业务敏捷性的组织会被抛在后面。

二、埃森哲：2021 年技术的五大趋势

埃森哲连续 21 年发布《技术展望》报告，预测未来 3 年内将定义企业和行业发展的关键技术趋势（见图 14-1）。该报告指出，随着企业逐渐从应对危机转向着眼未来，那些勇于开拓、矢志创新的领军企业正利用技术来驾驭变革、重塑未来。

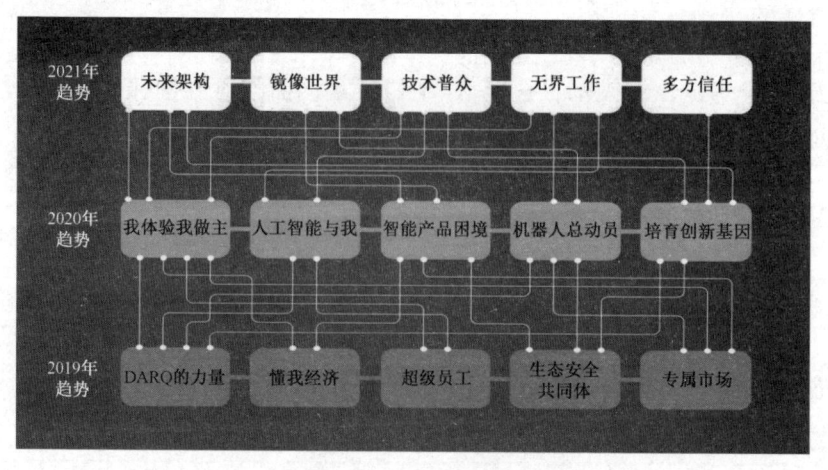

图 14-1　埃森哲：2021 年技术的五大趋势

（一）未来架构

夯实企业发展地基。企业正面引领全新的行业竞争，面向未来的信息技术（IT）系统架构将是企业打造竞争力、激发活力的关键一环。为了构建和使用最具竞争力的技术栈，企业应思考建立业务和技术一体化战略。有77%的中国高管认为，企业创造业务价值的能力将越来越多地取决于其技术架构的发展空间和机遇。

（二）镜像世界

数字孪生智能泛在。领军企业正在构建智能的数字孪生（Digital Twins）世界，整合数据和智能技术，在数字环境中完全还原现实世界和现实工厂、供应链、产品全生命周期等诸多事物，为运营、协作和创新等领域带来新机遇。有88%的中国高管预计，他们所在的企业未来3年内将加大数字孪生领域的投资力度。

（三）技术普众

人机融合全员创新。如今，企业各部门都可以使用强大的技术工具平台，为实施创新战略释放出新的潜力。每位员工都可以参与创新、优化工作、解决痛点、促进业务发展，与不断变化的新需求保持同步。有87%的中国高管认为，技术的全面普及对于激发整个组织的创新能力至关重要。

（四）无界工作

就地开展柔性协作。人们记忆中最大的一次职场变革促使企业跨越条条框框的限制。无论是在家中、办公室、机场、合作伙伴的办公室，还是在其他地点，一旦可以就地办公，人们便能无缝地开展工作。企业领导者需要重新思考工作目的，并把握机会，重新构想顺应这种新环境的业务模式。有83%的中国高管认为，行业领军者对办公环境的关注重点将从"工具自带"转向"工作无界"。

（五）多方信任

混沌格局下的生机。疫情之下，追踪病例接触者、进行流畅的支付、建立信任新途径等需求开始涌现，使得企业开始重新关注现有生态中仍未解决的问题。借助多方信任的系统，企业可以大幅提升韧性和响应能力，运用新方法开拓市场，并建立全新的行业生态标准。有88%的中国高管表示，多方信任的建立将使生态系统更具韧性和适应性，与众多合作伙伴共同创造新的价值。

三、福布斯：2021年科技产业12大趋势

福布斯科技委员会的12名科技企业高管对2021年科技产业的预测如下。

（一）数字科技增强客户体验

数字科技将推动客户体验的提高，这意味着，越来越多的公司将继续投资云计算、数据和数字科技，给客户带来更多便利。更多高管将把内部科技项目放在优先地位，使团队能更轻松、高效地给客户提供高质量体验。

（二）积极推进基础设施现代化

2020年，企业竞相采用基于云计算的技术，确保员工和客户能畅通地互动。但这只是一个权宜之计，而非长久的解决方案。2021年，企业将调整预算，支持基础设施的现代化，提高业务的韧性。

（三）全新客户数据隐私法律法规

消费者希望自己的隐私切实得到保护，尤其是在当前数字化服务成为必需品的情况下。由于立法机构有采用加利福尼亚州、内华达州等地隐私法律的倾向，2022年将有更多数据隐私法律出现。

（四）投票安全越发受到关注

投票安全是科技产业的一个最新趋势。2021年的美国总统大选表明，投票和计票存在严重的安全问题。目前的解决方案可能受到攻击，需要开发新的安全技术，确保所有投票者只能投一次票，而且可以远程投票。

（五）智能空间的增加

由于人们对监控和优化人类行为模式的执着，智能空间一直在快速增长。2020年人类行为模式发生巨变。可以预计，2021年智能空间将有所发展，以适应人类行为模式的改变，其中重点是智能家庭和家庭办公空间。

（六）人工智能/机器学习与人的创造力相融合

人、数据和人工智能的协作，将拉开人们工作和生活方式巨变的大幕。无论是在缩短疫苗研发时间，还是向分散的远程销售团队提供信息，人工智能/机器学习与人的创造力相融合，将推动未来一年最具颠覆性的创新。

（七）在线支付接受程度越来越高

2021年将延续的一个趋势是，消费者和商家都需要接受在线支付。许多企业都发现，越来越多的消费者转向网购，失去工作或收入缩水的人都在寻求增加收入的其他途径，他们都希望通过科技解决方案便捷地接收付款。

（八）自动化技术使用场景更有创意

更多科技公司将找到创新性的自动化使用场景。这一新常态促进了远程办公领域的一些革命性变化，企业高管需要适应这些变化。核心团队将更多地专注于业务中"人"的方面，自动化使用场景将越来越多。

（九）无人驾驶汽车应用更广泛

2021年，无人驾驶汽车尤其是无人送货，将对科技产业产生巨大影响。无人驾驶技术可以满足数以百万计的人对安全交通的需求。疫情期间，人们开始依靠无人驾驶帮助自己渡过难关，无人驾驶技术的优势受到关注。

（十）人工智能在健康领域应用越来越广泛

人工智能将继续在健康领域开疆拓土，尤其是在后疫情时代。了解并缩小与社会因素相关的健康差距，将促进面向全人类的健康策略的制定。

（十一）2020年的临时举措永久化

2021年的科技产业趋势，将是在2020年的基础上制定永久性的解决方案。尽管科技产业的许多措施都只是权宜之计，但包括远程办公在内的部分措施将被长期保留。

（十二）出现新的工作岗位

新趋势带来新的可能性也会催生新的工作岗位。例如，混合会议的出现，意味着每场会议都需要一名会议专家，利用科技设计会议体验。在工作流程和大多数项目中融合人工智能，人工智能业务策略师的岗位应运而生。所有数字化转型项目，都需要有人负责内部政策的整合。

四、国际技术经济研究所（IITE）：2021年十大科技前沿趋势

2020年，新冠肺炎疫情席卷全球，世界处于百年未有之大变局；中国将科技自立自强作为国家发展的战略支撑，以科技实现复工复产，助力经济，成为2020年全球唯一正增长的主要经济体。2021年，科学技术在社会经济领域的应用将大大加快，十大科技前沿趋势摘录如下。

（一）人工智能（AI）向纵深发展

在新冠肺炎疫情的冲击下，AI技术加速发展，2021年将继续成为企业、政府、科研机构，以及资本和市场等各方关注的热点。类脑计算系统从"专用"向"通用"逐步演进；神经形态硬件特性得到进一步的发掘，并用于实现更为先进的智能系统；人工智能从脑结构启发，走向结构与功能启发并重；人工智能计算中心成为智能化时代的关键基础设施。

（二）"云"技术多样化发展

受新冠肺炎疫情、封锁措施和随时随地办公模式驱动，云需求出现快速增长。2021年，"云"将呈现多样化发展趋势：使用多个公共云；云数据安全将迎来市场和技术的双轮爆发；云原生技术将推动云计算产业再次升级。

（三）5G基站建设加速

2021年，电信运营商将大力推动5G独立（SA）组网架构，除提供高速和大容量通信外，亦可根据应用程序定制网络和适用超低延迟网络需求。在5G技术展开之余，日本NTT DoCoMo、韩国SK Telecom（SKT）等已

开始关注 6G，强调未来有更多 XR 设备整合，包括 VR、AR、MR、8K 和更多图像，使用全像投影交流将变得更为真实，远端工作、控制、医学、教育等有望得以推广。

（四）虚拟连接现实向体验和场景纵深演进（见图 14-2）

虚拟真实化可借助 3D 打印等技术，将虚拟设计中的复杂结构物体在现实中呈现，还可以将虚拟信息带入真实世界中，让人们和虚拟角色、物体进行交互；全息互联网进一步把分布于世界各地的人、事、物同步"投影"到一起，跨越时间、地点和语言，甚至跨越虚拟和真实世界的界限，让所有人进行更真实和更亲密的互动；未来，在虚实集成的世界里，还将出现穿梭于虚拟和真实之间，改变时间和游戏规则的智能执行体。

图 14-2　虚拟连接现实

（五）物联网将进化为智联网（见图 14-3）

2021 年，物联网将进化为智联网，以深度结合 AI 作为提升价值的主要核心。居家环境中，物联网将家里的设备连接。非接触技术加速工业 4.0 的导入，在智慧工厂追求韧性、弹性及效率下，AI 将致力于使 Cobot、无人机等边缘端设备具有更高精度及检测能量，由自动化步入自主化。在医疗业方面，更快的影像辨识可支援临床决策乃至远端问诊与手术辅助，皆是 AI 医联网未来整合技术至智慧院所、远距医疗的重要方向。

（六）产业区块链推动数据要素市场化

中国已经在推进正式采用中央银行数字货币的项目，将成为世界上第一个拥有数字货币的国家。区块链技术有望在 2030 年使世界国内生产总值（GDP）增长 1.76 万亿美元。区块链在产业中的应用可有效加强多方的协作信任，提升系统的安全性和可信性，并简化流程、降低成本。以传统金融资产为主流开始进行数字化迁移，这一过程对 IoT 设备的普及提出了更高要求，同时也催生了资产网关的全新角色——资产数字化。

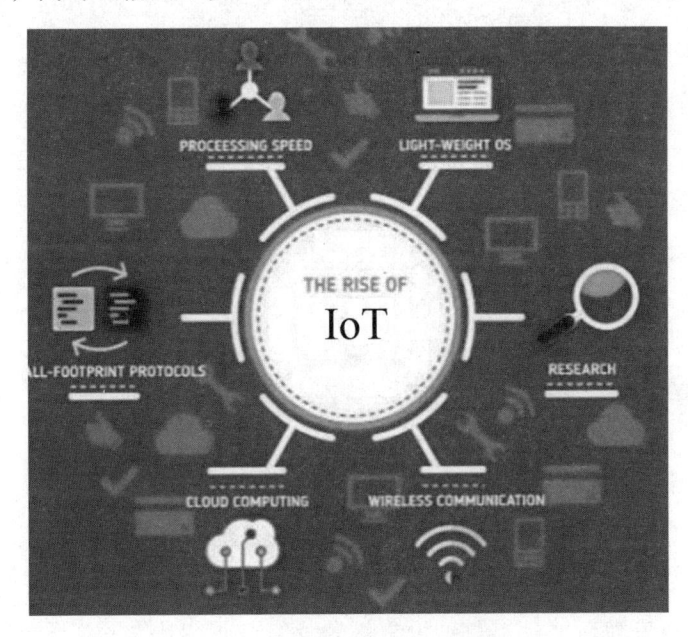

图 14-3　物联网将进化为智联网

（七）自动驾驶走向规模化商业应用

自动驾驶测试和智能网联先导示范在全国数十个城市全面铺开。随着中国、美国等更多的国家和地区采用 5G-V2X 技术标准，更加完善的汽车、通信与交通行业能力配套，以及跨界测试与示范活动进入公众视野，我国 5G-V2X 进入了从应用示范走向规模商用的关键阶段。

（八）脑机接口帮助人类超越生物学极限

脑机接口是新一代人机交互和人机混合智能的核心技术。脑机接口是科学技术改变生活的一大里程碑。脑机接口是人脑与计算机或其他设备之间建立的连接通路和控制渠道。通过计算机接收信号，人脑可以直接表达想法或者控制其他设备，不依赖于外周神经和肌肉，即能用"意念"控制设备，解放四肢。

（九）量子计算是和平时代的核武器

潘建伟团队制造的量子计算机"九章"实现了全球领先的算力，超过谷歌 2019 年发布的量子计算机一百亿倍。量子计算可以称为和平时代的核武器，各个大国都无法承受在量子技术革命竞争中失败的代价。2021 量子计算开源项目将以广泛和深入的贡献，大大降低了学习和研究的成本，消减非科学因素撕裂量子社区的风险。

（十）芯片技术从微型化向智能化转变

2020 年，美国针对华为等中国企业的"芯片断供"，使国人深刻体会到"卡脖子"的痛楚，核心技术必须掌握在自己手中，所以对芯片技术的未来发展尤为关注。芯片技术正在从微型化向智能化的转变，未来芯片技术的四大趋势为新原理器件、可重构芯片、经典芯片和量子计算混合、类脑芯片。

五、达摩院：2021 年十大科技趋势

（一）以氮化镓、碳化硅为代表的第三代半导体迎来应用大爆发

以氮化镓（GaN）和碳化硅（SiC）为代表的第三代半导体，具备耐高

温、耐高压、高频率、大功率、抗辐射等优异特性，但受工艺、成本等因素限制，多年来仅限于小范围应用。近年来，随着材料生长、器件制备等技术的不断突破，第三代半导体的性价比优势逐渐显现并正在打开应用市场：SiC 元件已用于汽车逆变器，GaN 快速充电器也大量上市。未来 5 年，基于第三代半导体材料的电子器件将广泛应用于 5G 基站、新能源汽车、特高压、数据中心等场景。

（二）后"量子霸权"时代，量子纠错和实用优势成核心命题

2020 年是后"量子霸权"元年，世界对量子计算的投入持续上涨，技术和生态蓬勃发展。这一潮流将在 2021 年继续推高社会的关注和期待，量子计算的研究需要证明自身的实用价值；业界需要聚焦后"量子霸权"时代的使命，协同创新，解决众多的科学和工程难题，为早日到达量子纠错和实用优势两座里程碑铺路奠基。

（三）碳基技术突破加速柔性电子发展

柔性电子是指经扭曲、折叠、拉伸等形状变化后，仍保持原有性能的电子设备，可用作可穿戴设备、电子皮肤、柔性显示屏等。柔性电子发展的主要瓶颈在于材料，目前的柔性材料，或者"柔性"不足容易失效，或者电性能远不如"硬质"硅基电子。近年来，碳基材料的技术突破为柔性电子提供了更好的材料选择，碳纳米管这一碳基柔性材料的质量已经可以满足大规模集成电路的制备要求，且在此材料上制备的电路性能超过同尺寸下的硅基电路；而另一碳基柔性材料石墨烯的大面积制备也已实现。

（四）AI 提升药物及疫苗研发效率

AI 已广泛应用于医疗影像、病历管理等辅助诊断场景，但 AI 疫苗研发及药物临床研究的应用依旧处于探索阶段。随着新型 AI 算法的迭代及

算力的突破，AI 将有效解决疫苗/药物研发周期长、成本高等难题。例如，提升化合物筛选、建立疾病模型、发现新靶点、先导化合物发现及先导药物优化等环节的效率。AI 与疫苗、药物临床研究的结合可以减少重复劳动与时间消耗，提升研发效率，极大地推动医疗服务和药物的普惠化。

（五）脑机接口帮助人类超越生物学极限

脑机接口是新一代人机交互和人机混合智能的核心技术。脑机接口对神经工程的发展起到了重要的支撑和推动作用，帮助人类从更高维度进一步解析人类大脑的工作原理。脑机接口这一新技术领域探索性地将大脑与外部设备通信，并借由脑力意念控制机器。例如，在控制机械臂等方面帮助提升应用精度，将为神志清醒、思维健全，但口不能言、手不能动的患者提供精准康复服务。

（六）数据处理实现"自治与自我进化"

随着云计算的发展、数据规模持续呈指数级增长，传统数据处理面临存储成本高、集群管理复杂、计算任务多样等巨大挑战；面对海量暴增的数据规模及复杂多元的处理场景，人工管理和系统调优捉襟见肘。因此，通过智能化方法实现数据管理系统的自动优化成为未来数据处理发展的必然选择。人工智能和机器学习手段逐渐被广泛应用于智能化的冷热数据分层、异常检测、智能建模、资源调动、参数调优、压测生成、索引推荐等领域，有效降低了数据计算、处理、存储、运维的管理成本，实现数据管理系统的自治与自我进化。

（七）云原生重塑 IT 技术体系

在传统 IT 开发环境里，产品开发上线周期长、研发效能不高，云原生架构充分利用了云计算的分布式、可扩展和灵活的特性，更高效地应用和管理异构硬件和环境下的各类云计算资源，通过方法论工具集、最佳实践和产品技术，开发人员可专注于应用开发过程本身。未来，芯片、开发平台、应用软件乃至计算机等将诞生于云上，可将网络、服务器、操作系统等基础架构层高度抽象化，降低计算成本、提升迭代效率，大幅降低云计算使用门槛、拓展技术应用边界。

（八）农业迈入数据智能时代

传统农业产业发展存在土地资源利用率低和从生产到零售链路脱节等瓶颈问题。以物联网、人工智能、云计算等为代表的科学技术正在与农业产业深度融合，打通农业产业的全链路流程。结合新一代传感器技术，农田地面数据信息得以实时获取和感知，并依靠大数据分析与人工智能技术快速处理海量领域农业数据，实现农作物监测、精细化育种和环境资源按需分配。同时，通过5G、物联网、区块链等技术的应用确保农产品物流运输中的可控和可追溯，保障农产品整体供应链流程的安全可靠。农业将告别"靠天"吃饭进入智慧农业时代。

（九）工业互联网从单点智能走向全局智能

受实施成本和复杂度较高、供给侧数据难以打通、整体生态不够完善等因素限制，目前的工业智能仍以解决碎片化需求为主。新冠肺炎疫情中数字经济所展现出来的韧性让企业更加重视工业智能的价值，加之数字技术的进步普及、新基建的投资拉动，这些因素将共同推动工业智能从单点智能快速跃迁到全局智能，特别是汽车、消费电子、品牌服饰、钢铁、水泥、化工等具备良好信息化基础的制造业，贯穿供应链、生产、资产、物流、销售等各环节在内的企业生产决策闭环的全局智能化应用将大规模涌现。

（十）智慧运营中心成为未来城市标配

过去 10 年，智慧城市借助数字化手段切实提升了城市治理水平。但在新冠肺炎疫情防控中，一些所谓的智慧城市集中暴露问题，特别是由于"重建设轻运营"所导致的业务应用不足。在此背景下，城市管理者希望通过运营中心盘活数据资源、推动治理与服务的全局化、精细化和实时化。而 AIoT 技术的日渐成熟和普及、空间计算技术的进步，将进一步提升运营中心的智慧化水平，在数字孪生基础上把城市作为统一系统并提供整体智慧治理能力，进而成为未来城市的数字基础设施。

六、腾讯研究院：2021 年数字科技前沿应用趋势

腾讯研究院于 2021 年 1 月 9 日发布《变量——2021 数字科技前沿应用趋势》报告，报告呈现以下 14 大趋势。

（一）深度学习走向多模态融合

深度学习近年来持续成为产业热点，以计算机视觉为例，已广泛应用于人脸识别、工业视觉、OCR 和视频内容理解等领域。深度学习技术正从语音、文字、视觉等单模态向多模态智能发展。通过对视觉、听觉等感知，甚至未来对嗅觉、味觉、心理学等难以量化的信号进行融合，实现多个模态的联合分析，加强高阶认知技能开发，将推进深度学习从感知智能升级为认知智能。多模态融合技术还可以实现对人体姿态、表情和功能等的模拟仿真，打造高度拟人化的数字虚拟人，创造全新的人机交互方式。

（二）沉浸式媒体向体验和场景的纵深演进

沉浸式媒体实现了物理和虚拟世界的融合共生，被认为是改变未来生活和工作方式的颠覆性趋势之一。在 5G、AI、VR、AR、MR 等技术的推

动下，沉浸式媒体正走向体验和场景的纵深化发展。更深度的沉浸式体验，主要体现在真实场景的 6DOF（Degree of Freedom）、更清晰和流畅的内容显示、多通道交互等方面。依托三维重建、近眼显示、渲染处理、感知交互等技术的产业化进程，沉浸式媒体将带来听视觉的逼真性、交互的流畅感和真实感升级。从场景看，沉浸式正从面向个人娱乐的消费类市场，深化发展到企业级市场的垂直行业。未来，随着 5G 的大规模普及，沉浸式媒体硬件及技术的进一步突破、制作成本的下降，更多优质内容的开发，沉浸式媒体产品和服务将被主流群体广泛采纳，应用场景和商业空间将被全面激活。

（三）产业区块链推动数据要素市场化

区块链在产业中的应用可有效加强多方间的协作信任，提升系统的安全性和可信性，并简化流程、降低成本。但区块链在商业化场景的真正发力，需要服务于数据要素的市场化，具体体现在两个方面：第一，资产数字化，即以传统金融资产为主流开始进行数字化迁移，这一过程对 IoT 设备的普及提出了更高要求，同时也催生了资产网关的全新角色。这一角色将成为传统资产上链的枢纽，确保真实性与可校验；第二，数字资产化，即以互联网原生的产品为资产，如原创的文字、音乐、图片作品等。这需要推动跨链、辅助上链及周边设施的发展，基于区块链的确权与交易将成为基础设施。

（四）脑机接口有望在康复领域先行突破

脑机接口是在脑与外部设备之间建立的通信和控制通道，是理解、改造自然和人类的"终极疆域"。"脑机"简单运动控制持续取得突破，在康复场景下有很大的应用潜力，可辅助残障人士获得部分肢体功能，帮助脑疾病患者进行主动运动康复、重塑部分脑功能。目前，主要方向是提升脑电信号采集信噪比、高带宽双向读写、无创/微创植入等。长期来看，其应用突破有赖于多学科合力推进、软硬件技术协同发展,包括硬件方面更精密的电极、更生物友好的材料、更丰富的数据库、更明确统一的数据标准、更强大的机器学习算法及脑科学研究的关键性进展等。

(五)软硬融合推升量子算力

量子计算是利用量子物理特性高效进行信息处理任务的新型计算方式,是人类探究微观世界的重大成果。量子比特的制备和操作,计算信息的存储和测量,都需要特殊环境和工艺,而目前的技术还有不容忽视的差错率。因此近期的量子计算机有规模小,含噪声的特点。为了在当前不完美的量子计算机上,也能完成一些有意义的计算任务,中短期内有可能通过改变过去相对独立的软硬件研究,把软硬件结合到一起进行专有化设计。同时,未来几年将有更多的量子算法被发现,更多的量子系统特点被揭示,以及更多的硬件设计加工工艺在精进。

(六)疫情按下医疗 AI 应用快进键

医疗 AI 泛指 AI 技术在医疗各领域的应用,通过人机协同扩大医疗供给并提升医疗效率和质量。在小样本学习技术、域自适应方法、注意力机制等关键创新的加持下,医疗影像 AI、疾病监测预警 AI 和辅助医疗决策 AI 等,有效突破了医疗数据量小等障碍,在疫情期间获得了明显加速发展。未来随着更多医疗 AI 的可用性被验证,医疗 AI 的数据整合、软硬件集成和多病种通用化,将是更长远需要关注和把握的重要趋势。

(七)数字生物标记物照亮居家慢性病诊疗

数字生物标记物(Digital Biomarkers),即通过数字化手段将生物标记物所释放的"数字信号"变成一种可量化、具有临床可解释性的客观标准,用于发现、解释或预测疾病走向。典型的例子如通过视频分析和手机传感器测量评估帕金森病、心功能、肾功能、骨质疏松、脊柱侧弯等；通过面部、语音、呼吸音、咳嗽音、运动监测功能来测量和评估心功能恶化情况等。

基于智能手机传感器、摄像头等的便携式数字生物标记物测量方式，未来实用化门槛低、普及的可能性大。这将促进居家慢性病管理服务市场进入高速发展通道，最终推动全生命周期健康管理和个性化精准医疗成为现实，提高疾病预防和诊疗的质量，减轻疾病对个人生活和社会经济的影响。

（八）基于5G-V2X的"人车路网云"体系加速形成

5G网络具有大连接、低时延和高可靠等特点，是推动车联网和自动驾驶产业发展的重要推动力之一。当前，5G-V2X技术标准的应用前景逐渐明朗，相关研究、标准和落地工作不断提速，汽车、信息通信和道路交通运输等行业的连接与融合持续深化，推动着"人—车—路—网—云"互联互通的应用体系加速形成。随着中国、美国等更多国家和地区采用5G-V2X技术标准，更加完善的汽车、通信与交通行业能力配套，以及跨界测试与示范活动进入公众视野，我国5G-V2X进入了从应用示范走向规模商用的关键阶段。

（九）仿真推动自动驾驶成熟步伐

在各地鼓励政策支持下，自动驾驶测试和智能网联先导示范在全国数十个城市全面铺开。支持在限定场景脱手的自动驾驶辅助巡航和自主泊车系统，已经开始商业化落地，预计2021年渗透率会有大幅攀升。开放区域完全的自动驾驶落地，需要百亿千米级别的测试数据，只依靠实际路测，在效率和成本方面都是无法完成的挑战。而仿真测试平台真实还原测试场景，高效利用路采数据生成仿真场景，结合云端大规模并行加速等能力，能满足自动驾驶感知、决策规划和控制全栈算法的闭环，符合汽车V字开发流程。随着仿真技术水平的提高和应用普及，仿真平台有望完成99.9%的行业测试量，有力地推动了自动驾驶技术的成熟。

（十）新一代数字地图迈向实时智能泛在

随着产业互联网、消费互联网和智慧城市的加速发展，地图和地理信息服务正在成为工业、农业、服务业、政府及民众全面互联和智慧升级的基础设施。这对时空数据的全面性、准确性和鲜活性，以及应用的深度和广度都提出了新的要求。新一代地图将实时感知采集人、车、路、地、物等要素的动态变化，深度融合自然资源、规划、城市、建筑建造、社会、经济、行业业务等多源数据，实现数字地图和真实世界的共生共建、虚实一体。新一代数字地图具备实现"实时感知、全面融合、智能服务、泛在应用"的特征，将高效助力数字经济和智慧社会的建设。

（十一）云数据安全成为必选项

随着越来越多的用户上云，"云数据安全"必然成为用户的核心需求之一。云数据安全已经从传统安全技术的"伴生"和"保值"，转变为数字经济形态下的"原生"和"增值"，将成为产业发展的重要推动力。伴随可信计算等数据安全技术概念的逐渐清晰，数据安全和隐私保护法规的建设完善，国密体系和多方安全、同态加密等新型密码软硬件技术的逐步成熟，可以预见云数据安全产品和解决方案将呈现百花齐放的发展态势，迎来市场和技术的双轮爆发。

（十二）基于身份的微隔离护航云原生安全

在应用服务上云过程中，采用云原生架构及微服务化是很多应用厂商的选择，这让应用服务具有了更好的功能解耦、更灵活的资源调度和更敏捷的开发运营流程。但是，这种架构上的改变也给微服务的安全带来了新挑战。基于身份的微隔离技术，支持服务粒度的策略制定，可自动适应服务实例的变化，有效执行隔离策略。结合内网流量的安全检测，可以进一步发现内网中存在的Webshell、爆破等攻击行为，指导管理员对隔离策略和内网环境进行加固。该技术在云原生快速发展的背景下，已经成为云原生平台中不可缺少的安全能力，是保护云原生服务的重要基础设施。

（十三）人工智能推动信息安全告别手工业时代

在物联网、人工智能、5G、云计算和大数据等新兴技术风口下，网络安全生态正在被赋予新的定义。结合人工智能技术，提升传统安全问题的处理速度和效果，将推动网络和信息安全从依靠专家经验的手工业时代，向机器学习自动化和人机协同的工业化时代演进。一是 7×24 小时的工作模式将突破当前安全领域的人力资源限制，低成本地实现专家经验复制，大幅提升漏洞发现效率；二是借助 AI，机器不仅能精准定位漏洞，还可以在安全事件发生之前发现漏洞，提前预防，实现安全左移；三是 AI 赋能开发商全生命周期的安全管理，有效缩短软件安全开发的时间，提升研发效率。

（十四）虚实集成世界孕育新蓝海

随着人工智能、VR、AR、5G 和机器人等技术的持续成熟，数字化的虚拟世界和真实世界将进一步紧密结合，呈现虚实集成的新特征。现实虚拟化主要借助数字化的感知、AI 渲染、NLP 等多种技术，既可以实现真实世界在数字空间的完美重现，还可以形成听、说、读、写、想能力的虚拟人；虚拟真实化不仅可借助 3D 打印等技术，将虚拟设计中的复杂结构物体在现实中呈现，还可以将虚拟信息带入真实世界中，让人们和虚拟角色、物体进行交互；全息互联网进一步把分布于世界各地的人、事、物同步"投影"到一起，跨越时间、地点和语言，甚至跨越虚拟和真实世界的界限，让所有人进行更真实和更亲密的互动；未来，在虚实集成的世界里，还将出现穿梭于虚拟和真实之间，改变时间和游戏规则的智能执行体。

七、百度研究院：2021年十大科技趋势预测

2021年1月13日，百度研究院发布2021年十大科技趋势预测，包括人工智能、生物计算、AI芯片、量子计算等前沿技术及相关产业，技术创新与产业应用发展紧密融合，既有技术前瞻性也具备产业指导价值。

（一）疫情加速AI融合落地，AI将更加深入大众生活

2020年，全球抗疫促使AI与5G、大数据、物联网等新一代信息技术相互融合，AI测温、AI问诊、智能外呼、服务机器人等创新应用开始大规模普及，从生活的方方面面支持抗击疫情。

后疫情时代，AI将进一步与交通、能源、制造、农业等基础产业融合，推动复工复产，促进社会经济发展。同时，远程办公、在线教育、在线问诊等模式将成为未来的新常态。AI不仅助力产业经济，而且逐渐深入大众生活，用AI解决民生问题有望大规模落地。

（二）数字人、虚拟人将大批量出现，并在服务行业大放异彩

让机器像人一样具备理解和思考的能力，需要融合语言、语音、视觉等多模态的信息。结合知识图谱和深度学习技术的知识增强的跨模态深度语义理解，让AI具备持续学习的能力，像人一样"活到老学到老"。

以此为基础，结合3D建模、情绪识别、智能推荐等多种技术打造的数字人、虚拟人可以看、听、说，还能与人自然交流。2021年，数字人、虚拟人的生产门槛将进一步降低，并大规模应用在互联网、金融、电商、医疗等行业，给客户带来专业贴心、千人千面的服务。媒体行业也将迎来众多AI虚拟主播，"二次元"的创造力和想象力结合真实世界的感知与交互能力，有望大放异彩。

（三）生命科学成为 AI 应用新领地，生物计算迎来大爆发

新冠肺炎疫情期间，LinearFold 和 LinearDesign 等算法，显著提升了 RNA 二级结构预测和 mRNA 疫苗基因序列设计的速度。AlphaFold 2 在 CASP 14 蛋白质结构预测竞赛的结果也预示着，AI 有望大大提升大分子结构预测的精度和效率。AI、生物计算和病毒研究、疫苗研发等生命科学基础研究领域的结合将迎来爆发。

除基础研究外，AI 也将进一步融入新药研发的整个链条，包括靶点发现、苗头化合物发现、先导化合物发现和优化等，从而大大缩短新药研发周期，降低新药研发成本，提高医疗诊断的准确性和效率，使人类在面对健康问题时更加主动。

（四）交通产业加速转型，"数字交通运营"将成为关键推动力

AI 和 5G 技术将与交通出行深度融合，成为交通发展的新引擎。无安全员的 Robotaxi 车辆开展常态化运营有望成为现实，以智能语音交互和车路协同信息服务为特征的"智能座舱"将成为汽车主流标配。

基于"新基建"发展的交通数字化转型和智能化变革，将让传统交通加速向数字化、网联化、自动化的"新交通"转变。同时，数字化的知识和信息将会成为智能交通的关键生产要素，智能交通未来将从重视建设向建设和运营并重转变，"数字交通运营服务商"将成为推动智能交通高质量发展的关键力量。

（五）AI 芯片和轻量级模型加速智能化向边缘渗透，物联网发展迎来机遇

随着 AI 芯片提供更专业化的边缘计算能力，以及模型蒸馏等技术的发展，轻量级模型将被越来越多地部署在小型边缘设备中，支持离线和在线场景，并且可以为用户进行定制化服务。

智能技术向边缘渗透,几乎会影响所有行业。随着边缘智能应用需求的不断增长,预计具备 AI 功能的边缘设备及在边缘处理的数据量都将持续快速增长。

(六)无监督学习成为基础支撑技术,促进 AI 多领域技术融合,提升跨模态理解能力

深度学习模型依赖大量的标注数据,以获得优异的性能。而无监督学习是一种在没有标注数据的帮助下就可以学习原始数据中模式的学习方法,是 AI 下一步发展的重要方向之一。

利用无监督学习对不同模态的数据进行预训练,通过跨模态信息的共享提升跨模态理解,将成为一种趋势。其所形成的先验知识,还可以帮助小样本学习快速泛化至新任务中,有助于将 AI 技术应用到更广泛的领域,值得更进一步探索。

(七)AI 提升机器对现实的理解,服务机器人将拥有更多物理交互能力

随着 AI 对数据、行为和运动学的分析和理解的逐渐成熟,机器在现实生活复杂场景中与人进行交互的可行性和安全性将得到提升。服务机器人或将被赋予更多的物理交互能力,可以替人完成简单、重复的日常工作。

将有更多酒店应用服务机器人来实时响应客房需求,自动配送物品。家庭服务机器人所能完成的任务则会更加精细和多样,如帮助老人从冰箱拿食品或冲泡饮料,同时避免和房屋内的其他物体或运动的人碰撞,还可以在主人外出时帮忙整理房间等。

(八)量子科技创新观念深入人心,直接推动量子计算相关产业发展

量子硬件的性能将进一步提升,相应地,会催生出一批具有实用价值

的量子算法，用于真正展示这些量子硬件的量子优势。量子软件云化和服务化成为趋势，逐步实现与硬件的深度融合，逐步开放和输出量子计算能力。量子计算与AI和云计算也将会持续深度融合，碰撞出新一轮的火花。

随着量子生态雏形的逐渐形成，越来越多的政府机构、高等院校及科技公司将开启在量子计算领域的战略谋划和系统布局，以便做好充分准备以迎接量子计算时代。

（九）社会对构建负责任的AI的需求不断上升，科技企业推动落地实践

AI的发展需要遵循一定的基本原则，以人为本、公正包容、可解释性、透明性与可追溯、隐私安全等原则，已成为国际社会AI伦理和治理的基本共识。

AI伦理将推动智能应用发展从获取用户注意力向促进用户福祉转变。2021年，从技术落地的角度看，AI模型的可解释性和鲁棒性将取得更多的进步，视频合成技术的"矛"（合成）和"盾"（鉴别）之争也会愈演愈烈，隐私保护计算还将加速在组织间运用，为释放数据价值提供安全和隐私保证。未来AI的发展将会更注重有选择性地进行运算，追求经济、社会与环境的可持续发展。

（十）AI基础设施创新促进产业人才培养，AI大众化加速

让AI普惠大众，需要让人们平等便捷地获取AI能力，这需要在算法、算力、数据等AI基础设施和人才两大方面持续投入。

以深度学习框架为核心的开源平台已大大降低AI技术的开发门槛，自动化深度学习、低代码或无代码的AI开发平台等将进一步发展，持续降低AI开发所需的专业技能。AI的大规模应用和对更大算力的需求将驱动AI芯片新一轮的增长，帮助AI突破当前的算力瓶颈，更普惠地释放AI算力。高质量的数据能有效提升对应用场景理解能力，定制化的数据方案、优化的数据采集和标注、健全的数据要素市场体系将推进AI在各细

分领域的应用落地。此外，AI的大众化离不开人才，无论是研究型、应用型的人才，又或是AI素养的培养都不可或缺，相信随着科技公司进一步促进AI产教融合，各个产业都会涌现出更多既懂AI技术又懂AI场景的产业复合型人才。

反侵权盗版声明

电子工业出版社依法对本作品享有专有出版权。任何未经权利人书面许可，复制、销售或通过信息网络传播本作品的行为；歪曲、篡改、剽窃本作品的行为，均违反《中华人民共和国著作权法》，其行为人应承担相应的民事责任和行政责任，构成犯罪的，将被依法追究刑事责任。

为了维护市场秩序，保护权利人的合法权益，我社将依法查处和打击侵权盗版的单位和个人。欢迎社会各界人士积极举报侵权盗版行为，本社将奖励举报有功人员，并保证举报人的信息不被泄露。

举报电话：（010）88254396；（010）88258888

传　　真：（010）88254397

E-mail：　dbqq@phei.com.cn

通信地址：北京市万寿路173信箱
　　　　　电子工业出版社总编办公室

邮　　编：100036